BIBLIO
TEKA
THECA
18

Alfabetarij k Tezavru slovenskega ljudskega jezika na Koroškem

SLOVENSKA AKADEMIJA ZNANOSTI IN UMETNOSTI

Alfabetarij k Tezavru slovenskega ljudskega jezika na Koroškem

Ludvik Karničar, Andrejka Žejn

Ljubljana
2018

KAZALO

UVOD

Ludvik Karničar, Andrejka Žejn

Za marsikaterega Slovenca, zlasti še za jezikoslovca, je slišati slovensko ljudsko govorico Zilje, Roža, Podjune in Obirja balzam za dušo, saj se je spričo slovenščini nenaklonjenih političnih razmer v 20. stoletju jezikovni položaj močno spremenil in glasovno ter svoj čas leksikalno profilirani govori postajajo vse bolj srčna stvar starejše generacije. Vprašanje je, ali je še toliko pripadnikov slovenskega jezika na Koroškem, da bo jezik ostal živ tudi v naslednjih rodovih, ali pa je že nastopila agonija, iz katere ni več povratka. Slovenščina živi v dvojezičnih okoliščinah, kjer se dvojezični Slovenci dnevno srečujejo z enojezičnimi nemško govorečimi Korošci, nemščina pa je kot prevladujoči jezik čedalje bolj prisotna v vsakdanji komunikaciji, v šoli, na uradih in na cestah. Zaradi tega je razumljivo, da je s padajočo slovensko jezikovno in narodno zavestjo, ki jo povzročajo dnevna migracija, urbanizacija podeželja, mobilnost, vdor nemških množičnih medijev, večje komunikacijske možnosti, prestiž nemščine in »multikulturnost«, nemščina vedno bolj navzoča s kalki, besednimi in stavčnimi. Starejši govorci, rojeni v monarhiji, večji del enojezično slovenski, so pomrli, mlajši rodovi pa so doraščali pod težo političnih in psiholoških vplivov v deželi, tako da pogosto pojavljajoči se *code switching* – preklapljanje med jezikoma – ni znak neke cvetoče dvojezičnosti, pač pa opazen simptom umiranja krajevnih govorov z izgubo slovenske substance in kompetence.

Tega perečega položaja se je pred štiridesetimi leti zavedla tudi graška narečjeslovna delovna skupina na Inštitutu za slavistiko Univerze Karla in Franca v Gradcu pod vodstvom profesorja Stanislava Hafnerja (1916–2006) in kasnejšega profesorja Ericha Prunča (1941–2018) ter sprožila obsežen dolgoročni projekt *Leksikalna inventarizacija slovenskega ljudskega jezika na Koroškem.*[1] V sklopu projekta naj bi bilo uresničeno pet delnih nalog:[2]

a) Iz živih govorov naj bi bili zajeti s tonskimi posnetki vsi glasoslovni pojavi (izoglose) dvojezičnega ozemlja, za kar je bilo izdelano 128 vzorčnih stavkov.

---

1 Prim. *Lexikalische Inventarisierung.*

2 Prim. še Prunč, Forschungskonzept, str. 42–50.

b) Ugotovljen naj bi bil potek izbranih izoleks s kartami za ponazoritev razporeditve diatopnih sinonimov, kar je velikega pomena za kulturno-jezikovno zgodovino Koroške in za intraslovansko primerjavo. Na osnovi zbranega gradiva je najprej izšlo 12 geografskih kart s komentarji v poskusnem zvezku *Lexikalische Inventarisierung der slowenischen Volkssprache in Kärnten. Grundsätzliches und Allgemeines.*[3] S tipologijo razširitve izoleks sta se nato bavila H. Pfandl[4] in L. Karničar,[5] o posameznih izoleksah sta pisala zadnja sodelavca projekta A. Žejn[6] in L. Karničar,[7] A. Žejn pa je leta 2014 zagovarjala na ljubljanski univerzi obsežno disertacijo *Določitev poteka izoleks v slovenskih narečjih na avstrijskem Koroškem.*[8]

c) V približno sedemnajstih zvezkih naj bi izšla dvojezična slovensko-nemška konkordanca vse ekscerpirane narečjeslovne koroške literature od U. Jarnika do H. Lausegger, od katere večji del ostaja raziskovalcem nedostopen. Nabralo se je dobrih 180.000 alfabetsko urejenih listkov formata A6, ki predstavljajo gradivo za *Tezaver slovenskega ljudskega jezika na Koroškem / Thesaurus der slowenischen Volkssprache in Kärnten.*[9] Pri Avstrijski akademiji znanosti (ÖAW) je izšlo sedem zvezkov: 1. zv. A–B (1982), 2. zv. C–dn (1987), 3. zv. do–F (1992), 4. zv. G–H (1994), 5. zv. I–ka (2007), 6. zv. kd–kv (2009), 7. zv. L–mi (2012), ter za enostavnejše razumevanje zahtevne materije še *Ključ k Tezavru / Schlüssel zum Thesaurus der slowenischen Volkssprache in Kärnten*,[10] v katerem je podrobno opredeljen koncept slovarja.

č) Predvidena je bila členitev posameznih besednih polj, pri kateri je že samo vprašalnica pomenskega polja »človeško telo« narasla na 1.200 vprašanj, kar je že sredi osemdesetih let preseglo kapacitete raziskovalne skupine,[11] in kot zadnja točka zastavljenih ciljev

3 Prim. *Lexikalische Inventarisierung.*
4 Pfandl, K regionalni porazdelitvi.
5 Karničar, Aktualnost.
6 Žejn, Poimenovanja za gozd; Žejn, Mitološko.
7 Karničar, Iz koroške poljedelska leksike; Karničar, Diatopische Synonymie; Karničar, Žejn, Poimenovanja za koruzo.
8 Žejn, *Določitev poteka.*
9 *Thesaurus.*
10 *Schlüssel.*
11 Prunč, Der Thesaurus, str. 109.

d) posnetki kompleksnih govornih položajev, etnografskih in kulturnozgodovinskih manifestacij z dokumentacijo materialne kulture. Ohranjenih je še vedno približno 70 črno-belih polcolnih magnetoskopskih trakov s konca sedemdesetih let, ki bi se jih morda še dalo digitalizirati.

Zaradi pomanjkanja naraščaja na graški univerzi pa tudi zaradi pomanjkanja sredstev, in ker velika podpornica leksikalnega projekta Avstrijska akademija znanosti po triletni pogodbi z delitvijo stroškov v razmerju 1 : 1 med SAZU in Avstrijsko akademijo znanosti v zvezi z zaposlitvijo A. Žejn (2007–2010) ni več mogla zagotoviti dokončanja projekta, zadnji sodelavec L. Karničar pa je bil leta 2014 upokojen, je delo zastalo. Dragoceno narečjeslovno gradivo s približno 600 ur digitaliziranih tonskih posnetkov in omaro s 180.000 ekscerpiranimi listki za *Tezaver slovenskega ljudskega jezika na Koroškem* je prišlo v depo Inštituta za slavistiko v Gradcu in bilo nato leta 2017 po sklepu soustanovitelja projekta E. Prunča ter zadnjega sodelavca L. Karničarja v obliki darilne pogodbe med Univerzo v Gradcu in Biblioteko SAZU zaupano Slovenski akademiji znanosti in umetnosti,[12] tej najuglednejši znanstveni ustanovi Republike Slovenije. Moralne avtorske pravice za celotno gradivo imata Univerza v Gradcu in L. Karničar, materialne avtorske pravice pa so se s to pogodbo ekskluzivno in neomejeno prenesle na obdarjenko, ki lahko gradivo neomejeno uporablja za lastne namene oziroma dovoli njegovo uporabo pod pogoji iz te pogodbe.

Pričujoča publikacija prispeva k uresničevanju tretjega delnega cilja graškega dolgoročnega projekta (naveden pod točko c), izdaji *Tezavra slovenskega ljudskega jezika na Koroškem*. Uvodu sledi osrednji del publikacije, celotni alfabetarij tezavra.

Pomen *Tezavra slovenskega ljudskega jezika na Koroškem* v mednarodnem merilu

Slovar ima v mednarodni slavistiki zaslužen ugled in je nepogrešljiv pripomoček v slavistični primerjalni dialektologiji, etimologiji in onomastiki. Projekt je bil deležen precejšnje mednarodne pozornosti, o čemer priča sledeči izbor recenzij (razporejene kronološko po letu izida), hkrati pa govori v prid načrtu, da se projekt konča, čeprav po poenostavljenem konceptu:

12 Prim. Karničar, Žejn, Zajetno dialektološko gradivo.

Rado L. Lenček: S. Hafner and E. Prunč, eds. Lexikalische Inventarisierung der slowenischen Volkssprache in Kärnten: Grundsätzliches und Allgemeines. Graz: Institut für Slawistik der Universität Graz, 1980. (Slowenische Forschungsberichte, 1). *Slovene Studies* 2/2, 1980, str. 86–87.

Gerhard Neweklowsky: Lexikalische Inventarisierung der slowenischen Volkssprache in Kärnten (Grundsätzliches und Allgemeines). Hrsg. von S. Hafner und E. Prunč. *Wiener slawistischer Almanach* 6, 1980, str. 337–343.

Jože Toporišič: Jezik koroških Slovencev. *Slovenski vestnik*, Ljubljana, 4. 7. 1980.

Jože Toporišič: Dokaz živosti graške slavistike. *Delo, Književni listi*, Ljubljana, 30. 10. 1980.

Günther Wytrzens: Zwei wichtige neue österreichische Beiträge zur slowenischen Sprache und Literatur. *Österreichische Osthefte* 22, 1980, str. 411–413.

Tom M. S. Priestly: Lexikalische Inventarisierung der slowenischen Volkssprache in Kärnten (Grundsätzliches und Allgemeines). *Folia slavica* 4, 1980/81, str. 86–87.

Dragoljub Petrović: Lexikalische Inventarisierung der slowenischen Volkssprache in Kärnten (Grundsätzliches und Allgemeines). *Zbornik za filologiju i lingvistiku* 24/1, 1981, str. 189–191.

Bogdan Pogačnik: Zajeten spisek lepih uspehov. *Delo, Književni listi*, Ljubljana, 1. 10. 1981.

Roberto Gusmani: Lexikalische Inventarisierung der slowenischen Volkssprache in Kärnten (Grundsätzliches und Allgemeines). *Incontri linguistici* 7, 1982, str. 188.

Franc Jakopin: Prvi zvezek koroškega slovarja. *Jezik in slovstvo* 28/6, 1982/83, str. 202–204.

Gerhard Neweklowsky: Thesaurus der slowenischen Volkssprache in Kärnten. Hg. St. Hafner und E. Prunč. Bd. 1, Wien 1982; Schlüssel zum Thesaurus der slowenischen Volkssprache in Kärnten. Wien 1982. *Wiener slawistischer Almanach* 12, 1983, str. 379–380.

Roberto Gusmani: Thesaurus der slowenischen Volkssprache in Kärnten. Bd 1, A–B. Schlüssel zum Thesaurus der slowenischen Volkssprache in Kärnten. *Incontri linguistici* 9, 1984, str. 220–221.

Hanna Orzechowska: Czterechsetlecie pierwszej gramatyki języka słoweńskiego i słoweńskiego przekładu "Biblii": (o języku słoweńskim, jego współczesnych problemach, historii i dialektach - dzisiaj). *Przegląd Humanistyczny* 28/5–6, 1984, str. 161, 162, 163.

Igor Ripka: Thesaurus der slowenischen Volkssprache in Kärnten. *Slavica slovaca* 19/1, 1984, str. 101–103.

László Hadrovics: Stanislaus Hafner, Erich Prunč (Hrsg.), Thesaurus der slowenischen Volkssprache in Kärnten, Bd 1, A- bis B-, 221 S., 1 Karte. Wien: Verlag der Österreichischen Akademie der Wissenschaften 1982 (Österr. Akad. d. Wiss., Phil.-hist. Klasse. Schriften der Balkankommission, Linguistische Abteilung, Sonderpublikation). *Anzeiger für slavische Philologie* 15–16, 1984/1985, str. 233–235.

Heinz Dieter Pohl: Thesaurus der slowenischen Volkssprache in Kärnten. A–B. Schlüssel zum Thesaurus der slowenischen Volkssprache in Kärnten. *Klagenfurter Beiträge zur Sprachwissenschaft* 11/2–4, 1986, str. 199–200.

Thesaurus der slowenischen Volkssprache in Kärnten, ed. Stanislaus Hafner et Erich Prunč, Wien, Verlag der Österreichischen Akademie der Wissenschaften, 1982– (Österreichische Akademie der Wissenschaften, Philosophisch-historische Klasse. Schriften der Balkankommission, Linguistische Abteilung, Sonderpublikation). T. 1: A– bis B–, 1982, 221 p., T. 2: C–dn, 1987, 172 p.). *Revue des études slaves* 59/4, 1987, str. 928.

[Su., okrajšava avtorja]: Ein Begräbnis erster Klasse? Inventarisierung der slowenischen Volkssprache. *UNI Zeit* 1/1988, str. 9.

Ljubov' Viktorovna Kurkina: Ljudvig Karničar, Obirskij dialekt v Karintii. *Izvestija Akademii nauk SSSR. Serija literatury i jazyka* 50, 1991, str. 86–89. [O *Tezavru slovenskega ljudskega jezika na Koroškem* v sklopu ocene monografije L. Karničarja o obirskem dialektu.[13]]

Ustroj in obseg alfabetarija

Alfabetarij je delo, ki običajno stoji na začetku tako obsežnih znanstvenih slovaropisnih projektov, kakršen je *Tezaver slovenskega ljudskega jezika na Koroškem*, v tem primeru pa se je potreba po njem pokazala ob negotovi usodi projekta in ob razmisleku o nadaljnjem konceptu slovarja, ki naj bi omogočil izid zvezkov z iztočnicami do črke Ž. Uvodoma so aktualizirani mreža krajev in seznam izpisane literature, izpostavljen je pomen slovarja v mednarodni slovenistiki in slavistiki in na ozadju slovarja kot celote predstavljena načela seznama iztočnic. Vse to naj nudi podlago za morebitno nadaljnje delo na slovarju. Osrednji del

13 Prim. Karničar: *Der Obir-Dialekt in Kärnten.*

publikacije, celotni alfabetarij tezavra, nudi vpogled v zajetno gradivo graškega dolgoročnega narečjeslovnega projekta. Vsebuje nekaj čez 17.000 iztočnic s podiztočnicami (subleme), ki so v alfabetariju zapisane z zamikom, od tega nekaj več kot 1.000 kazalk. Za nekatere kazalke, ki so bile zapisane v že objavljenih zvezkih in so uporabnika slovarja napotile na še neobjavljene iztočnice, se je ob podrobnejši analizi gradiva izkazalo, da so neupravičene. V alfabetariju so te nedoslednosti odpravljene.

Iztočnice od *A-* do vključno *mižnjak* so že bile objavljene v prvih sedmih zvezkih tezavra, kar pomeni približno 7.000 iztočnic, torej bistveno manj kot polovica. Ostale iztočnice, od *mlače* do *žvižgljati,* so še predvidene za objavo. Gradivo zanje je skupaj z že obdelanim in objavljenim gradivom zainteresiranim raziskovalcem dostopno v Biblioteki SAZU.

Mreža krajev za projekt *Leksikalna inventarizacija slovenskega ljudskega jezika na Koroškem* in *Tezaver slovenskega ljudskega jezika na Koroškem*

V začetku je bilo potrebno vzpostaviti gosto omrežje z več kot 220 informacijskimi točkami od Potoč pri Labotu – Bach bei Lavamünd (informacijska točka 1) do Potoč pri Šmohorju – Potschach bei Hermagor (točka 220) – omrežje, iz katerega so bili že na voljo narečni podatki oziroma je bilo take pričakovati. Informacijske točke za označevanje krajev se dosledno pojavljajo v tezavru in na jezikovnih kartah. Točke z dodano črko *a* so manjše vasi ali zaselki, ki so tako dodeljene večjim in, kar se tiče relevantnosti jezikovnih značilnosti, tudi pomembnejšim krajem. V večdesetletnem delu na projektu se je pokazalo, da manjši kraji, označeni z *b* in *c*, ne prispevajo bistveno k rezultatom raziskav, zato so iz tu objavljene mreže krajev izločeni. Ker se je zapis krajevnih imen ob objavi koncepta opiral na relevantno literaturo iz leta 1972,[14] na tem mestu navajamo seznam informacijskih točk, aktualiziran po *Slovenskih krajevnih imenih na avstrijskem Koroškem* Pavla Zdovca (prva izdaja leta 1993):[15]

14 Prim. *Koroška: karta in imenik slovenskih in nemških krajevnih imen.*

15 Zdovc, *Slovenska krajevna imena*.

1	Bach (bei Lavamünd) – Potoče (pri Labotu)
2	Neuhaus – Suha
2a	Pudlach – Podlog
3	Heiligenstadt – Sveto mesto
4	Unterdorf (bei Schwabegg) – Dolnja vas (pri Žvabeku)
5	Schwabegg – Žvabek
6	Kömmelgupf – Komeljski Vrh
7	Weißenstein – Belšak
8	St. Margarethen (bei Bleiburg) – Šmarjeta (pri Pliberku)
9	Kömmel – Komelj
10	Aich (bei Bleiburg) – Dob (pri Pliberku)
11	Wiederndorf – Vidra vas
12	Schilterndorf – Čirkovče
12a	Heiligengrab – Božji grob
13	Einersdorf – Nonča vas
14	Bleiburg – Pliberk
15	Moos – Blato
16	Rinkenberg – Vogrče
17	Replach – Replje
18	Rinkolach – Rinkole
19	Mittlern – Metlova
20	Edling – Kazaze
21	Pribelsdorf – Priblja vas
22	Schattenberg – Senčni Kraj
23	Loibach – Libuče
23a	Penk – Ponikva
24	Unterort (bei Bleiburg) – Podkraj (pri Pliberku)
25	Feistritz ob Bleiburg – Bistrica pri Pliberku
25a	Dolintschitschach – Dolinčiče
26	Gonowetz – Konovece
27	St. Michael ob Bleiburg – Šmihel pri Pliberku
27a	Tscherberg – Črgoviče

28 Pirkdorf – Breška vas
28a Unterbergen – Podgora
29 St. Stefan (im Jauntal) – Šteben (v Podjuni)
30 Wackendorf – Večna vas
31 Globasnitz – Globasnica
31a Kleindorf (bei Globasnitz) – Mala vas (pri Globasnici)
32 Slovenjach – Slovenje
33 Jaunstein (bei Globasnitz) – Podjuna (pri Globasnici)
34 Gablern – Lovanke
35 Köcking – Kokje
36 Eberndorf – Dobrla vas
37 Gösselsdorf – Goselna vas
38 St. Philippen bei Sonnegg – Št. Lipš pri Ženeku
39 Altendorf (bei St. Philippen im Jauntal) – Stara vas (pri Št. Lipšu v Podjuni)
40 Sagerberg – Zagorje
41 Blasnitzenberg (bei Sittersdorf) – Plaznica
42 Sittersdorf – Žitara vas
42a Miklauzhof – Miklavčevo
43 Rechberg – Rebrca
44 Kleinzapfen – Malčape
45 Goritschach (bei Sittersdorf) – Goriče (pri Žitari vasi)
45a Dullach (bei Sittersdorf) – Dole (pri Žitari vasi)
46 Glantschach – Klanče
47 Müllnern – Mlinče
48 Rückersdorf – Rikarja vas
49 Pogerschitzen – Pogrče
50 Enzelsdorf – Encelna vas
51 Gallizien – Galicija
52 Vellach (bei Gallizien) – Bela (pri Galiciji)
53 Möchling – Mohliče
54 St. Veit im Jauntal – Št. Vid v Podjuni
54a Horzach (bei St. Veit im Jauntal) – Horce (pri Št. Vidu v Podjuni)

55	St. Primus – Št. Primož
55a	Nageltschach – Nagelče
56	Lauchenholz – Gluhi Les
57	Obersammelsdorf – Žamanje
58	Mökriach – Mokrinje
59	Grabelsdorf – Grabalja vas
60	Oberburg – Zgornji Podgrad
61	Wasserhofen – Žirovnica
62	Kohldorf – Voglje
63	Srejach (bei St. Kanzian im Jauntal) – Sreje (pri Škocjanu v Podjuni)
64	Kleindorf (bei St. Kanzian im Jauntal) – Mala vas (pri Škocjanu v Podjuni)
65	St. Kanzian am Klopeiner See – Škocjan (v Podjuni)
66	Klopein – Klopinj
67	Stein im Jauntal – Kamen
68	Eis – Led
68a	Grutschen – Gruče
69	St. Nikolai (bei Ruden) – Šmiklavž (pri Rudi)
70	Ruden – Ruda
70a	Lind (bei Ruden) – Lipa (pri Rudi)
71	Haimburg – Vovbre
72	Griffen – Grebinj
72a	Langegg – Dolga Brda
73	Untergreutschach – Spodnje Krčanje
73a	Obergreutschach – Zgornje Krčanje
74	Grafenbach – Kneža
75	Diex – Djekše
76	Bösenort – Hudi Kraj
77	Gattersdorf – Štriholče
77a	St. Franzisci – Želinje
78	St. Martin (bei Völkermarkt) – Šmartin (pri Velikovcu)
78a	Wandelitzen – Vodovnica
79	St. Peter am Wallersberg – Št. Peter na Vašinjah

80 Völkermarkt – Velikovec
81 Oschenitzen – Olšenca
82 Arlsdorf – Orliča vas
83 Töllerberg – Telenberk
83a St. Margarethen ob Töllerberg – Šmarjeta
84 Rakollach – Rakole
85 Tainach – Tinje
85a Drauhofen – Dravski Dvor
86 Tainacher Feld – Tinjsko Polje
87 Froschendorf – Žabiče
88 Grafenstein – Grabštajn
89 Poggersdorf – Pokrče
90 Pischeldorf – Škofji Dvor
91 Ottmanach – Otmanje
92 Görtschach bei Timenitz – Goriče pri Timenici
93 Lassendorf – Vasja vas
94 Haag – Zapuže
95 St. Thomas am Zeiselberg – Št. Tomaž
96 Hollern – Bezovje
97 Zinsdorf – Svinča vas
98 Niederdorf (bei Ebenthal) – Delnja vas (pri Žrelcu)
99 Techelsberg – Teholica / Dholica
100 Koprein Sonnseite – Koprivna
10 Leppen – Lepena
102 Remschenig – Remšenik
103 Lobnig – Lobnik
104 Bad Eisenkappel – Železna Kapla
104a Blasnitzen – Plaznica
105 Vellach – Bela
106 Ebriach – Obirsko
107 Trögern – Korte
108 Zell-Freibach – Borovnica

108a	Zell-Schaida – Šajda
109	Zell – Sele
110	Zell-Mitterwinkel – Srednji Kot
110a	Zell-Oberwinkel – Zgornji Kot
111	Waidisch – Bajdiše
112	Abtei – Apače
113	Niederdörfl (bei St. Margareten i. R.) – Dolnja vas (pri Šmarjeti v R.)
114	St. Margareten in Rosental – Šmarjeta v Rožu
115	Gotschuchen – Kočuha
116	Hintergupf – Zavrh
117	Seidolach – Ždovlje
118	Glainach – Glinje
119	Ferlach – Borovlje
120	Unterloibl – Podljubelj
121	Loibtal – Brodi
122	Windisch Bleiberg – Slovenji Plajberk
123	Bodental – Poden
124	Kappel an der Drau – Kapla ob Dravi
125	Weizelsdorf – Svetna vas
126	St. Johann im Rosental – Št. Janž v Rožu
126a	Rabenberg – Šentjanške Rute
127	Hundsdorf – Podsinja vas
128	Feistritz im Rosental – Bistrica v Rožu
129	Strugarjach – Strugarje
130	Suetschach – Sveče
130a	Matschach – Mače
131	Greuth (bei Maria Elend) – Rute (pri Podgorjah)
131a	Greuth – Suha
132	Maria Elend – Podgorje
133	Dragositschach – Dragožiče
134	Lessach – Leše
135	Frießnitz – Breznica

136 Schlatten – Svatne
137 St. Jakob im Rosental – Št. Jakob v Rožu
137a Längdorf – Velika vas
138 St. Peter i. R. – Št. Peter v Rožu
138a Tösching – Tešinja
139 Srajach (bei St. Jakob im Rosental) – Sreje (pri Št. Jakobu v Rožu)
139a Mühlbach – Reka
140 Rosegg – Rožek
140a Frög – Breg
141 Gorintschach (bei St. Jakob im Rosental) – Gorinčiče (pri Št. Jakobu v Rožu)
141a St. Johann (bei St. Jakob im Rosental) – Ščedem (pri Št. Jakobu v Rožu)
142 Raun (bei Rosegg) – Ravne (pri Rožeku)
142a Untergoritschach – Spodnje Goriče
143 Mallenitzen – Malence
144 Unterferlach (bei Ledenitzen) – Spodnje Borovlje (pri Ledincah)
145 Ledenitzen – Ledince
146 St. Martin (bei Rosegg) – Šmartin (pri Rožeku)
147 Oberferlach – Zgornje Borovlje
148 Petschitzen – Pečnica
149 Obergreuth (Faaker See) – Zgornje Rute (nad Baškim jezerom)
149a Kopein – Kopanje
150 Latschach am Faaker See – Loče (ob Baškem jezeru)
151 Drobollach am Faaker See – Drobolje ob Baškem jezeru
152 Faak am See – Bače
153 Pogöriach (bei Latschach) – Pogorje (pri Ločah)
154 Altfinkenstein – Stari Grad
155 Mallestig – Malošče
156 Mieger – Medgorje
157 Radsberg – Radiše
157a Oberkreuth (bei Radsberg) – Zgornje Rute (pri Radišah)
158 Schwarz – Dvorec
159 Tutzach – Tuce

159a Lipizach – Lipica
160 Gurnitz – Podkrnos
161 Ebenthal – Žrelec
162 Stemeritsch – Smeriče
163 Göltschach – Golšovo
164 Maria Rain – Žihpolje
165 Köttmannsdorf – Kotmara vas
166 Tschachoritsch – Čahorče
167 Wellersdorf – Velinja vas
167a Muschkau – Muškava
168 Fellersdorf – Bilnjovs
169 Zedras – Sodraževa
169a Großkleinberg (bei Ludmannsdorf) – Mala Gora (pri Bilčovsu)
170 Ludmannsdorf – Bilčovs
170a Franzendorf – Branča vas
171 Oberdörfl (bei Ludmannsdorf) – Zgornja vesca (pri Bilčovsu)
172 Selkach (bei Ludmannsdorf) – Želuče (pri Bilčovsu)
173 Ottosch – Otož
174 Treffen – Trebinja
175 St. Egyden (an der Drau) – Št. Ilj (ob Dravi)
176 Keutschach – Hodiše
177 Dobein – Dobajna
178 Plescherken – Plešerka
179 Techelweg – Holbiče
180 Schiefling am Wörthersee – Škofiče
181 Augsdorf – Loga vas
182 Selpritsch – Žoprače
183 St. Martin am Techelsberg – Šmartin na Dholici
184 Kerschdorf – Črešnje
185 Wurzen – Koren
186 Kranzlhofen – Dvor
187 Köstenberg – Kostanje

187a	Bloderdorf – Vabrnja vas
188	Weinzierl – Vinare
188a	Lind ob Velden – Lipa pri Vrbi
189	Sternberg – Strmec
190	Damtschach – Domačale
191	Föderlach – Podravlje
191a	Wudmath – Vudmat
192	Gottestal – Skočidol
193	Maria Gail – Marija na Zilji
194	Gödersdorf – Diča vas / Vodiča vas
195	Susalitsch – Žužalče
196	Fürnitz – Brnca
197	St. Leonhard bei Siebenbrünn – Št. Lenart pri Sedmih studencih
198	Hart – Ločilo
199	Radendorf – Radna vas
200	Seltschach – Sovče
200a	Agoritschach – Zagoriče
201	Thörl – Vrata
202	Hohenthurn – Straja vas
203	Draschitz – Drašče
204	Göriach – Gorje
205	Achomitz – Zahomec
206	Feistritz an der Gail – Bistrica na Zilji
207	Saak – Čače
208	Nötsch – Čajna
209	St. Georgen im Gailtal – Št. Jurij na Zilji
210	St. Paul im Gailtal – Št. Pavel na Zilji
211	Vorderberg – Blače
212	Dragantschach – Draganče
213	St. Stefan an der Gail – Štefan na Zilji
214	Görtschach – Goriče
215	Förolach – Borlje

215a	Presseggen – Preseka
216	Nampolach – Napole
217	Mellweg – Melviče
217a	Dellach im Gailtal – Dole na Zilji
218	Egg bei Hermagor – Brdo pri Šmohorju
219	Fritzendorf – Limače
220	Potschach (bei Hermagor) – Potoče (pri Šmohorju)

Mreža krajev po abecednem vrstnem redu slovenskih imen krajev

112	Apače – Abtei
152	Bače – Faak am See
111	Bajdiše – Waidisch
105	Bela – Vellach
52	Bela (pri Galiciji) – Vellach (bei Gallizien)
7	Belšak – Weissenstein
96	Bezovje – Hollern
170	Bilčovs – Ludmannsdorf
168	Bilnjovs – Fellersdorf
206	Bistrica na Zilji – Feistritz an der Gail
25	Bistrica pri Pliberku – Feistritz ob Bleiburg
128	Bistrica v Rožu – Feistritz im Rosental
211	Blače – Vorderberg
15	Blato – Moos
14	Bleiburg – Pliberk
215	Borlje – Förolach
119	Borovlje – Ferlach
108	Borovnica – Zell-Freibach
12a	Božji grob– Heiligengrab
170a	Branča vas – Franzendorf
218	Brdo pri Šmohorju – Egg bei Hermagor

118	Glinje – Glainach
31	Globasnica – Globasnitz
56	Gluhi Les – Lauchenholz
163	Golšovo – Göltschach
214	Goriče – Görtschach
45	Goriče (pri Žitari vasi) – Goritschach (bei Sittersdorf)
92	Goriče pri Timenici – Görtschach bei Timenitz
141	Gorinčiče (pri Št. Jakobu v Rožu) – Gorintschach (bei St. Jakob im Rosental)
204	Gorje – Göriach
37	Goselna vas – Gösselsdorf
59	Grabalja vas – Grabelsdorf
88	Grabštajn – Grafenstein
72	Grebinj – Griffen
68a	Gruče – Grutschen
176	Hodiše – Keutschach
179	Holbiče – Techelweg
54a	Horce (pri Št. Vidu v Podjuni) – Horzach (bei St. Veit im Jauntal)
76	Hudi Kraj – Bösenort
67	Kamen – Stein im Jauntal
124	Kapla ob Dravi – Kappel an der Drau
20	Kazaze – Edling
46	Klanče – Glantschach
66	Klopinj – Klopein
74	Kneža – Grafenbach
115	Kočuha – Gotschuchen
35	Kokje – Köcking
9	Komelj – Kömmel
6	Komeljski Vrh – Kömmelgupf
26	Konovece – Gonowetz
149a	Kopanje – Kopein
100	Koprivna – Koprein Sonnseite
185	Koren – Wurzen

107	Korte – Trögern
187	Kostanje – Köstenberg
165	Kotmara vas – Köttmannsdorf
68	Led – Eis
145	Ledince – Ledenitzen
101	Lepena – Leppen
134	Leše – Lessach
23	Libuče – Loibach
219	Limače – Fritzendorf
70a	Lipa (pri Rudi) – Lind (bei Ruden)
188a	Lipa pri Vrbi – Lind ob Velden
159a	Lipica – Lipizach
103	Lobnik – Lobnig
150	Loče (ob Baškem jezeru) – Latschach am Faaker See
198	Ločilo – Hart
181	Loga vas – Augsdorf
34	Lovanke – Gablern
130a	Mače – Matschach
169a	Mala Gora (pri Bilčovsu) – Großkleinberg (bei Ludmannsdorf)
31a	Mala vas (pri Globasnici) – Kleindorf (bei Globasnitz)
64	Mala vas (pri Škocjanu v Podjuni) – Kleindorf (bei St. Kanzian im Jauntal)
44	Malčape – Kleinzapfen
143	Malence – Mallenitzen
155	Mološče – Mallestig
193	Marija na Zilji – Maria Gail
156	Medgorje – Mieger
217	Melviče – Mellweg
19	Metlova – Mittlern
42a	Miklauzhof – Miklavčevo
53	Mohliče – Möchling
58	Mokrinje – Mökriach
47	Mlinče – Müllnern

167a	Muškava – Muschkau
55a	Nagelče – Nageltschach
216	Napole – Nampolach
13	Nonča vas – Einersdorf
106	Obirsko – Ebriach
81	Olšenca – Oschenitzen
82	Orliča vas – Arlsdorf
91	Otmanje – Ottmanach
173	Otož – Ottosch
148	Pečnica – Petschitzen
104a	Plaznica – Blasnitzen
41	Plaznica – Blasnitzenberg (bei Sittersdorf)
178	Plešerka – Plescherken
123	Poden – Bodental
28a	Podgora – Unterbergen
132	Podgorje – Maria Elend
33	Podjuna (pri Globasnici) – Jaunstein (bei Globasnitz)
24	Podkraj (pri Pliberku) – Unterort (bei Bleiburg)
160	Podkrnos – Gurnitz
120	Podljubelj – Unterloibl
2a	Podlog – Pudlach
191	Podravlje – Föderlach
127	Podsinja vas – Hundsdorf
153	Pogorje (pri Ločah) – Pogöriach (bei Latschach)
49	Pogrče – Pogerschitzen
89	Pokrče – Poggersdorf
23a	Ponikva – Penk
1	Potoče (pri Labotu) – Bach (bei Lavamünd)
220	Potoče (pri Šmohorju) – Potschach (bei Hermagor)
215a	Preseka – Presseggen
21	Priblja vas – Pribelsdorf
157	Radiše – Radsberg

199	Radna vas – Radendorf
84	Rakole – Rakollach
142	Ravne (pri Rožeku) – Raun (bei Rosegg)
43	Rebrca – Rechberg
139a	Reka – Mühlbach
102	Remšenik – Remschenig
17	Replje – Replach
48	Rikarja vas – Rückersdorf
18	Rinkole – Rinkolach
140	Rožek – Rosegg
70	Ruda – Ruden
131	Rute (pri Podgorjah) – Greuth (bei Maria Elend)
109	Sele – Zell
22	Senčni Kraj – Schattenberg
192	Skočidol – Gottestal
32	Slovenje – Slovenjach
122	Slovenji Plajberk – Windisch Bleiberg
162	Smeriče – Stemeritsch
169	Sodraževa – Zedras
200	Sovče – Seltschach
144	Spodnje Borovlje (pri Ledincah) – Unterferlach (bei Ledenitzen)
142a	Spodnje Goriče – Untergoritschach
73	Spodnje Krčanje – Untergreutschach
110	Srednji Kot – Zell-Mitterwinkel
63	Sreje (pri Škocjanu v Podjuni) – Srejach (bei St. Kanzian im Jauntal)
139	Sreje (pri Št. Jakobu v Rožu) – Srajach (bei St. Jakob im Rosental)
39	Stara vas (pri Št. Lipšu v Podjuni) – Altendorf (bei St. Philippen im Jauntal)
154	Stari Grad – Altfinkenstein
202	Straja vas – Hohenthurn
189	Strmec – Sternberg
129	Strugarje – Strugarjach
131a	Suha – Greuth

2	Suha – Neuhaus
136	Svatne – Schlatten
130	Sveče – Suetschach
125	Svetna vas – Weizelsdorf
3	Sveto mesto – Heiligenstadt
97	Svinča vas – Zinsdorf
108a	Šajda – Zell-Schaida
141a	Ščedem (pri Št. Jakobu v Rožu) – St. Johann (bei St. Jakob im Rosental)
126a	Šentjanške Rute – Rabenberg
65	Škocjan (v Podjuni) – St. Kanzian am Klopeiner See
180	Škofiče – Schiefling am Wörthersee
90	Škofji Dvor – Pischeldorf
8	Šmarjeta (pri Pliberku) – St. Margarethen (bei Bleiburg)
83a	Šmarjeta pri Velikovcu – St. Margarethen ob Töllerberg
114	Šmarjeta v Rožu – St. Margareten in Rosental
146	Šmartin (pri Rožeku) – St. Martin (bei Rosegg)
78	Šmartin (pri Velikovcu) – St. Martin (bei Völkermarkt)
183	Šmartin na Dholici – St. Martin am Techelsberg
27	Šmihel pri Pliberku – St. Michael ob Bleiburg
69	Šmiklavž (pri Rudi) – St. Nikolai (bei Ruden)
175	Št. Ilj (ob Dravi) – St. Egyden (an der Drau)
137	Št. Jakob v Rožu – St. Jakob im Rosental
209	Št. Jurij na Zilji – St. Georgen im Gailtal
197	Št. Lenart pri Sedmih studencih – St. Leonhard bei Siebenbrünn
38	Št. Lipš pri Ženeku – St. Philippen bei Sonnegg
210	Št. Pavel (na Zilji) – St. Paul (im Gailtal)
138	Št. Peter v Rožu – St. Peter i. R.
79	Št. Peter na Vašinjah – St. Peter am Wallersberg
55	Št. Primož – St. Primus
95	Št. Tomaž – St. Thomas am Zeiselberg
54	Št. Vid v Podjuni – St. Veit im Jauntal
126	Št. Janž v Rožu – St. Johann im Rosental

29 Šteben (v Podjuni) – St. Stefan (im Jauntal)
213 Štefan na Zilji – St. Stefan an der Gail
77 Štriholče – Gattersdorf
99 Teholica / Dholica – Techelsberg
83 Telenberk – Töllerberg
138a Tešinja – Tösching
85 Tinje – Tainach
86 Tinjsko Polje – Tainacher Feld
174 Trebinja – Treffen
159 Tuce – Tutzach
187a Vabrnja vas – Bloderdorf
93 Vasja vas – Lassendorf
30 Večna vas – Wackendorf
137a Velika vas – Längdorf
80 Velikovec – Völkermarkt
167 Velinja vas – Wellersdorf
11 Vidra vas – Wiederndorf
188 Vinare – Weinzierl
194 Diča vas / Vodiča vas – Gödersdorf
78a Vodovnica – Wandelitzen
62 Voglje – Kohldorf
16 Vogrče – Rinkenberg
71 Vovbre – Haimburg
201 Vrata – Thörl
191a Vudmat – Wudmath
200a Zagoriče – Agoritschach
40 Zagorje – Sagerberg
205 Zahomec – Achomitz
94 Zapuže – Haag
116 Zavrh – Hintergupf
171 Zgornja vesca (pri Bilčovsu) – Oberdörfl (bei Ludmannsdorf)
147 Zgornje Borovlje – Oberferlach

73a	Zgornje Krčanje – Obergreutschach
149	Zgornje Rute (nad Baškim jezerom) – Obergreuth (Faaker See)
157a	Zgornje Rute (pri Radišah) – Oberkreuth (bei Radsberg)
110a	Zgornji Kot – Zell-Oberwinkel
60	Zgornji Podgrad – Oberburg
87	Žabiče – Froschendorf
57	Žamanje – Obersammelsdorf
117	Ždovlje – Seidolach
104	Železna Kapla – Bad Eisenkappel
77a	Želinje – St. Franzisci
172	Želuče (pri Bilčovsu) – Selkach (bei Ludmannsdorf)
164	Žihpolje – Maria Rain
61	Žirovnica – Wasserhofen
42	Žitara vas – Sittersdorf
182	Žoprače – Selpritsch
161	Žrelec – Ebenthal
195	Žužalče – Susalitsch
5	Žvabek – Schwabegg

Mreža krajev po abecednem vrstnem redu nemških imen krajev

112	Abtei – Apače
205	Achomitz – Zahomec
200a	Agoritschach – Zagoriče
10	Aich (bei Bleiburg) – Dob (pri Pliberku)
39	Altendorf (bei St. Philippen im Jauntal) – Stara vas (pri Št. Lipšu v Podjuni)
154	Altfinkenstein – Stari Grad
82	Arlsdorf – Orliča vas
181	Augsdorf – Loga vas
1	Bach (bei Lavamünd) – Potoče (pri Labotu)
104	Bad Eisenkappel – Železna Kapla

104a	Blasnitzen – Plaznica
41	Blasnitzenberg (bei Sittersdorf) – Plaznica
14	Bleiburg – Pliberk
187a	Bloderdorf – Vabrnja vas
123	Bodental – Poden
76	Bösenort – Hudi Kraj
190	Damtschach – Domačale
217a	Dellach im Gailtal – Dole na Zilji
75	Diex – Djekše
177	Dobein – Dobajna
25a	Dolintschitschach – Dolinčiče
212	Dragantschach – Draganče
133	Dragositschach – Dragožiče
203	Draschitz – Drašče
85a	Drauhofen – Dravski Dvor
151	Drobollach am Faaker See – Drobolje ob Baškem jezeru
45a	Dullach (bei Sittersdorf) – Dole (pri Žitari vasi)
161	Ebenthal – Žrelec
36	Eberndorf – Dobrla vas
106	Ebriach – Obirsko
20	Edling – Kazaze
218	Egg bei Hermagor – Brdo pri Šmohorju
13	Einersdorf – Nonča vas
68	Eis – Led
50	Enzelsdorf – Encelna vas
152	Faak am See – Bače
206	Feistritz an der Gail – Bistrica na Zilji
128	Feistritz im Rosental – Bistrica v Rožu
25	Feistritz ob Bleiburg – Bistrica pri Pliberku
168	Fellersdorf – Bilnjovs
119	Ferlach – Borovlje
191	Föderlach – Podravlje

215	Förolach – Borlje
170a	Franzendorf – Branča vas
135	Frießnitz – Breznica
219	Fritzendorf – Limače
140a	Frög – Breg
87	Froschendorf – Žabiče
196	Fürnitz – Brnca
34	Gablern – Lovanke
51	Gallizien – Galicija
77	Gattersdorf – Štriholče
118	Glainach – Glinje
46	Glantschach – Klanče
31	Globasnitz – Globasnica
194	Gödersdorf – Diča vas / Vodiča vas
163	Göltschach – Golšovo
26	Gonowetz – Konovece
204	Göriach – Gorje
141	Gorintschach (bei St. Jakob im Rosental) – Gorinčiče (pri Št. Jakobu v Rožu)
45	Goritschach (bei Sittersdorf) – Goriče (pri Žitari vasi)
214	Görtschach – Goriče
92	Görtschach bei Timenitz – Goriče pri Timenici
37	Gösselsdorf – Goselna vas
115	Gotschuchen – Kočuha
192	Gottestal – Skočidol
59	Grabelsdorf – Grabalja vas
74	Grafenbach – Kneža
88	Grafenstein – Grabštajn
131a	Greuth – Suha
131	Greuth bei Maria Elend – Rute
72	Griffen – Grebinj
169a	Großkleinberg (bei Ludmannsdorf) – Mala Gora (pri Bilčovsu)
68a	Grutschen – Gruče

160	Gurnitz – Podkrnos
94	Haag – Zapuže
71	Haimburg – Vovbre
198	Hart – Ločilo
12a	Heiligengrab – Božji grob
3	Heiligenstadt – Sveto mesto
116	Hintergupf – Zavrh
202	Hohenthurn – Straja vas
96	Hollern – Bezovje
54a	Horzach (bei St. Veit im Jauntal) – Horce (pri Št. Vidu v Podjuni)
127	Hundsdorf – Podsinja vas
33	Jaunstein (bei Globasnitz) – Podjuna (pri Globasnici)
124	Kappel an der Drau – Kapla ob Dravi
184	Kerschdorf – Črešnje
176	Keutschach – Hodiše
31a	Kleindorf (bei Globasnitz) – Mala vas (pri Globasnici)
64	Kleindorf (bei St. Kanzian im Jauntal) – Mala vas (pri Škocjanu v Podjuni)
44	Kleinzapfen – Malčape
66	Klopein – Klopinj
35	Köcking – Kokje
62	Kohldorf – Voglje
9	Kömmel – Komelj
6	Kömmelgupf – Komeljski Vrh
149a	Kopein – Kopanje
100	Koprein Sonnseite – Koprivna
187	Köstenberg – Kostanje
165	Köttmannsdorf – Kotmara vas
186	Kranzlhofen – Dvor
137a	Längdorf – Velika vas
72a	Langegg – Dolga Brda
93	Lassendorf – Vasja vas
150	Latschach am Faaker See – Loče (ob Baškem jezeru)

149	Obergreuth (Faaker See) – Zgornje Rute (nad Baškim jezerom)
56	Lauchenholz – Gluhi Les
145	Ledenitzen – Ledince
101	Leppen – Lepena
134	Lessach – Leše
70a	Lind (bei Ruden) – Lipa (pri Rudi)
188a	Lind ob Velden – Lipa pri Vrbi
159a	Lipizach – Lipica
103	Lobnig – Lobnik
23	Loibach – Libuče
121	Loibtal – Brodi
170	Ludmannsdorf – Bilčovs
143	Mallenitzen – Malence
155	Mallestig – Malošče
132	Maria Elend – Podgorje
193	Maria Gail – Marija na Zilji
164	Maria Rain – Žihpolje
130a	Matschach – Mače
217	Mellweg – Melviče
156	Mieger – Medgorje
42a	Miklauzhof – Miklavčevo
19	Mittlern – Metlova
53	Möchling – Mohliče
58	Mökriach – Mokrinje
15	Moos – Blato
139a	Mühlbach – Reka
47	Müllnern – Mlinče
167a	Muschkau – Muškava
55a	Nageltschach – Nagelče
216	Nampolach – Napole
2	Neuhaus – Suha
98	Niederdorf (bei Ebenthal) – Delnja vas (pri Žrelcu)

113	Niederdörfl (St. Margareten i. R.) – Dolnja vas (pri Šmarjeti v R.)
208	Nötsch – Čajna
60	Oberburg – Zgornji Podgrad
171	Oberdörfl (bei Ludmannsdorf) – Zgornja vesca (pri Bilčovsu)
147	Oberferlach – Zgornje Borovlje
73a	Obergreutschach – Zgornje Krčanje
157a	Oberkreuth (bei Radsberg) – Zgornje Rute (pri Radišah)
57	Obersammelsdorf – Žamanje
81	Oschenitzen – Olšenca
91	Ottmanach – Otmanje
173	Ottosch – Otož
23a	Penk – Ponikva
148	Petschitzen – Pečnica
142c	Pirk – Brezje
28	Pirkdorf – Breška vas
90	Pischeldorf – Škofji Dvor
178	Plescherken – Plešerka
49	Pogerschitzen – Pogrče
89	Poggersdorf – Pokrče
153	Pogöriach (bei Latschach) – Pogorje (pri Ločah)
220	Potschach (bei Hermagor) – Potoče (pri Šmohorju)
215a	Presseggen – Preseka
21	Pribelsdorf – Priblja vas
2a	Pudlach – Podlog
126a	Rabenberg – Šentjanške Rute
199	Radendorf – Radna vas
157	Radsberg – Radiše
84	Rakollach – Rakole
142	Raun (bei Rosegg) – Ravne (pri Rožeku)
43	Rechberg – Rebrca
102	Remschenig – Remšenik
17	Replach – Replje

16	Rinkenberg – Vogrče
18	Rinkolach – Rinkole
140	Rosegg – Rožek
48	Rückersdorf – Rikarja vas
70	Ruden – Ruda
207	Saak – Čače
40	Sagerberg – Zagorje
22	Schattenberg – Senčni Kraj
180	Schiefling am Wörthersee – Škofiče
12	Schilterndorf – Čirkovče
136	Schlatten – Svatne
5	Schwabegg – Žvabek
158	Schwarz – Dvorec
117	Seidolach – Ždovlje
172	Selkach (bei Ludmannsdorf) – Željuče (pri Bilčovsu)
182	Selpritsch – Žoprače
200	Seltschach – Sovče
42	Sittersdorf – Žitara vas
32	Slovenjach – Slovenje
139	Srajach (bei St. Jakob im Rosental) – Sreje (pri Št. Jakobu v Rožu)
63	Srejach (bei St. Kanzian im Jauntal) – Sreje (pri Škocjanu v Podjuni)
175	St. Egyden (an der Drau) – Št. Ilj (ob Dravi)
77a	St. Franzisci – Želinje
209	St. Georgen im Gailtal – Št. Jurij na Zilji
137	St. Jakob im Rosental – Št. Jakob v Rožu
141a	St. Johann (bei St. Jakob im Rosental) – Ščedem (pri Št. Jakobu v Rožu)
126	St. Johann im Rosental – Št.Janž v Rožu
65	St. Kanzian am Klopeiner See – Škocjan (v Podjuni)
197	St. Leonhard bei Siebenbrünn – Št. Lenart pri Sedmih studencih
114	St. Margareten in Rosental – Šmarjeta v Rožu
8	St. Margarethen (bei Bleiburg) – Šmarjeta (pri Pliberku)
83a	St. Margarethen ob Töllerberg – Šmarjeta

146 St. Martin (bei Rosegg) – Šmartin (pri Rožeku)
78 St. Martin (bei Völkermarkt) – Šmartin (pri Velikovcu)
183 St. Martin am Techelsberg – Šmartin na Dholici
69 St. Nikolai (bei Ruden) – Šmiklavž (pri Rudi)
210 St. Paul (im Gailtal) – Št. Pavel (na Zilji)
138 St. Peter i. R. – Št. Peter v Rožu
79 St. Peter am Wallersberg – Št. Peter na Vašinjah
38 St. Philippen bei Sonnegg – Št. Lipš pri Ženeku
55 St. Primus – Št. Primož
29 St. Stefan (im Jauntal) – Šteben (v Podjuni)
213 St. Stefan an der Gail – Štefan na Zilji
95 St. Thomas am Zeiselberg – Št. Tomaž
54 St. Veit im Jauntal – Št. Vid v Podjuni
27 St. Michael ob Bleiburg – Šmihel pri Pliberku
67 Stein im Jauntal – Kamen
162 Stemeritsch – Smeriče
189 Sternberg – Strmec
129 Strugarjach – Strugarje
130 Suetschach – Sveče
195 Susalitsch – Žužalče
85 Tainach – Tinje
86 Tainacher Feld – Tinjsko Polje
99 Techelsberg – Teholica / Dholica
179 Techelweg – Holbiče
201 Thörl – Vrata
83 Töllerberg – Telenberk
138a Tösching – Tešinja
174 Treffen – Trebinja
107 Trögern – Korte
166 Tschachoritsch – Čahorče
27a Tscherberg – Črgoviče
159 Tutzach – Tuce

28a	Unterbergen – Podgora
4	Unterdorf (bei Schwabegg) – Dolnja vas (pri Žvabeku)
144	Unterferlach (bei Ledenitzen) – Spodnje Borovlje (pri Ledincah)
142a	Untergoritschach – Spodnje Goriče
73	Untergreutschach – Spodnje Krčanje
120	Unterloibl – Podljubelj
24	Unterort (bei Bleiburg) – Podkraj (pri Pliberku)
105	Vellach – Bela
52	Vellach (bei Gallizien) – Bela (pri Galiciji)
80	Völkermarkt – Velikovec
211	Vorderberg – Blače
30	Wackendorf – Večna vas
111	Waidisch – Bajdiše
78a	Wandelitzen – Vodovnica
61	Wasserhofen – Žirovnica
188	Weinzierl – Vinare
7	Weissenstein – Belšak
125	Weizelsdorf – Svetna vas
167	Wellersdorf – Velinja vas
11	Wiederndorf – Vidra vas
122	Windisch Bleiberg – Slovenji Plajberk
191a	Wudmath – Vudmat
185	Wurzen – Koren
169	Zedras – Sodraževa
109	Zell – Sele
108	Zell-Freibach – Borovnica
110	Zell-Mitterwinkel – Srednji Kot
110a	Zell-Oberwinkel – Zgornji Kot
108a	Zell-Schaida – Šajda
97	Zinsdorf – Svinča vas

Izpisana literatura za *Tezaver slovenskega ljudskega jezika na Koroškem* in vključitev jezikovne kompetence sodelavcev slovarja

Kar zadeva prednostno nalogo – izdelavo tezavra – naj bo izpostavljeno, da gre za zaključen korpus gesel. Vsa gesla izhajajo iz koroške narečjeslovne literature; upoštevanih je bilo več kot sto narečjeslovnih člankov, diplomskih nalog in disertacij, pa tudi etnoloških del (P. Zablatnik, H. Lausegger). Avtorji tezavra so zavzeli stališče tudi do aktualnega jezikovnega položaja na terenu s tem, da so sinonime, frazeme in derivate dopolnjevali iz lastne kompetence, iz terenskih posnetkov in gradiva, zbranega za uresničevanje drugih ciljev projekta *Leksikalna inventarizacija slovenskega ljudskega jezika na Koroškem*, in jih pri tem označevali z zvezdico.

Posebej so s semantičnimi kvalifikatorji od 0 do 5 okarakterizirali nemške izposojenke. Gesla brez oznake so običajna, v splošni rabi, gesla s cifro 1 so značilna za posamezna strokovna področja, besede s cifro 2 so prišle v govor iz šole ali administracije, 3 so citatne besede iz nemščine ali knjižne slovenščine, s 4 so označeni individualni neologizmi, 5 pa pomeni leksem, ki ga ni bilo mogoče uvrstiti v nobenega od navedenih kvalifikatorjev (če je npr. avtorica ponudila narečno *betar* (*veter*) za nem. izposojenko *Wetter* / vreme). V pričujočem alfabetariju teh kvalifikatorjev ni, so pa dosledno zapisani v slovarskem delu.

Med upoštevano literaturo sta bili izpisani tudi dve germanistični disertaciji o nemških izposojenkah v govoru Sveč (točka 130) in Mohlič (točka 53). Prva je odlično delo J. Zerzerja (prim. *Ze* v seznamu izpisane literature) z vsemi tonemskimi značilnostmi na nemških izposojenih leksemih, v drugi pa je avtorica (prim. *No* v seznamu izpisane literature) pokazala zelo površen odnos do govora, saj vseh besed niti ni razumela. Zato je bilo treba za zdaj izločiti iz alfabetarija besede, ki sicer so v gradivu, a jih terenske raziskave niso potrdile, npr. *peglet želiaš* (!) nam. *peglezen*, *peteržiljertepfel* nam. *repica s peteršiljem*, *ravfija* nam. *ravfnjak*, *rodgan* nam. *podgan(a)*, *sabor* nam. *sablja*, *stintenplajštift* nam. *tintenplajštift*, *šikati* nam. *poslati*, *špricaja* nam. *špricna*, *štofa* nam. *štof*, *švigarsin* nam. švigarson, *toh* nam. *doh*, *ubršen* nam. *ibržen*, *ursah* nam. *uržah*, *viga* nam. *vaga*, *zacagati* nam. *scagati*. Ostala znanstvena dela odsevajo resnično pogostnost in razširjenost besed, nekatera redka, J. Šašel – F. Ramovš (prim. ŠR v seznamu izpisane literature), pa celo kažejo v drugo, puristično smer.

Ker v prvem zvezku A–B še niso bile izpisane disertacija Pavla Zablatnika o duhovni kulturi koroških Slovencev *Die geistige Volkskultur der Kärntner*

Slovenen, 1951 (prim. *Zab* v spodnjem seznamu izpisane literature), *Rožanski narečni besednjak* Josipa Šašla iz leta 1957 (prim. *Šb* v spodnjem seznamu izpisane literature) ter disertacija *Die Mundart von Ebriach/Obirsko in Kärnten* iz leta 1979 Ludvika Karničarja (prim. *Ka* v seznamu izpisane literature), je bilo nujno potrebno dodati alfabetariju manjkajoče iztočnice iz teh del na črki A in B. Te iztočnice so v alfabetariju zapisane ležeče.

Za tezaver je bila izpisana in kopirana na format A6 sledeča znanstvena literatura, dopolnjena z enotami Ka, Šb in Zab.[16] Poleg tega so iz seznama določena dela, za katera se je izkazalo, da v njih ni relevantnih podatkov, črtana, zlasti disertacije o hišnih imenih.

Ba = Anton B[ajec]: Nekaj koroških posebnosti. *Jezik in slovstvo* 3/5, 1957/58, str. 240.

Be = France Bezlaj: Arhaizmi v koroških narečjih. *Koroški kulturni dnevi I. Zbornik predavanj* (ur. E. Prunč in G. Malle). Maribor: Obzorja, 1973, str. 72–81.

Db = Domačä besiede. (Iz narečnega gradiva Študijske knjižnice) *Koroški fužinar* 1, 1. II. 1967, str. 31.

Di = Domačä imenä. (Iz narečnega gradiva Študijske knjižnice na Ravnah) *Koroški fužinar* 3, 25. VIII. 1967, str. 39.

Fb = Anton Feinig: Hišna in ledinska imena v Velni vəsə, nemško Wellersdorf. *XXII. Letno poročilo Zvezne gimnazije za Slovence v Celovcu*, 1978/79, str. 69–76.

Ga = Ivan Grafenauer: Zum Accente im Gailthalerdialecte. *Archiv für slavische Philologie* 27, 1905, str. 195–228.

Gb = Ivan Grafenauer: O »Duhovni brambi« in nje postanku. Donesek k zgodovini praznoverja med Slovenci. *Časopis za zgodovino in narodopisje* 4, 1907, str. 1–70.

Gc = Ivan Grafenauer: Naglas v nemskih izposojenkah v slovenščini. *Razprave Znanstvenega društva za humanistične vede* 1, 1923, str. 358–391.

Gd = Ivan Grafenauer: Nekaj o koroških narečjih. *Koledar slovenske Koroške*, Celovec, 1958, str. 33–36.

Iča = Alexander Isačenko: *Die Dialekte des Jauntales in Kärnten* (Disertacija). Wien, 1933.

16 Prim. *Schlüssel*, str. 93–100.

Ičb = Alexandre Isačenko: Les parlers slovènes du Podjunje en Carinthie: description phonologique. *Revue des Études slaves* 15, 1935, str. 53–63.

Ičc = Alexandre Isačenko: Les parlers slovènes du Podjunje en Carinthie: etude historique. *Revue des Études slaves* 16, 1936, str. 38–55.

Ičd = Alexander Isačenko: Bericht über kärntner-slowenische Dialektaufnahmen anläßlich einer Rundfahrt im Sommer 1937. *Anzeiger der Akademie der Wissenschaften in Wien. Phil. hist. Klasse* 75/1–3, Wien, 1938, str. 1–10.

Iče = Aleksander Isačenko: *Narečje vasi Sele na Rožu*. Ljubljana: Znanstveno društvo, 1939. (Razprave Znanstvenega društva v Ljubljani 16, Filološko-lingvistični odsek 4).

Ičf = Aleksander Isačenko: O večjezičnosti. *Slovenski jezik* 1, 1938, str. 113–118.

Ja = Urban Jarnik: Obraz slovenskoga narěčja u Koruškoj. *Kolo* I, 1842, str. 41–57.

Jb = Franc Kidrič: *Korespondenca Janeza Nepomuka Primca 1808–1813*. Ljubljana: Znanstveno društvo, 1934 (Korespondence pomembnih Slovencev 1).

Jc = Erich Prunč: Aus der Kopitarkorrespondenz. Briefe Urban Jarniks an Bartholomäus Kopitar. *Anzeiger für slavische Philologie* 4, 1970, str. 90–114 (pri citatih = Jca), 5, 1971, str. 83–106 (pri citatih = Jcb), 7, 1974, str. 72–91 (pri citatih = Jcc), 12, 1981, str. 43–69 (pri citatih = Jcd).

Ka = Ludwig Karničar: *Die Mundart von Ebriach/Obirsko in Kärnten* (Disertacija). Graz, 1979.

Kol = Rudolf Kolarič: Slovenska narečja. *Jezik in slovstvo* 2, 1956/57, str. 247–254.

Kor = Korotanec: Govorica Koroških Slovencev. *Koledar Mohorjeve družbe*, Celovec/Klagenfurt, 1957, str. 64–65.

Kos = Franz Koschier: Die Rosentaler Tracht im Spiegel der slowenischen Mundart. *Carinthia I*, 156, 1966, str. 140–146.

Kot = Janko Kotnik: Štekanje. *Slavistična revija* 3, 1950, str. 466–467.

Kr = Eberhard Kranzmayer: *Die deutschen Lehnwörter in der slowenischen Volkssprache*. Laibach, 1944. (Kärntner Forschungen I).

Ksa = Otto Kronsteiner: Die slowenischen Mundarten Kärntens. Topographische Appellativa in Ortsnamen und im aktiven Wortschatz. *Österreichische Namenforschung* 7/2, 1979, str. 36–53.

La = Herta Lausegger: *Die Terminologie der Bauernmühlen in den slowenischen Dialekten in Kärnten. Eine volkskundlich-lexikalische Bestandsaufnahme* (Disertacija). Graz, 1980.

Les = Primus Lessiak: Alpendeutsche und Alpenslawen in ihren sprachlichen Beziehungen. *Germanisch-romanische Monatsschrift* 2, 1910, str. 274–288.

Let = Hermann L'Estocq: Beiträge zur Geschichte des Weinbaus in Unterkärnten. *Carinthia* I, 118, 1929, str. 123–131.

Loa = Tine Logar: Dialektizacija slovenskega jezika. *Jezik in slovstvo* 6, 1960/61, str. 119–122.

Lob = Tine Logar: Današnje stanje in naloge slovenske dialektologije. *Jezik in slovstvo* 8/1, 1962/63, str. 1–6.

Loc = Tine Logar: Sistemi dolgih vokalnih fonemov v slovenskih narečjih. *Slavistična revija* 14/1–4, 1963, str. 111–132.

Lod = Tine Logar: Zanimivosti iz slovenske dialektologije. *Jezik in slovstvo* 9/2–3, 1963/64, str. 44–47.

Loe = Tine Logar: O nastanku slovenskih narečij. *Jezik in slovstvo* 10/1, 1965, str. 2–6.

Lof = Tine Logar: Slovenska narečja v luči modernega raziskovanja. *Letno poročilo državne gimnazije za Slovence*, Celovec/Klagenfurt, 1966/67, str. 84–86.

Log = Tine Logar: Dialektološke študije XII: Govor vasi Kostanje nad Vrbskim jezerom. *Slavistična revija* 15/1–2, 1967, str. 1–19.

Loh = Tine Logar: Dialektološke študije XIV: Govor vasi Kneža pri Djekšah na Koroškem. *Slavistična revija* 16, 1968, str. 395–412.

Loi = Tine Logar: Vokalizem in akcent govora Potoč v Ziljski dolini. *Zbornik za filologiju i lingvistiku* 11, 1968, str. 137–143.

Loj = Tine Logar: Praslovanska a-sklanjatev v slovenskih narečjih. *Jezik in slovstvo* 14, 1969, str. 104–109.

Lok = Tine Logar: Dialektološke študije XV: Govor Slovencev Kanalske doline v Italiji. *Slavistična revija* 19/2, 1971, str. 113–123.

Lol = Tine Logar: Slovenska narečja – zgodovinska vez med Slovenci tostran in onstran Karavank. *Koroška in koroški Slovenci*. Maribor: Obzorja, 1971, str. 276–280.

Lom = Tine Logar: Slovenska koroška narečja – zgodovinska vez med Slovenci tostran in onstran Karavank. *Koroški kulturni dnevi I. Zbornik predavanj* (ur. E. Prunč in G. Malle). Maribor: Obzorja, 1973, str. 66–71.

Lon = Tine Logar: Slovenska koroška narečja v Avstriji. *IX. Seminar slovenskega jezika, literature in kulture 2.–14. julij 1973. Predavanja* (ur. Matjaž Kmecl). Ljubljana, Filozofska fakulteta, Oddelek za slovanske jezike in književnosti, 1973. str. 29–44.

Loo = Tine Logar: *Slovenska narečja*. Ljubljana: Mladinska knjiga, 1975.

Lža = Rajko Ložar: Od marnovanja do žobarenja. *Družina in dom* 3, 1981, str. 42–43; 4, 1981, str. 60–61; 5, 1981, str. 76–77; 6, 1981, str. 91–93; 8, 1981, str. 123–125; 9, 1981, str. 137–138; 10, 1981, str. 156.

Mah = Irmgarde Mahnken: Zur mundartlichen Differenzierung des Vokalsystems im Slowenischen. *Die Welt der Slawen* 10, 1965, str. 341–366.

Mat = Milko Matičetov: Basmi koroških Slovencev. *Koroški kulturni dnevi I. Zbornik predavanj* (ur. E. Prunč in G. Malle). Maribor: Obzorja, 1973, str. 188–197.

Mi = Marijan Mikic: Št'k môrnjemo. *Koroški fužinar* 4, 27. 11. 1967, str. 36–38.

Nea = Gerhard Neweklowsky: Der laryngale Verschlußlaut im Slovenischen. *Wiener slavistisches Jahrbuch* 16, 1970, str. 104–111.

Neb = Gerhard Neweklowsky: *Slowenische Akzentstudien. Akustische und linguistische Untersuchungen am Material slowenischer Mundarten aus Kärnten*. Wien: Österreichische Akademie der Wissenschaften, 1973 (Schriften der Balkankommission. Linguistische Abteilung 21).

Nec = Gerhard Neweklowsky: Die slowenische Mundart von Ludmannsdorf (Bilčovs) in Kärnten. *Klagenfurter Beiträge zur Sprachwissenschaft* 6/1–3, 1980, str. 103–113.

No = Christa Nogradnik: *Die deutschen Lehnwörter in der windischen Mundart von Möchling im Jauntale* (Disertacija). Wien, 1964.

O = Vatroslav Oblak: Kleine grammatische Beiträge. 1) Slowenisches dl und südslawisches vy. *Archiv für slavische Philologie* 14, 1896, str. 321–328.

Pa = Viktor Paulsen: *Lautlehre des slovenischen Gailtalerdialektes in Kärnten* (Disertacija). Wien, 1935.

Pea = Carl Pečnik: *Praktisches Lehrbuch der Slovenischen Sprache für den Selbstunterricht*, 6. Aufl, Wien – Leipzig: A. Hartleben, b. l., str. 106–113. (A. Hartleben's Bibliothek der Sprachenkunde 31).

Peb = Karl Pečnik: *Naši dialekti*. Dunaj/Wien, 1928.

Pra = Tom M. S. Priestly: A Note on the Glottal Stop. *Phonetica* 33, 1976, str. 268–274.

Prb = Tom M. S. Priestly: Consonant Alternations in the Dialect of Sele Fara. *Papers in Slovene Studies 1976*, New York, 1977, str. 120–164.

Prc = Tom M. S. Priestly: Variation on an Alternation: The Fate of the kasna palataizacija in Sele Fara, Carinthia. *Slovene Studies* 2/2, 1980, str. 63–77.

Raa = Fran Ramovš: Razvoj skupin r + ə in ə + r v slovenskem jeziku. *Južnoslovanski filolog* 2, 1921, str. 40–49.
Rab = Fran Ramovš: O slovenskem novoakutiranem ȍ > ọ, ǫ, ǫ̇. *Južnoslovanski filolog* 2, 1921, str. 227–239.
Rac = Fran Ramovš: *Historična gramatika slovenskega jezika. II. Konzonantizem*. Ljubljana: Učiteljska tiskarna, 1924.
Rad = Fran Ramovš: Razvoj psl. ě v slovenskih dolgih zlogih. *Časopis za slovenski jezik, književnost in zgodovino* 6, 1927, str. 8–21.
Rae = Fran Ramovš: O premiku akcenta v tipih zvězdȁ, ženȁ in məglȁ v slovenskem jeziku. *Lud słowiański* 1, 1929, str. 48–61.
Raf = Fran Ramovš: *Historična gramatika slovenskega jezika. VII. Dialekti*. Ljubljana: Učiteljska tiskarna, 1935.
Rag = Fran Ramovš: O pomembnosti nekaterih pojavov v slovenskih narečjih na Koroškem. *Koroški zbornik* (ur. B. Grafenauer, L. Ude, M. Veselko). Ljubljana: Državna založba Slovenije, 1946, str. 276–283.
Rah = Fran Ramovš: Relativna kronologija slovenskih akcentskih pojavov. *Slavistična revija* 3/1–2, 1950, str. 16–24.
Rai = Fran Ramovš: Osnovna črta v oblikovanju slovenskega vokalizma. *Slavistična revija* 4/1–2, 1951, str. 1–9.
Ria = Jakob Rigler: Vokalna disimilacija v slovenščini. *Slavistična revija* 8/3–4, 1955, str. 225–231.
Rib = Jakob Rigler: Tendence pri razvoju l-a. *Slavistična revija* 13/1–4, 1961/62, str. 241–252.
Ric = Jakob Rigler: Pregled osnovnih razvojnih etap v slovenskem vokalizmu. *Slavistična revija* 14/1–4, 1963, str. 25–78.
Rid = Jakob Rigler: Pripombe k pregledu osnovnih etap v slovenskem vokalizmu. *Slavistična revija* 18/1–2, 1967, str. 129–152.
Rie = Jakob Rigler: K problematiki daljšanja starega akuta. *Slavistična revija* 25, 1977, str. 83–99.
Sa = Janez Scheinigg: Obraz rožanskega razrečja na Koroškem. *Kres* 1, 1881, str. 412–415, 459–465, 525–527, 561–563, 617–621, 663–667; *Kres* 2, 1882, str. 427–431, 475–479, 529–532, 582–585, 628–630.
Sb = Janez Scheinigg: Dve narodni z Rožanskega. *Kres* 2, 1882, str. 207–208.
Sc = Johann Scheinigg: Die Assimilation im Rosenthaler Dialect. Ein Beitrag zur kärntner-slovenischen Dialectforschung. XXXII. *Programm des k. k. Staatsgymnasiums zu Klagenfurt*, 1882, str. 5–27.

Sts = Katja S. Sturm-Schnabl: *Die slovenischen Mundarten und Mundartreste im Klagenfurter Becken* (Disertacija). Wien, 1973.

Ša = Josip Šašel: Koroški imenoslovni problemi. *Jezik in slovstvo* 3/3, 1957/58, str. 119–123.

Šb = Josip Šašel: *Rožanski narečni besednjak*, 1957. [Rokopis.]

ŠR = Josip Šašel, Fran Ramovš: *Narodno blago iz Roža*, Maribor: Zgodovinsko društvo, 1936–1937 (Arhiv za zgodovino in narodopisje 2).

Tea = Lucien Tesnière: Sur quelques developpements de nasales en slovène. *Bulletin de la Société de Linguistique de Paris* 4, 1923, str. 150–182.

Teb = Lucien Tesnière: *Les formes du duel en slovène. (Atlas linguistique pour servir à l'étude du duel en slovène).* Paris: Librairie ancienne Honoré Champion, 1925.

Tec = Lucien Tesnière: Les voyelles nasales slaves et le parler slovène de Replje. *Slavistična revija* 3, 1950, str. 263–265.

To = Jože Toporišič: Die slovenische Dialektforschung. *Zeitschrift für slavische Philologie* 30, 1962, str. 383–416.

V = Božo Vodušek: Grundsätzliche Betrachtungen über den melodischen Verlauf der Wortakzente in den zentralen slowenischen Mundarten. *Linguistica* 4, 1961, str. 20–39.

Zab = Pavel Zablatnik: *Die geistige Volkskultur der Kärntner Slovenen* (Disertacija). Graz, 1951.

Zam = Zamejski Slovenec (psevdonim): Gvaj, gvaj Maža!. *Jezik in slovstvo* 5, 1959/60, str. 152–153.

Zda = Paul Zdovc: *Die Mundart des südöstlichen Jauntales in Kärnten. Lautlehre und Akzent der Mundart der »Poljanci«* (Disertacija). Wien, 1969.

Zdb = Paul Zdovc: *Die Mundart des südöstlichen Jauntales in Kärnten. Lautlehre und Akzent der Mundart der »Poljanci«*. Wien: Hermann Böhlaus Nachf., 1972 (Österreichische Akademie der Wissenschaften: Philosophisch-historische Klasse. Schriften der Balkankommission, Linguistische Abteilung 20).

Zdc = Pavel Zdovc: Vokalna redukcija v podjunskih govorih. *Koroški kulturni dnevi I. Zbornik predavanj* (ur. E. Prunč in G. Malle). Maribor: Obzorja, 1973, str. 82–86.

Zdd = Paul Zdovc: Einige Aspekte der Ortsnamenfrage in Kärnten. *Carinthia* I 164, 1974, str. 289–303.

Zde = Pavel Zdovc: K vprašanju glagolskega vida v slovenščini. *Bereiche der*

Slavistik. Festschrift zu Ehren von Josip Hamm (ur. F. V. Mareš, B. Miązek, K. Sturm-Schnabl). Wien: Verlag der Österreichischen Akademie der Wissenschaften, 1975, str. 339–353.
Ze = Johann Zerzer: *Die deutschen Lehnwörter in der slowenischen Mundart von Suetschach* (Disertacija). Wien, 1962.

Iztočnice in slovnični podatki k posameznim besednim vrstam

V ozadju alfabetarija stoji koncept slovarja, predstavljen v že omenjeni publikaciji *Schlüssel zum Thesaurus der slowenischen Volkssprache in Kärnten*, po katerem so iztočnice poknjižene[17] in zapisane v izhodiščni slovarski obliki.[18] Tu podajamo osnovne koncepte glede izhodiščne slovarske oblike in slovničnih podatkov pri posameznih besednih vrstah v alfabetariju ter izpostavljamo posebnosti v zvezi z gradivom.

Samostalnik

Pri samostalniku sta navedena spol samostalnika (prim. seznam okrajšav) in rodilniška končnica. Zaradi narave gradiva pri nekaterih samostalnikih spol in s tem rodilniška končnica variirata glede na govorce ali tudi glede na vsakokratno govorno uresničitev pri istem govorcu. Večinoma gre za nemške izposojenke, pri katerih na variacije spola vpliva tudi spol besede v nemščini, npr. *ajzenpon*, *kirfat*, *luft*, *nid*. Ker variacije ne vplivajo na semantične in glasovne lastnosti same poknjižene iztočnice, sta varianti združeni v eni iztočnici, pri kateri sta navedeni obe varianti spola in obe varianti rodilniške končnice. Varianti sta v geslovniku – tako kot v samem slovarju – ločeni s stično poševnico, npr.: *nid -a/-i* m/f ali *antvert -i/-a* f/m. Zaporedje, po katerem sta navedena končnica in spol, sledi pogostosti pojavljanja ene in druge variante glede na gradivo za tezaver in glede na jezikovno kompetenco avtorjev slovarja. V nekaterih primerih, ravno tako načeloma pri nemških izposojenkah, se ob pregibni varianti samostalnika moškega spola pojavlja tudi nepregibna varianta ženskega spola, Nesklonljivost je po tradiciji *Tezavra* označena z *indecl* (lat. *indeclinabilis*), npr. *avshilf -a/indecl* m/f.

V nekaterih krajih je končniška vokalna redukcija že dosegla ničto stopnjo, zato samostalniki srednjega spola na *-o* navadno prehajajo v moški spol, kar je

17 Poknjiževanje iztočnic sledi načelom koncepta slovarja v *Schlüssel*, str. 33–34.
18 O slovničnih podatkih posameznim besednih vrst prim. še *Schlüssel*, str. 7–11.

v alfabetariju označeno z n/m (npr. *ajdišče -a* n/m). Prav tako so s poševnico ločene variantne rodilniške končnice iztočnic, pri katerih spol ne variira, ampak le končnica (npr. *brod -a/-u* m).

Glagol

Pri glagolih so zapisani končnica ali oblika 1. osebe ednine, glagolski vid in morebitna povratnost. Pri glagolih s prislovom kot obvezno sestavino, kalkiranih po nemških leksemih (npr. *an iti*), se pri navajanju 1. osebe ednine prislov ne ponovi (npr. *an iti grem pf*), saj prislovni del glagola ni pregiben.

Pridevniška beseda

Pri pridevniških besedah sta navedeni tudi končnica za ženski in srednji spol. Pri nepregibnih pridevnikih, ki so načeloma nemške izposojenke, iztočnici sledi oznaka adj.indecl.

Zaimki

Osebni in oziralni ter zaradi narečnih posebnosti tudi nekateri vprašalni in nedoločni zaimki imajo še vrstno oznako. Pomen oznak je razviden iz priloženega seznama.

Nepregibne besedne vrste

Nepregibne besedne vrste, prislovi, povedkovniki, členki, vezniki, predlogi in medmeti, imajo informacijo o besednovrstni uvrstitvi. Podrobnejša določitev prislova v alfabetariju ni navedena, razvidna je iz samega slovarja.

Seznam okrajšav

Upoštevajoč tradicijo slovarja so tudi v alfabetariju uporabljene sledeče okrajšave, na način, značilen za *Tezaver*:[19]

adj.indecl – nesklonljivi pridevnik
adv – prislov
conj – veznik
f – ženski spol
impf – nedovršni (glagol)
indecl – nesklonljivo
interj – medmet
m – moški spol
n – srednji spol
num – števnik
part – členek
pers.pron – osebni zaimek
pf – dovršni glagol
pf/impf – dvovidski glagol
pl.f – množinski samostalnik, ženski spol
pl.m – množinski samostalnik, moški spol
pl.n – množinski samostalnik, srednji spol
praed – povedkovnik
pron.indef – nedoločni zaimek
pron.interr – vprašalni zaimek
pron.rel – oziralni zaimek
refl – povratni glagol
v. – glej

19 Prim. celotni seznam za slovar v *Schlüssel*, str. 102–104.

Vprašanje prihodnosti slovarja

Na osnovi objavljenega alfabetarija bo laže sprejeti odločitev, po katerem osnutku nadaljevati leksikografsko delo – če sploh – in ga pripeljati do črke Ž. Dosedanji postopek lematizacije s sprotnim preverjanjem semantičnih in fonetičnih podatkov na terenu že zaradi vse manjšega števila zanesljivih informantov ni več perspektiven. Zastavlja se tudi vprašanje smiselnosti ohranjanja natančnega popisa vseh zapisov leksemov po načelih transkripcije[20] v izpisani literaturi v oblikovnem razdelku geselskega članka. Čeprav je res, da ta razdelek prinaša pomembne podatke o kompleksni glasovni in oblikovni podobi koroških narečij in na podlagi načel transkripcije omogoča primerljivost raznovrstnih zapisov, bi pri nadaljevanju dela verjetno zadoščala enostavnejša transkripcija lingvistično relevantnih fonetičnih in morfoloških primerov, težišče pa bi moralo ostati na leksiki in njenih semantičnih značilnostih.

Literatura

Karničar, Ludwig: *Der Obir-Dialekt in Kärnten. Die Mundart von Ebriach/Obirsko im Vergleich mit den Nachbarmundarten von Zell/Sele und Trögern/Korte (Phonologie, Morphologie, Mikrotoponymie, Vulgonamen, Lexik, Texte).* Wien: Verlag der Österreichischen Akademie der Wissenschaften, 1990.

Karničar, Ludvik: Aktualnost slovenskih narečij na Koroškem in tipologizacija izoleks. *Logarjev zbornik: referati s 1. mednarodnega dialektološkega simpozija v Mariboru* (ur. Z. Zorko in M. Koletnik). Maribor: Slavistično društvo Slovenije, 1999 (Zora 8), str. 204–213.

Karničar, Ludvik: Iz koroške poljedelske leksike. *Diahronija in sinhronija v slovenskih dialektoloških raziskavah* (ur. M. Koletnik in V. Smole). Maribor: Slavistično društvo, 2006 (Zora 41), str. 320–327.

Karničar, Ludvik: Diatopische Synonymie für die Kartoffel in den Kärntner slowenischen Dialekten. *Kritik und Phrase* (ur. P. Deutschmann), Wien: Praesens, 2007, str. 553–565.

Karničar, Ludvik, Žejn, Andrejka: Poimenovanja za koruzo v slovenskih narečjih na avstrijskem Koroškem: ob nadaljevanju dolgoročnega projekta o leksikalni inventarizaciji koroških govorov. *Slovenska narečja med sistemom*

20 Prim. *Schlüssel*, str. 47–54.

in rabo (ur. V. Smole), Ljubljana: Znanstvena založba Filozofske fakultete, 2009 (Obdobja 26), str. 575–588.

Karničar, Ludvik, Žejn, Andrejka: Zajetno dialektološko gradivo graške slavistike, podarjeno biblioteki SAZU v Ljubljani. *Tromeje dialektov brez meja* (ur. R. Košuta). Koper: Znanstveno-raziskovalno središče, Založba Annales ZRS, 2018, str. 125–134.

Koroška: karta in imenik slovenskih in nemških krajevnih imen = Kärnten: Landkarte und Ortschaftsverzeichnis mit slowenischen und deutschen Ortsnamen. Pripravil Vladimir Klemenčič. Maribor: Obzorja, 1972.

Lexikalische Inventarisierung der slowenischen Volkssprache in Kärnten: Grundsätzliches und Allgemeines (ur. S. Hafner in E. Prunč). Graz: Institut für Slawistik der Universität, 1980 (Slowenistische Forschungsberichte 1).

Pfandl, Heinrich: K regionalni porazdelitvi izoleks v slovenskih narečjih na Koroškem. *Slavistična revija* 29/4, 1981, str. 449–452.

Prunč, Erich: *Der Thesaurus der slowenischen Volkssprache in Kärnten* als Informationsquelle und Forschungsinstrument. *Anzeiger für slavische Philologie* 17, 1986, str. 101–123.

Prunč, Erich: Forschungskonzept zur Inventarisierung der slowenischen Volkssprache in Kärnten. *Lexikalische Inventarisierung der slowenischen Volkssprache in Kärnten: Grundsätzliches und Allgemeines* (ur. S. Hafner in E. Prunč). Graz: Institut für Slawistik der Universität, 1980 (Slowenistische Forschungsberichte 1), str. 37–54.

Schlüssel zum »Thesaurus der slowenischen Volkssprache in Kärnten« (ur. S. Hafner in E. Prunč). Wien: Verlag der Österreichischen Akademie der Wissenschaften, 1982 (Schriften der Balkan-Kommission, Linguistische Abteilung, Sonderpublikation).

Thesaurus der slowenischen Volkssprache in Kärnten 1: A–bis B–, 1982; 2: C–dn, 1987; 3: do–F, 1992; 4: G–H, 1994; 5: I–Ka, 2007; 6: kd–kv, 2009; 7: L–mi, 2012 (ur. S. Hafner in E. Prunč). Wien: Verlag der Österreichischen Akademie der Wissenschaften, 1982–2012 (Philosophisch-historische Klasse, Schriften der Balkan-Kommission, Philologische Abteilung, Sonderpublikation).

Zdovc, Pavel: *Slovenska krajevna imena na avstrijskem Koroškem: [slovar in jeziko(slo)vni komentarji] = Die slowenischen Ortsnamen in Kärnten: [Namenbuch und Sprach(wissenschaft)liche Kommentare].* Razširjena izdaja. Ljubljana: Slovenska akademija znanosti in umetnosti, 2010 (Razprave /

Slovenska akademija znanosti in umetnosti, Razred za filološke in literarne vede = Dissertationes / Academia scientiarum et artium Slovenica, Classis II: Philologia et litterae).

Žejn, Andrejka, Poimenovanja za gozd v koroških slovenskih narečjih. *Anzeiger für slavische Philologie* 36, 2008, str. 155–169.

Žejn, Andrejka: *Določitev poteka izoleks v slovenskih narečjih na avstrijskem Koroškem*: doktorska disertacija. Ljubljana, 2014.

Žejn, Andrejka: Mitološko v poimenovanjih za krastačo v slovenskih narečjih na avstrijskem Koroškem. *Beiträge zur interdisziplinären Slowenistik = Prispevki k meddisciplinarni slovenistiki: Festschrift für Ludwig Karničar zum 65. Geburtstag* (ur. A. Leben). Graz: Leykam, 2014, str. 231–239.

Zusammenfassung

Im Bewusstsein des ungewissen Schicksals der slowenischen Mundarten in Kärnten startete die slowenistische Arbeitsgruppe des Institutes für Slawistik der Universität Graz vor vierzig Jahren das Langzeitprojekt *Lexikalische Inventarisierung der slowenischen Volkssprache in Kärnten*. Es umfasste fünf Teilziele: 1. Erhebung der lautlichen Isoglossen; 2. Ermittlung von Isolexen; 3. Thesaurus der slowenischen Volkssprache in Kärnten: eine slowenisch-deutsche Konkordanz des gesamten, bis 1980 publizierten dialektologischen Materials; 4: Erhebung und Analyse einzelner Wortfelder; 5: Aufzeichnung komplexer Sprechsituationen, ethnographisch und kulturhistorisch bedeutsamer Manifestationen der mündlichen Volksüberlieferung. Für das Projekt musste zunächst ein Netz von über 220 geographischen Informationspunkten errichtet werden. Aus multikausalen Gründen konnten nur die Teilziele 2 mit einzelnen Publikationen und einer Dissertation über den Isolexenverlauf in den slowenischen Mundarten Kärntens (2014) sowie das Teilziel 3 verwirklicht werden; zum Letzteren gehören 7 Bände des *Thesaurus der slowenischen Volkssprache in Kärnten* (erschienen 1982–2012 bei der Österreichischen Akademie der Wissenschaften in der Reihe Schriften der Balkan-Kommission, philologische Abteilung) und der dazugehörige *Schlüsselband* (1982).

Das exzerpierte dialektologische und ethnologische Korpus für die Erstellung des Thesaurus ist geschlossen und umfasst etwa 180.000 DIN A6-Karteizettel. Aus eigener Kompetenz der Autoren und den Feldforschungsaufnahmen kamen zu den Lemmata nach dem bisherigen Konzept lediglich (mit Sternchen versehene) Synonyme, Phraseme und Derivate dazu. Auf mögliche Entlehnungsmotivationen der Lemmata wurde im Thesaurus mit semantischen Qualifikatoren hingewiesen (von 0 = allgemein verbreitet und von den Sprechern als normal empfunden bis 5 = nicht belegbar; dadurch konnte auch zu einer oberflächlich verfassten germanistischen Dissertation aktuell Stellung bezogen werden).

Nach der Pensionierung des letzten Mitarbeiters des Langzeitprojekts wurde 2017 das dialektologische Material einschließlich der etwa 600 Stunden Tonaufnahmen zu den einzelnen Teilzielen, die von 250 UHER-Tonbändern auf CDs überspielt und digitalisiert wurden, im Rahmen eines Schenkungsvertrags zwischen der Universität Graz und der Slowenischen Akademie der Wissenschaften und Künste (SAZU), Ljubljana, der Bibliothek der bedeutendsten slowenischen Forschungsinstitution, dem Znanstveno raziskovalni center (ZRC SAZU), übergeben. Das vorliegende Alphabetarium zum Thesaurus der slowenischen Volkssprache in Kärnten bringt als Sonderpublikation der SAZU das Verzeichnis sämtlicher bisher publizierten und der noch zu bearbeitenden Lemmata im Umfang von insgesamt etwa 17.000 Beispielen. Anhand dieser Publikation sollen Überlegungen über den weiteren Verlauf dieser international anerkannten Reihe angestellt werden.

ALFABETARIJ

A
a- v. ha-
a conj
a part
Abel -na m
abot -i f
aboten -tna -o
Adam -a m
adla -e f
adlar -ja m
adut -a m
advent -a m
advokat -a m
Agata -e f
agent -a m
ah bos interj
ah interj
aha interj
ahlance -ø pl.f
aholati v. arholati
aht -i f
ahtanje -a n/m
ahtati -am impf
ajad v. jagnjed
ajaršpajz -a m
ajati -am impf
ajbajs -a m
ajbiš -a m
ajd -a m
ajda -e f
ajdinja -e f
ajdišče -a n/m
ajdov -a -o
ajdovec -vca m
Ajdovice -ø pl.f
Na Ajdovicah
ajdovski -a -o
ajdovski grad -ega -u/-a m
ajdovščina -e f
ajfar -ja m
ajfarsuht -i f
ajfer- v. ajfar-
ajflej -a m
ajfrati -am impf
ajfrik adv/adj.indecl
ajgenšoft -i f
Ajhelburc -a m
ajhman -a m
ajm- v. ajn-
ajmar -ja m
ajmohc -a m
ajnbonar -ja m
ajndruk -a m
ajnfarštonten praed
ajnflus -a m
ajnfol -a m
ajngong -a m
ajnhva v. kangla
ajnkomen -mna m
ajnkomna -e f
ajnkštelt praed
ajnlajtinga -e f
ajnlavfloh -a m
ajnlodinga -e f
ajnlosati -am impf
ajnperufati -am pf

ajnperufinga -e f
ajnpildinga -e f
ajnpruh -a m
ajnrihtinga -e f
ajnrikati v. ajnrukati
ajnrukati -am pf
ajnsoc -a m
ajnšnit -a m
ajnšpruh -a m
ajnšrajbinga -e f
ajnštimik adv/adj.indecl
ajnšus -a m
ajntajlinga -e f
ajntlih adv
ajntrit -a m
ajs v. hajs
ajskelar -ja m
ajsšu -ha m
ajston interj
ajšli v. ajsšu
Ajton -a m
ajzenpon -a/-e m/f
ajzenponar -ja m
aks -a m
aksna -e f
al v. ali
al v. jeli
Alah -a m
alarm -a m
album -a m
aleluja -e f
Aleš -a m
ali part
ali conj
ali kar conj
ali pa conj
ali pač conj
alimenti -ov pl.m
alkár v. ali kar
alo interj
alóp v. kalop
alpa, alpeč v. ali pa, ali pač
also interj
alt -a m
alte v. jeli
alun v. galun
ama -e f
Amalija v. Malč, Malej
ambart v. enbart
ambo -a n/m
ambos -a m
Ambrožej -a m
amen interj
amp v. kamp
ampa v. kampa
ampak conj
ampas v. ampos
ampezen v. ampizen
ampizen -zna m
ampos -a m
amprez -a m
an iti grem pf
an stati stojim impf
Ana -e f
Anapruken -kne f
anati -am refl.impf
anbart v. enbart
Andej -a m
andoht -i f
Andrej -a m
Andrejček -čka m
anež v. janež

anfoh adv
anfohten -tna -o
angel -a m
Angela -e f
angelc -a m
angelika -e f
angelski -a -o
angla v. kangla
Anglež -a m
aninga -e f
aniti v. an iti
aniž v. janež
anožič v. kanožič
ans cvaj interj
ansej -a m
anstati v. an stati
anšvate -ø pl.f
anteri v. enteri
antikaj adv
antikajbarti adv
antikrist -a m
antkaj v. antikaj
antlasnik -a m
Anton v. Ajton
Antonov -a -o
antres -a m
antvasnik v. antlasnik
antvert -i/-a f/m
an vzeti vzamem pf.refl
apa v. ali pa
aparat -a m
apetit -a m
apl- v. apn-
apnen -a -o
apnenec -nca m
apnenica -e f
Pri Apnenici
apnenik -nka m
apnenovec -vca m
apnje -a n
apno -a n/m
aport -a m
apostel -na m
apoteka -e f
apotekar -ja m
aprikozen -zna m
april -a m
ara -e f
arbajcmajd -e f
arbanje -a n
arbarija -e f
arbati -am impf
arbovec -vca m
arcajgati -am impf
arcat -a m
arcatinja -e f
arcelati -am impf
arcelinga -e f
arcnaj -a m
arcnija -e f
arcnije -ø pl.f
arcnovati -ujem impf
arefninga -e f
arest -a m
arfindar -ja m
arfolg -a m
arforinga -e f
arholati -am refl.pf/impf
arholinga -e f
arinrati -ampf/impf
arklerati -am pf/impf
arkleringa -e f

arkundigati -am refl.pf/impf
arlavbinga -e f
arlavbnis -a m
arlebnis -a m
arledigati -am pf
arlogšajn -a m
armeja -e f
arnika -e f
arnikov -a -o
arobrati -am pf
arobringa -e f
arsoc -a m
arštajgrati -am pf
artrog v. ertrog
aržet -a m
aržeten -tna -o
asa interj
aselnjak -a m
asfalt -a m
asfaltirati -am pf/impf
asla -e f
asovnjak v. aselnjak
asva v. asla
ašker -ja m
aškerica -e f
ata -na/-a m
atej -a m
atejev -a -o
atlas v. otles
atom v. katom
atres -a m
av interj
av- v. avs-
avarhon -a m
avbe interj
avceh -a/-cha m
V Avchu
avcehar -ja m
avceharica -e f
avceharski -a -o
avchar -ja m
avf marš interj
avfcug -a m
avff- v. avf-
avfgob -a/-e m/f
avfholtati -am pf
avfklerati -am pf
avflavf -a m
avfmarš -a m
avfmerksom adv/adj.indecl
avfolent adv/adj.indecl
avfpasati -am impf
avfreginga -e f
avfsac -a m
avfsejar -ja m
avfsiht -i f
avfsoc -a m
avfšnit -a m
avfšrift -i f
avfštont -a m
avfšub -a m
avfšvung -a m
avftrit -a m
avftrog -a m
avfvond -a m
avgenplik -a m
avgust -a m
avov- v. jalov-
avscajhninga -e f
avsciglar -ja m
avsdruk -a m
avsflug -a m

avsgong -a m
avsgus -a m
avshilf -a/indecl f
avskunft -i/indecl m/f
avslog -a m
avslond -a m
avsnoma -e f
avsred -a m
avsrošplati -am pf
avssecati -am pf
avssiht -i/indecl f
avsšlog -a m
avsšnit -a m
avsšproha -e f
avsštelinga -e f
avsštotinga -e f
avsšus -a m
Avstrija -e f
avsvajz -a m
avsveg -a m
avsvintrati -am pf
avsvol -a m
avš- v. avsš-
avtej -a m
avto -a m
avtomatiš adv
avun v. galun
avz- v. avs-

B

b- v. p-
baba -e f
Baba -e f
Pri Babi
babela -e f
babica -e f
babilonski -a -o
babinela -e f
babjak -a m
babji -a -e
baca v. bica baca
bacej -a m
badel -na m
bagon -a m
bahač -a m
baharija -e f
bajar -ja m
bajbarfajnd -a m
bajbika -e f
bajdel -dla/-na m
Bajdišar -ja m
Bajdiše -ø pl.f
Bajdiški graben v. Graben
bajdling -a m
bajonet -a m
bajs -a m
bajsa -e f
bajsati -am impf
bajsovati -ujem impf
bajsrati -am impf
Bajše v. Bajdiše
bajta -e f
bajtar adv
bajtica -e f
bajtišče -ø pl.f
bajtlarjev -a -o
Bajtnik -a m
bajža -e meist pl.f
bajžast -a -o
bak interj
bakati -am pf

bakla -e f
bal -a m
bala -e f
Balant -a m
balbirar -ja m
balbirati -am impf
bald- v. bavd-
baldati -am impf
Baldej -a m
baldrijan -a m
balež -a m
balh- v. bavh-
balkon -a m
baloh -a m
balos -a m
bam v. bim bam
bana -e f
banana -e f
banca v. banica
Bančan -a m
Banče -eta/-eja m
banda -e f
bandera -e f
banderar -ja m
bandlinga -e f
bandra -e f
bandranje -a n
bandrar -ja m
bandrati -am impf
bandrovec -vca m
banica -e f
banja v. bana
banka -e f
bankedra -e f
banknotna -e f
banza -e f
bar -a m
baraba -e f
barabar -ja m
barakna -e f
baranje -a n/m
barantanje -a n/m
barantati -am impf
barati -am pf
baravs -a m
baravselj -na m
Barba -e f
Barbara -e f
Barbica -e f
Barbičin -a -o
barbirati v. balbirati
barčica -e f
baringlica -e f
barek v. barik
baren -a -o
Barenta -e f
barik praed
barka -e f
baron -a m
baroninja -e f
bart -i/-a f/m
barugelj -glja m
Basaga -e f
Na Basagi
basanje -a n
basati bašem impf
basem -smi f
basinga -e f
bastartelj -tlja/-teljna m
baterija v. paterija
bati bojim refl.impf
batmól -a m

Bavant v. Balant
bavbav -a m
bavčej -a m
bavd -a m
bavda -e f
bavdati -am impf
bavdič -a m
bavdljati -am impf
bavh -a m
bavha -e f
bavhast -a -o
baviti -im impf.refl
Bavtežar v. Boltežar
bazen -a m
bazna -e f
bčej interj
be interj
be -ja/indecl m
Bebenav -a m
becati -am impf
becniti -em pf
bečel- v. čebel-
bečidlo v. oblačilo
bedeti -im impf
bedrce -a n
bedrenec v. bedrunec
bedro -a n/m
bedrunec -nca m
befosati -am refl.impf
beg -a m
begbajzar -ja m
beglezen -zna m
begljati -am impf
begmohar -ja m
Begunje -ø pl.f
behtar -ja m
behtarhajzel -na m
bej interj
bek interj
bek praed
bek adv
    bek iti grem pf
    bek priti pridem pf
    bek spraviti -im pf
    bek stopiti -im pf
beka -e f
bekar -ja m
bekati -am impf
bekej -a m
beksel -na m
bekslati -am pf
bel -a -o
    bela repa -e -e f
    beli drob -ega -a m
    (ta) belo -ega n
    belo lupenje -ega -a n
bela -e f
Bela -e f
bélajdik adv/adj.indecl
Belan -a m
belb -a m
Belcarica -e f
    V Belcarici
belček v. beliček
Bele vode -ih -ø pl.f
beleč -a -e
belej -a m
belič -a m
beliček -čka -o
belina -e f
Beljačan -a m
beljak -a m

Beljak -a m
beljaški -a -o
belkast -a -o
belkica -e f
belna -e f
belouška -e f
beltšpraha -e f
Benc -a m
Bencinja -e f
bendej -a m
Bendla -e f
Benetke -ø pl.f
benikstens adv
bentlati -am impf
ber v. bar
bera -e f
berač -a m
beračenje -a n
beračev -a -o
beračica -e f
beračíja -e f
beráčinja -e f
beračiti -im impf
beraški -a -o
berblok v. globok
berdija interj
berg -a m
bergla -e f
bergmandeljc v. berkmandeljc
beringa -e f
berk -a m
berkmandeljc -a m
berkšoft v. berkštot
berkštot -i/-a f/m
Bernard -a m
bersa -e f
bersati -am impf.refl
bertar -ja m
bertarica -e f
beseda -e f
besednik -a m
besedovanje -a n
besedovati -ujem impf
bestna -e f
beš -a m
bešarica -e f
bešeklomar -ja m
bešeklupen -pne f
bešjana interj
bešjani -a -o
beštija -e f
beštrga -e f
beštrgaca interj
betar -ja m
betica -e f
betva -e f
bez -a m
beza -e f
beka -e f
bezati -am impf
bezeg -a m
Bezenik -a m
V Bezeniku
bezgati -am impf
bezgov -a -o
bezgovec -vca m
bezgovje -a n/m
bezgovljica -e f
bezgovov -a -o
bezljati -am impf
beznica -e f

bezniti -im pf.(refl)
bezo- v. bezg-
Bezovje -a n
bežati -im impf
bi part
bic -a m
bica -e f
bica baca interj
bicej -a m
bicelj -clja/-na m
bíčej -a m
bìčej -a m
bider -dra m
Biderh -a m
Biderhov -a -o
bihtik adv/adj.indecl
bik -a m
bikač -a m
bikast -a -o
bikej -a m
bikel -kla/-na m
bikov -a -o
biksati -am impf
bila v. bilja
bilč- v. biltš-
Bilčovčan -a m
Bilčovs -a m
bildšic -a m
bilja -e f
biltšic -a m
bim bam interj
bimrl -na m
bincelj v. bicelj
binglje -ja m
bingleji -ev pl.m
binkošten -tna -o
binkošti -i pl.f
binšati -am pf
bir -a m
birbel -na m
birchavz -a m
bircnagelj -a m
birč- v. birtš-
birenj -rnja m
birfel -fla/-na m
birflati -am impf
birič -a m
birinj v. birenj
birma -e f
birmati -am impf
birmovati -ujem impf
birmski -a -o
birnek -nka m
birt I -a m
birt II -a m
birteh -tha m
birtinja -e f
birtšoft -i f
birtšoftar -ja m
birtšoftarica -e f
birtšoftati -am impf
birtšoftlih praed/adv
biskvit -a m
bist interj
bistahor interj
bistati -am impf
bisther interj
Bistrica -e f
V Bistrici
Bistričan -a m
Bistričanka -e f
Bistričnik -a m

bistriški -a -o
biti I sem
ne biti nisem / knisem
nič ne biti / nčisem
biti II -ijem impf
bitje -a n
bivaž v. vilaž
bivček v. beliček
Bizar -ja m
bizit -a m
bizitirati -am impf
Blačan -a m
Blače -ø pl.f
Blačica -e f
bladek v. gladek
blago -a n/m
blajsek adj.indecl
Blak v. Beljak
blaker praed
blaška -e f
blaški -a -o
Blata -ø pl.n
blatnica -e f
Blatnik -a m
blato -a n/m
Blato -a n
blazina -e f
Blaž -a m
Blažej -a m
blebetati -am impf
blečej -a m
bled -a -o
Bled -a m
bledeti -im impf
Blejsko jezero -ega -a n
blek -a n
blekat -a -o
blekati -am impf
blekniti -em pf
blisek adj.indecl
blisk -a m
bliskati -am impf
blizek -zka -o
blizu adv/praep
bližina -e f
bližnjava -e f
bližnji -a -e
bližnji -ega m
bližnjica -e f
blos -a m
blosar -ja m
bob -a m
bobica -e f
bobika -e f
boblja -e f
bocej -a m
bocniti -em pf
bočej -a m
bodež -a m
bodljanje -a n
bodranje -a n
bodrati -am impf
bofen -fna m
bofenpos -a m
bog -a m
bogaboječ -a -e
bogastvo -a n/m
bogat -a -o
bogátati -am impf
bógati -am impf
bogatija -e f
bogatin -a m

bogatinec -nca m
bogcev -a -o
bogec -gca m
boglav v. gologlav
bognar -ja m
boh -a m
bohast -a -o
bohenendhajzel -na m
bohmaster -tra m
Bohne -ta m
Na Bohnečem
bojevati -ujem refl.impf
bokal -a m
bokalnica -e f
bokalo -a n
bokanje -a n
bokar -ja m
bokati -am impf
boklar -ja m
boklarica -e f
bokštab -a m
bol v. boli
bola -e f
bolan -lna -o
bolar -ja m
bolcar -ja m
bolcen -cna -o
Bolčar -ja m
bolehati -am impf
bolehen -hna -o
bolenje -a n/m
boleti -im impf
bolezen -zni f
bolezen -zna -o
bolfhund -a m
bolha -e f
bolhinjak -a m
boli conj
boli pa conj
bolj v. zelo
boljši v. dober
bolkenpruh -a m
bolníca -e f
bolnik -a m
boljši -a -e
bolšlinjak -a m
Boltežar -ja m
bonati -am impf
bondlinga -e f
boninga -e f
bor -a m
boren -rna -o
borov I -a -o
borov II -a -o
Borovčič -a m
borovec -vca m
borovje -a m/n
Boróvljane I -ø pl.f
Borovljáne II -ø pl.f
Borovljanec -nca m
borovljanski -a -o
Borovlje -ø pl.f
borovski -a -o
borsogar -ja m
borsogarica -e f
borsogati -am impf
borševati -am impf
boršk -a m
boršt -a m
bortati -am impf
bortinga -e f
bos -a -o

bos I -a m
bos II -a m
bosar -ja m
bosarbog -e f
bosardiht praed/adj.indecl
bosarlajtinga -e f
bósarod -a m
bosarreht -a m
bosarsuht -i f
bosaruntarštond -a m
bosti -dem impf
bošk -a m
boškuhel -hle f
bošpeken -kna m
Bošt -a m
Boštatinja -e f
Bošte -ta m
Boštej -a m
Boštetov -a -o
Boštinja -e f
Boštjan -a m
Boštov -a -o
bovčan -a m
Bovčan -a m
Bovec -vca m
bovšlinjak v. bolšlinjak
božati -am impf
božič -a m
božjast -i f
božji -a -e
božje -ega n
božja pot -e -i f
božji stol -ega -a m
božje telo -ega -esa n
božji žlak -ega -a m
brabadica v. bradavica
bračka -e f
brada -e f
bradavica -e f
bradavičje -a n
bradavičnjak -a m
brajda -e f
bramor v. ramor
brana -e f
braniti -im impf.(refl)
branje -a n/m
branva -e f
brat -a m
brater -tra m
brati berem impf
bratov -a -o
bratrančinja -e f
bratranec -nca m
bratrc -a m
bratrna -e f
bratrov -a -o
bravna -e f
brazda -e f
brbok v. globok
brbrati -am impf
Brbučevec -vca m
V Brbučevcu
brcniti -em pf
brčati -im impf
Brda -ø pl.n
Brdnik -a m
Brdo -a n
breg -a m
Breg -a m
Pod Bregi
V Bregeh
V Bregih

V Bregu
bregariti -im impf
Brege -ø pl.f
brehati -am/-šem impf
brej -a -e
brejec -jca m
brejiti -im impf
bremčec -a m
breme -na n/m
bremec -mca m
brenk -a m
brenta -e f
brentelj -na m
breskev -kve f
breskva -e f
bresti bredem impf
Breška vas -e -i f
brevir -ja m
brez praep
breza -e f
Breza -e f
brezel -na m
brezica -e f
brezje -a n/m
Brezje -a n
V Brezju
Breznikarjev -a -o
brezoglav -a -o
brezov -a -o
Brezov rob -ega -a m
brezskrb praed
brezskrben -bna -o
brezveren -rna -o
brezzoben -bna -o
brezzobnica -e f
Brežan -a m
Brežanar -ja m
Breže -ø pl.n
Brežinj -a m
Brežnjak -a m
Brežnik -a m
Brežnje -ženj pl.f
bridek -dka -o
brigati -am impf
brihten -tna -o
Brijet -a m
brivec -vca m
brimza -e f
brinja -e f
brinov -a -o
brisalka -e f
brisati brišem impf
brišalka -e f
brišt -a/-i m/f
britev -tve f
briti -jem impf
britof -a m
britva -e f
britvica -e f
Brjan -a m
brkljanje -a n
brkljati -am impf
brleti -im impf
brljati -am impf
brlog -a m
Brnca -e f
brncati -am impf
brneti -im impf
brnica -e f
brnjožiti -im impf
brnuh -a m
brobaliti -im impf

brod -a/-u m
Broda vas -e -i f
Brodi -i/-ø pl.f
broditi -im impf
brodnik -a m
Brodnik -a m
brodnina -e f
Brojan -a m
brojda -e f
brojditi -im impf
Broje -ø pl.f
brojiti -im impf
brojski -a -o
Brošanarica -e f
broštek -štka m
brsati -am impf
brsniti -em pf
Brsni rob -ega -a m
Na Brsnem robu
brstiti -im impf
brški -a -o
brumen -mna -o
Brumnik -a m
bruno -a n/m
brus -a m
brusej -a m
brusiti -im impf
bruštek v. broštek
brv -i f
Pri Brveh
brv v. obrv
brzda -e f
brzen -zna -o
brž adv
buban -a -o
bubati -am impf
buca -e f
bucati -am impf
buc buc interj
buclja -e f
bucljati -am impf
buč -a m
buča -e f
bučati -im impf
bučej -a m
bučel- v. čebel-
bučev -a -o
bučice -ø pl.f
buden -dna -o
budež v. bodež
buditi -im impf.(refl)
buhtelj -na m
bukej -a m
Bukel -kla m
bukelja -e f
bukev -kve/-kale f
Za Bukvami
bukov -a -o
bukovina -e f
bukovje -a n/m
bukovnik -a m
Bukovnikov -a -o
bukva -e f
bukve -kev pl.f
bukvice -ø pl.f
bula I -e f
bula II -e f
bulati -am impf
Bulšat -a m
bum interj
Bunder -dra m
Bundrov -a -o

bunja -e f
bunka -e f
bunkara -e f
bunkast -a -o
bunkati -am impf
bunkavec -vca m
bunke -ø pl.f
bunkrna -e f
buntara -e f
burati -am impf
buren v. boren
burf -a m
Burga -e f
buriti -im impf
burja -e f
burnus -a m
burtah -a/-tha m
butara v. buntara
butej -a m
butelj -na m
butiti -im pf
butniti -em pf
buža -e f
bvaker v. blaker
bvaltek v. gvaltek

C

ca- v. ce-
caganje -a n
cagar -ja m
cagati -am impf
cagav -a -o
cagovati -ujem impf
cagovec -vca m
cah adj.indecl
cah- v. cag-
cahen -hna m
cajg -a m
cajgar -ja m
cajgnis -a m
cajhnar -ja m
cajhnati -am impf
cajhninga -e f
cajhnovati -ujem impf
cajna -e f
cajt -a m
    kratek cajt -tkega -a m
cajtejnga -e f
cajtenge -ø pl.f
cajtinga -e f
cajtunga -e f
cajzeljc -a m
cajzeljcev -a -o
cakar -ja m
cakelj -klja m
caken -kna m
caklja -e f
cala -e f
calak v. celjak
calet -a m
camar -ja m
camati -am impf
caniti -em pf
capale -ø pl.f
capelj -na m
capin v. cepin
capljati -am impf
cark- v. cart-/crk-
cartan v. precartan
cartljati -am impf
cavmar -ja m

cavmarjev -a -o
cebedejus -a m
ceblajs adv
ceblizu adv
ceca -e f
cedel -dla/-na m
cedelc -a m
cedilka -e f
cedilkica -e f
cedilnik -a m
cediti -im impf
cedober -bra -o
cefajg praed/adv
cefavl praed/adv
cefrati -am impf
cefriden praed/adv
cefridnost -i f
cefus adv
cegel -gla m
cegelj -glja m
cegelnica -e f
ceglih conj
cegrunt adv/praed
ceha -e f
cehmešter -tra m
cehnar -ja m
cehnej -a m
cejna v. cajna
cek -a m
cekar -ja m
cekasno adv
cekáti -am impf
ceklja -e f
cekratek -tka -o
cel -a -o
celak v. celjak
celega dnu v. dan
celep -a -o
celestiti -im impf
celin -a m
celina -e f
celinar -ja m
celinarjev -a -o
celiti -im impf
celjak -a m
celo -ega n
celo adv
Celovčan -a m
Celovčič -a m
Celovec -vca m
cemajhen -hna -o
cemalo adv
cemašter -tra m
cement -a m
cemihen v. cemajhen
cemlad -a -o
cemrzlo adv
cena -e f
cenar -ja m
Cenc -a m
cenen -a -o
cent -a m
centej -a m
centen -tna -o
centimeter -tra m
centrum -a m
cep -a m
cepati -am impf
cepec -pca m
cepi -i pl.f
cepin -a m
Cepinovec -vca m

V Cepinovcu
cepiti -im impf
cepovnica -e f
cepozdi adv
ceprigodi adv
cerati -am impf
ceremonija -e f
ceringa -e f
cerkev -kve f
cerkovanje -a n
cerkóven -vna -o
cerkovski -a -o
cerkva -e f
cerkven -a -o
cerkvica -e f
cerovec -vca m
cesar -ja m
cesarica -e f
cesarjev -a -o
cesarski -a -o
cesarstvo -a n
cesta -e f
cesten -tna -o
cestiti -im impf
cev -a m
ceveč adv/praed
cevelik -a -o
ceveliko adv
cevh -a m
cevhar -ja m
cezanje -a n
cezati -am impf
cežleht adv
ciba -e f
cibati -am impf
cibej -a m
cibica -e f
cibila -e f
cibrej -a m
cic -a m
cicast -a -o
cif -a m
cifra -e f
cigajnar -ja m
cigan -a m
ciganka -e f
ciganovje -a n
cigara -e f
cigaretelj -tlja/-teljna m
cigareten -tna m
cigaretendozen -zne f
cigaretenšpic -a m
cigel -na m
Cigovec -vca m
cijan -a m
cijaziti -im impf
cik -a m
cika -e f
cikara -e f
ciklama -e f
ciklja -e f
cikora -e f
cikrej -a m
cila -e f
cilinder -dra m
cilj -a m
cilja v. cila
ciljati -am impf
ciljiti -im impf
cim -a m
cima -e f
cimar v. cimer

cimat v. cimet
Cimbilija -e f
cimer -mra m
cimet -a m
cimiti -im impf
Cimpasarjev vrh -ega -a m
cimper -pra m
cimprati -am impf
cimprman -a m
cin -a m
cinj(e)k v. cink
cingelj -glja m
Cingeljc -a m
cingljanje -a n
cingljati -am impf
cink I -a m
cink II -a m
cink III -a m
cinkarija -e f
cinkati -am impf
cinkola -e f/m
cinthelcel -cla/-na m
cip -a m
cir -a m
cirati -am impf
cirilica -e f
cirkel -kla m
cirkular v. sekular
citrati I -am impf
citrati II -am impf
citre -ter pl.f
citrona -e f
civilni -ega m
cizanje v. cezanje
cizar -ja m
cizati -am impf
cizej -a m
cizelj v. cizlej
cizi pobej -a m
cizlej -zla/zeljna m
cjan v. cijan
cla adv
clajsi adv
clih v. ceglih
clin v. celin
cmaka -e f
cmakati -am impf
cmalo v. cemalo
cmevara -e f
cmeviti -im impf.refl
cmevkati -am impf
cmevkelj -na m
cmevklja -e f/m
cmokla -e f
cmoklati -am impf
cmrček -čka m
co I praed
co II adv/praep
    co dati dam pf
    co dejati -am impf
    co deti dam pf
    co gledati -am impf
    co iti grem impf
    co kositi -im impf
    co kupiti -im pf
    co leteti -im impf
    co marnovati -ujem impf
    co mešati -am impf
    co nakupiti -im pf
    co nositi -im impf
    co peti pojem impf
    co postaviti -im pf

co potegniti -em pf
co prirezati -žem pf
co pristaviti -im pf
co priti pridem pf
co pustiti -im pf
co seči -em impf
co spuščati -am impf
co stopiti -im pf
co štelati -am pf
co vpreči vprežem pf
co vreči vržem pf
co zmešati -am pf
co zrezati -režem pf
cobog -a m
coboks -a m
coda adv
cof -a m
cofelik adv
Coflov -a -o
cofol -a m
cogeton adj.indecl/praed
cokla -e f
coklač -a m
coklati -am impf
col I -a m
col II -a m
col III -a m
colej -a m
colinga -e f
colje -a n
colmaster -tra m
colmojšter -tra m
coman -mna m
conorct -a m
conradel -dla m
conrod -a m
conštan -a m
conštohar -ja m
Copejev -a -o
coper -pra m
copranje -a n
coprati -am impf
coprnica -e f
coprnija -e f
coprnik -a m
coprnjak -a m
cort adj.indecl/praed
cose adv
cospuščanje -a n
cošlog -a m
cošpajs -a m
cošpajz -a m
coštont -a m
cota -e f
cotast -a -o
cotati -am impf
cotej -a m
cotenklavbar -ja m
cotja adv
Covnarjev -a -o
covno v. dan
crepje -a n
cret -a m
cretje I -a n
cretje II -a n
cretovec -vca m
crka -e f
crkati -am impf
crkljanje -a n
crkniti -em pf
cruk interj
cu- v. co-

cublajs v. ceblajs
cuc -a m
cudla -e f
cudlati -am impf
cue v. co
cug -a m
cugel -gla/-na m
cuht -a m
cuhthavz -a m
cukanje -a n
cukati -am impf
cuker -kra m
cukerdozna -e f
cukerpekar -ja m
cukerpesa -e f
cukniti -em pf
cukra pesa v. cukerpesa
cukrati -am impf
cukrej -a m
cuksfirar -ja m
cula -e f
culati -am impf
culej -a m
cuman v. coman
cunder -ja m
cundra v. cuntra
cunja -e f
cuntra -e f
cuntrar -ja m
curkoma adv
cuv- v. cv-
cuziti -im impf
cvaj v. ans cvaj
cvanckar -ja m
cvanckarica -e f
cveba -e f
cveč v. ceveč
cveder -dra m
cvegent adv
cvek -a m
cvergel -gla m
cvesti -tem impf
cvešpelj -plja/-na m
cvet -a m
cveteti -im impf
cvetje -a n
cvetni -a -o
cvetovec -vca m
cvibel -bla/-na m
cviblati -am impf
cvibljanje -a n
cvibljati -am impf
cvibljevec -vca m
cvifel -na m
cvik -a m
cvilih -a m
cviliti -im impf
cviljenje -a n
cvilščina -e f
cvinec -nca m
cvinger -gra m
cvipok -a m
cviren -rna m
cvirnast -a -o
cvirnasten -tna -o
cvrbelj -na m
cvrča -e f
cvrčati -im impf
cvreti -em impf
cvretje v. cretje II
cvrtje -a n

Č

ča v. kaj
ča v. nič (ne)
ča- v. če-, ke-
čabati -am impf
čabej -a m
čahel v. kegelj
Čahorče -ø pl.f
Čajnski potok -ega -a m
čakati -am impf
čaklja v. čeklja
čampljati -am impf
čap interj
Čarman -a m
čas -a m
časen -sna -o
časi adv
časih adv
čast -i f
častiti -im impf
častitljiv -a -o
často v. često
Čavs -a m
čavsniti -em impf
če conj
če- v. ke-
če li v. čeli
čebel -a m
čebela -e f
čebelar -ja m
čebelarstvo -a n
čebelin -a -o
čebelinji -a -e
čebelnjak -a m
čebelov -a -o
čeber v. kéber
čebrc v. kebrc
čebul -a m
čebula -e f
čeča -e f
čečej -a m
čečka -e f
čečkati -am impf
čed- v. kid-
čedehinde v. kjedainde
čedel -dla m
čeden -dna -o
čediti -im impf
čednost -i f
čedra -e f
čega pron.interr/indecl
čegel v. kegelj
čehmešter -tra m
čehmošter -tra m
čehnjoča -e f
čehnoča -e f
Čehoško -ega n
čej v. kje, kaj
čejkedaj v. kjek(e)daj
čekljač -a m
čekljanja -e f
čekljanje -a n
čekljati -am impf
čel v. čeli
Čelec -lca m
čelen v. člen
čelešnjak -a m
čeli conj
čelnica -e f
čelo -a n
Čelo -a n
čemam v. imeti

Čemrove peči -ih -i pl.f
čemina -e f
čemrati -am impf
čenča -e f
čenčast -a -o
čénčiti -im impf
čep -a m
Čepa -e f
čepej -a m
čepenica v. kipenica
čepeti -im impf
čepljanka -e f
čepljati -am impf
čepon v. šepun
čeprav conj
čeputelj -na m
čer -i f
čerev -a -o
čerfat v. kirfat
čerfelj -na m
čerica -e f
Čerice -ø pl.f
čeričev -a -o
Čeriči -ev pl.m
Černica -e f
čeruhelj -na m
červljar v. črevljar
česalo -a n
česanje -a n
česati češem/česám impf
česen -sna m
česnek -a m
čest v. čast
často adv
češčen -a -o
češčenamarija -e f
češčenje -a n
češira v. sekira
češmider -dra m
češmilje -a n/m
češmiljev -a -o
češmiljevje -a n
češnja -e f
Češnjane v. Črešnjane
češnjev v. črešnjev
češjevec v. črešnjevec
češpelj v. čvešpelj
češplja -e f
češta v. káj
češtelj -na m
četin- v. ketin-
četrte adj.indecl
četrtek -tka m
četrti -a -o
četrtina -e f
četveriti -im impf
čeveč adv/praed
čevelj v. črevelj
čeveljč v. čreveljč
čeveženj -žnja m
čevkati -am impf
čevkelj -na m
čevljar v. črevljar
čevžeh v. kelžuh
čez v. črez
čežana -e f
čežiti -im impf
či, čisem v. biti
či- v. ki-
čibej -a m
čibica -e f
čič -a m

čič interj
čičá interj
čičara I -e f
čičara II -e f
čičati -am impf
čičej -a m
Čičman -a m
čid- v. kid-
čigav -a -o
čik -a m
čikati I -am impf
čikati II -am impf
čimina v. čemina
čindra -e f
čindrati -am impf
činkeljc -a m
činklja -e f
činkljica -e f
činkovec -vca m
Činkovec -vca m
čip -a m
čir v. kateri, kjer
čirtah -a m
čist -a -o
čistiti -im impf
čitalnica -e f
čivkati -am impf
čivkavec -vca m
čla adv
člen -a m
človek -a m
človekinja -e f
človeški -a -o
človeštvo -a n
čmarje -a n
čmažiti -im impf
čmrček -čka m
čmrk interj
čmrkniti -em pf
čmrlj v. ščemelj
čobejžen -žna -o
čoder -dra m
čodra -e f
čodrast -a -o
čodrati -am impf
čodrna -e f
čof I -a m
čof II -a m
čof interj
Čofatej -a m
Pri Čofateju
čofati -am impf
čohljati -am impf
čohnoča v. čehnoča
čok -a m
čokat -a -o
čokej -a m
čoko pron
čokolada -e f
čola -e f
čolej -a m
čoln -a m
čolnič -a m
čompa -e f
čop I -a m
čop II -a m
čopa -e f
čopica -e f
čoputelj v. čeputelj
čorba -e f
čorčelj -na m
čorčlej -na m

čovežen v. čeveženj
čra- v. čre-
čražiti -im impf
črčati -im impf
Črčej -a m
črčeti -im impf
čre- v. če-
čred -a m
čreda -e f
črediti -im impf
čremsa v. sremsa
črepanje -a n
črepati I -ljem/-am impf
črepati II -am impf
črepinja -e f
črepla -e f
črepljati -am impf
črepljica -e f
črepniti -em pf
črešnja -e f
Črešnjane -ø pl.f
črešnjev -a -o
črešnjevec -vca m
čretovec -vca m
čreva -e f
črevec -vca m
črevelj -vlja m
čreveljc -a m
čreveljč -a m
črevica -e f
črevljar -ja m
črevo -esa n
črez adv/praep
Črezeljska polja -ih -ø pl.n
črezinčrez adv
črežiti v. čražiti
črezvse adv
črmnel v. čerev, črnjel
črmnica v. čerica
črn -a -o
črna -e f
Črna -e f
črnec -nca m
črnelka -e f
Črni vrh -ega -a m
črnica I -e f
črnica II -e f
črničevec -vca m
črničevje -a n
črnilje -a n
V Črnilju
črnilovje -a n
črniti -im impf
črnjel -a -o
črnjelka -e f
Črno morje -ega -a n
črnobela -e f
črnulej -a m
črnulja -e f
črov- v. črev-
črstev -tva -o
črta -e f
črv -a m
črvič -a m
črviv -a -o
čuba -e f
čubast -a -o
čubati -am impf
čubej -a m
čubica -e f
čuda -e f
čuda interj/praed

čuden -dna -o
čudež -a m
čudežen -žna -o
čuditi -im impf
čudo -a n
čuležen v. čeveženj
čura -e f
čurast -a -o
čurč -a m
čurčelj -na m
čurej -a m
čuti -jem impf
čutiti -im impf
čveč v. čeveč
čvekati -am impf
čve- v. čev-
čvešpelj -na m
čvešpeljnov -a -o
čvešplja -e f
čveteriti v. četveriti
čvižgole -ø pl.f
čvrčati -im impf
čvrčelj -na m
čvrst -a -o

D

da conj
dagegen adv
daglih conj
dahniti -em pf
daja interj
dajati -jem impf
dajčnacional adj.indecl
dajtleh adv
daleč adv/praed
dalja -e f
dalje v. daleč, dolg
dalji -ega m
daljnjava -e f
daljnji -ega m
daljši v. dolg
Damek -mka m
dan dneva m
današnji -a -e
dandanašnji adv
dandanes adv
danes adv
daniti impf.refl
danje v. Hude danje
danknica -e f
dar- v. der-
dar -a/-u m
darilo -a n
darkati -am impf
darovati -ujem impf
dati dam pf
davek -vka m
daven -vna -o
davi adv
David -a m
daviti -im impf
davnaj adv
dberje v. laberje
de v. da
de-de interj
debel -a m
Debeljak -a m
deber -bra m
deblo -a n
dečla -e f
ded -a m

dedec -dca m
dedej -a m
dedji -a -e
dedka -e f
dedovski -a -o
dega -e f
dehant -a m
dejanje -a m
dejati I dem/denem pf
dejati II dem pf
dejst v. dosti
deka -e f
dekanje -a n
dekáti -am impf
dékati -am impf
dekel -kla m
dekla I -e f
dekla II -e f
dekle -ta f
dekleški -a -o
deklica -e f
deklič -a m
dekličica -e f
deklin -a m
Deklina noga v. noga
dekna -e f
del -a m
del- v. dal-
delati -am impf
delavec -vca m
delaven -vna -o
delavljati -am impf
delavnik -a m
deli v. za delj
deliti -im impf
delnik -a m
delo -a n
delopust -a n
delova v. dáljava
dempfati -am impf
denar -ja/-a m
denarje -a n/m
denkmol -a m
denuncirati -am pf
der- v. dr-
dera I -e f
dera II -e f
derbarati -am pf
dere -ø pl.f
dereze -ø pl.f
derkati -am impf
derlavbati -am pf
desen -sna -o
deserter -ja m
desertirati -am pf
deset num/praed
desetbarti adv
deseti num
desetina -e f
desétnica -e f
desetnik -a m
deska -e f
deška -e f
dete -ta n
detece -a n
detelja -e f
deteljišče -a n
deti dem/denem pf
devati -am/ljem impf
devet num/praed
devetdeset num
deveti num

devetindvajset num
devetindvajseti num
devetinpetred num
devetinštiredi num
devetintrideset num
devetintrideseti num
devetnajst num
devetnajsti num
devetnajststo num
devetred num
devica -e f
Devica Marija -e -e f
devžak -a m
dež -a m
dežej -a m
dežela -e f
deženj -žnja m
deževati -ujem impf
deževje -a n
deževnica -e f
dežnjevati -ujem impf
dežo- v. deže-
dežnjevnjak -a m
diamant -a m
dihati -am impf
dihtar -ja m
dihtati -am impf
dihur -ja m
dikšedel -dla m
dila -e f
dilica -e f
dilja v. dila
dim -a m
dimen -mna -o
dimljati -am impf
dimljativ -a -o
dimljevati -ujem impf
dimljiv -a -o
dimnica -e f
dinama -e f
dinar -ja m
dinst -a m
dinstati -am impf
dinstmon -a m
dir interj
direkcijon -a m
direktor -ja m
dirjanica -e f
dirjati -am impf
distel -tla m
dišati -im impf
diškurirati -am impf
div v. del
divjačina -e f
divjak -a m
divjati -am impf
divji -a -e
dizna -e f
diž- v. dež-
djati v. dejati
Djekše -ø pl.f
dlaka -e f
dlan -i f
dlečvenica -e f
dlesna -e f
dletiti -im impf
dleto -a n
dletvo -a n
dno -a n
do praep
dob -a m
doba -e f

dober -bra -o
dobiček -čka m
dobiti -im/-om pf
dobivati -am impf
dobivljati -am impf
dobje -a n
Dobljan -a m
dobov -a -o
dobovec -vca m
dobrava -e f
Dobrla vas -e -i f
Dobrnjak -a m
dobro v. dober
dobrota -e f
dobrotljiv -a -o
Dobrova -e f
dobrova v. dobrava
Dobrovčan -a m
Dobrovnik -a m
dobršen -šna -o
doč v. dočas
dočakati -am pf
dočas adv
dodelati -am pf
dodeliti -im pf
doga -e f
dognati doženem pf
dogovor -a m
dohdekar -ja m
dohitati -am pf
dohlotna -e f
dohštul -a m
dohtar -ja m
dohtarica -e f
doiti dojdem pf
doja v. doga
dojna -e f
dojnica -e f
dokaz -a m
dokazati -žem pf
dokledar adv
dokler adv
dokončati -am pf
dokopetiti -im pf.refl
dokta indecl m
dokument -a m
dol -a m
dol adv/praed
Dol -a m
Dolan -a m
Dolane -ø pl.f
dole v. doli
Dole -ø pl.f
dolec -lca m
dolg -á m
dolg -a -o
Dolga njiva -e -e f
dolgčas -a m
Dolgi plazovi -ih -ø pl.m
dolgočasen -sna -o
dolh -a m
doli I interj
doli II adv
dolile adv
dolina -e f
Dolina -e f
dolinarica -e f
Dolinče -ø pl.f
Dolinčice -ø pl.f
Doline -ø pl.f
dolinica -e f
Dolinica -e f

Dolinja Borovnica -e -e f
Dolinja Kapla -e -e f
dolinji -a -e
dolita adv
dolitaj adv
Dolje v. Dole
dolle adv
določati -am impf
določiti -im pf
dolsa adv
dolsaj adv
dolsale adv
dolsem adv
dolščina -e f
Dolška planina -e -e f
dolšnja v. dolščina
dolžebranje -a n
dolžen -žna -o
dolžina -e f
dolžiti -im impf
dolžnik -a m
dolžnost -i f
dom I -a m
dom II -a m
doma adv
domač -a -e
    po domače(m)
domači -ih pl.m
domačija -e f
domala v. domalega
domalega adv
domarnovati -njem/-ujem pf.refl
domov adv
dompf -a m
dompfar -ja m
dompfkesel -na m
Donava -e f
donda -e f
dondara -e f
dondast -a -o
donesti -em pf
dopast v. dopust
dopasti -dem impf
dopelt- v. topelt-
dopoldna adv
dopoldne adv
dopoldne -a m
dopoldnešnji -a -e
dopolna v. dopoldna
dopovedati -vem pf
dopovedovati -ujem impf
doprinesti -sem pf
dopust -a m
dopuščati -am impf
dorasti -sem pf
doseči -žem pf
dosihmal adv
doslej v. došlej
dosti adv
došitati v. dohitati
došlej adv
dota -e f
dotajčati -am pf
dotakniti -em pf.refl
dotegniti -em pf
dotikati -am impf.refl
dotikovati -ujem/-vam impf
dotle adv
dotles adv
dovjak v. divjak
dovoliti -im pf
dovolj adv/praed

dovoljenje -a n
dovžak v. devžak
dozna -e f
dozoreti -im pf
dožetki -ov pl.m
doživeti -im pf
Drabužan -a m
Drabužanar -ja m
Drabužane -ø pl.f
drač v. rdeč
drag -a -o
Dragančе -ø pl.f
dragota -e f
drájèk -eka m
drajla -e f
drajlati -am impf
drajnati -am impf
drajsniti -em pf
drakšlar -ja m
drakšlati -am impf
drašklar -ja m
drašklati -am impf
drat v. drot
Drava -e f
Dravec -vca m
Dravica -e f
Dravljane -ø pl.f
Dravljanec -nca m
Dravlje -velj pl.f
dravski -a -o
dražiti -im impf
drča -e f
drčati -im impf
Drče -ø pl.f
dr-dr-dr interj
drega -e f
dregati -am impf
dregniti -em pf
Drejč -a m
Drejča -a m
Drejček -čka m
drek -a m
drekslar -ja m
dremati -ljem/-am impf
dremej -a m
dremovec -vca m
drengati -am impf.refl
dreponk -a m
drešenje -a n
drešiti -im impf
drešmašina -e f
dreta -e f
dreti derem impf
dretje -a n
dreve adv
drevesce -a n
drevi v. tadrevi
drevje -a n
drevo -esa n
dreze v. dereze
drizna -e f
drkati -am impf
drn interj
drn -a m
drnica -e f
drnice -ø pl.f
drnjohati -am impf
drnkati -am impf
drnovje -a n
dro v. dober
drob -a m
droben -bna -o

drobernija -e f
drobež -a m
drobiti -ím impf
drobiž -a m
drobnica -e f
drobtina -e f
drog -a m
drohati -am impf
drohinga -e f
drohtina v. drobtina
drol -a m
drot -a m
drotgebebe indecl m
droz -a m
drožje -a n
drskljač -a m
drskljati -am impf
drstiti -im impf
Drtice -ø pl.f
drtinec -nca m
druč adv
drug -a -o
drugače adv/praed
drugako adv/praed
drugam adv
drugec -gca m
drugi -ega m
drugibart adv
drugič adv
drugimal adv
drugje adv
drugod adv
druhtina v. drobtina
drukati -am impf
druksoh indecl m
drumbeta -e f
drumlja -e f
druščina -e f
ouštva -e f
društvo -a n
druva v. drva
družba -e f
družec v. drugec
družina -e f
družje -a n
drva -ø pl.n
drvišče -a n
drzati -am impf
drzavec -vca m
drzej -a m
drzniti -em pf
držati -im impf
drženik -a m
ducat -a m
dudlsok v. tudlsok
Duel v. Dol
Duele v. Dole
duh -a m
duhoven -vna m
duhovnik -a m
duhtati -am impf
duh-ti v. kdoti
Dulan v. Dolan
dumf -a m
dum- v. dup-
Dumpelnik -a m
Dunaj -a m
dupeljnica -e f
dupiti -im impf
duplina -e f
duplo -a n
durce -ø pl.f

Durce -ø pl.f
dure v. duri
durhanonder -dra m
durhati -am impf
durhcug -a m
durhlos -a m
durhmesar -ja/-sra m
durhšnit -a m
duri(e) -i/-ø/-ov pl.f/m
durnik -a m
Durnik -a m
duš interj
duša -e f
duščiti -im impf
dúšiti -im impf.refl
dúšiti v. luščiti
dušnik -a m
dva num/praed
dvabarti adv
dvaindevetred num
dvaindvajset num
dvainpetred num
dvainsedemred num
dvainštiredi num
dvainštiredi -a -o
dvaintrideset num
dvaintridesetbarti adv
dvaintrideseti -a -o
dvajset num
dvajsetbarti adv
dvajseti -a -o
dvanajst num/praed
dvanajsti -a -o
dvebarti adv
dverje -a n
dvesto num
dvestodeset num
dvestointrideset num
dvestopetinosemred num
dvigniti v. vzdigniti
dvog v. dolg
dvoj -ega m
dvojček -čka m
dvojčet -a m
dvojčeten -tna -o
dvojčič -a m
dvojen -jna -o
dvor -a m
Dvor -a m
dvorana -e f
Dvorec -rca m
dvorišče -a n
džip v. čip

E

e- v. he-
e interj
ebehtnica -e f
ebik adj.adv indecl
ečepeč -a m
eda v. ajda
edelbajs -a m
edelmon -a m
edelštan -a m
edelvajs -a m
eden ena eno num
    eden – drugega
    eden – drugemu
    ena -e f
edenindevetred num
edenindvajset num

edenindvajseti -a -o
edeninosemred num
edeninpetred num
edeninsedemred num
edeninšestred num
edeninštiredi num
edeninštiredi -a -o
edenintrideset num
edini -a -o
ediše v. ajdišče
edlovka v. jedlovka
ednajst num/praed
ednajsti -a -o
edner v. ener
eht adj.indecl/interj
ejter v. hejter
eksercirati v. sercirati
eksercirplac -a m
ekstra adv
elastiš adj.indecl
elefont -a m
elektrikar -ja m
elektriš adj.indecl
elent -a m
elenten -tna -o
elkabe -ja m
Ema -e f
emar -ja m
embart v. enbart
Emej -a/-e f
empfangati -am pf/impf
empfindlih adj.indecl
empfong -a m
en ena eno pron.indef
ene pron
enajst num/praed
enbart adv
encijan -a m
enč- v. entš-
ener -a -o
enkej -a m
enkrat adv
enmalo adv
entcijati -am pf
entcidinga -e f
enteri -a -o
entikaj v. entoliko
entlosati -am pf
entlosinga -e f
entoliko adv
entšajdati -am pf.(refl)
entšedinga -e f
entšlus -a m
entšuldati -am pf.refl
entšuldigati -am pf.refl
entšuldinga -e f
entviklati -am impf.(refl)
entviklinga -e f
entvurf -a m
er- v. ar-, der-
erati v. herati
erb -a m
erbati -am impf
erberbati -am pf
erbíja -e f
erbinga -e f
erbščina -e f
erbtajl -a m
ercajgati v. arcajgati
ercpišof -a m
erenbort interj
erenprajz v. herenprajs

ergajc -a m
éring -a m
erlih adj.indecl
eršt v. heršt
ertpeben -bna m
ertrog -a m
escajg -a m
esenc -a m
eses -a m
esih v. jesih
Estarajh -a m
Estarajhar -ja m
eštrah -a m
eta -e f
Eva v. Heba
evangel -a m
evangelist -a m
evangeliš adj.indecl

F

fabium -a m
fabricirati -am impf
fabrika -e f
facelet -a m
fača -e f
fadrengati -am pf
fagabund -a m
fagla -e f
fajarber -a m
fajarcajg -a m
fajarfasihringa -e f
fajarmaver -vra m
fajarštan -a m
fajcelj -na m
fajclja -e f
fajcljanje -a n/m
fajcljati -am impf
fajdelj -na m
fajéran -a m
fajérung indecl f
fajfa -e f
fajfanje -a n/m
fajfati -am impf
fajfenšterar v. pfajfenšterar
fajfica -e f
fajg adj.indecl/praed
fajghajt -i f
fajgling -a m
fajht adj.indecl/praed
fajhtati -am impf
fajhten -tna -o
fajl -a m
fajmašter -tra m
fajmešter -tra m
fajmošter -tra m
fajn indecl.adj/praed
fajnnos -a m
fajnšmekar -ja m
fajnt -a m
fajntati -am impf
fajntlih adj.indecl
fajrati -am impf
fajrik adj.indecl
fajront -a m
fakance -ø pl. f
fakla -e f
fakniti -em pf
falačnica -e f
falačnik -a m
falakati -am impf
falar I -ja m

falar II -ja m
falati -am pf/impf
Falej -a m
Falejev -a -o
Falentin v. Folentin
falerka -e f
faliti -im pf
falot -a m
falšnija v. folšnija
faluta -e f
familija -e f
fana -e f
fancat -a m
Fancat -a m
fancolt -a m
fancut v. fancolt
fandel -na m
fandla -e f
fant -a m
fantati -am impf
fantič -a m
fantora -e f
far -ja m
far- v. fer-
fara -e f
farajn -a m
farajnigati -am impf
farant -a m
faranten -tna -o
faratati -am impf
farba -e f
farbajs -a m
farbar -ja m
farbati -am impf
farbekslati -am pf
farbekslinga -e f
farbezar -ja m
farbežar -ja m
farboltar -ja m
farboltati -am impf
farboltinga -e f
farcihtati -am pf
farciringa -e f
farcvajflati -am pf
fardaman -a -o
fardehtigati -am impf
fardehtik adj.indecl/praed
farderbati -am pf.(refl)
fardoht -a m
fardresati -am impf.refl
fardrus -a m
farej -a m
faren -rna -o
farerar -ja m
farerati -am impf
farfeljči -ev pl.m
farflihtati -am pf.refl
farflihtinga -e f
farfolgati -am impf
fargasar -ja m
farglajh -a m
fargunati -am pf
farhačlati -am pf
farher -ja mm
farherati -am impf
farholtati -am impf.refl
farhondlati -am impf
farker -ja/-a m
farkerati -am impf
farlegenhajt -i f
farleslih adj.indecl/praed
farlobati -am pf.refl

farlodati -am impf
farlust -a m
farman -a m
farmegen -gna m
farmitlar -ja m
farni v. faren
farnohlesigati -am impf
farnunft -i f
farof -a m
Faronjakov -a -o
faronštoltati -am pf
farontvortati -am impf
farontvortinga -e f
farovški -a -o
farovž -a m
farpantešen -šna -o
farpflegati -am impf
farpfleginga -e f
farpflihtati -am pf.refl
farpohtati -am pf
farpont -a m
farpravh -a m
farprehar -ja m
farprehen -hna m
farrihtati -am impf
farsihrati -am pf
farsihringa -e f
farsocomt -a m
farsomlinga -e f
farsuh -a m
farsuhinga -e f
faršiden adj.indecl/praed
faršlus -a m
faršpetati -am pf/impf.refl
faršpetinga -e f
farštajfinga -e f
farštajgrati -am pf
farštajgringa -e f
farštelati -am impf.refl
farštendigati -am pf
faršvendati -am impf
faršverati -am pf.refl
faršveringa -e f
faršvindati -am pf
fartajdigati -am impf
fartretar -ja m
fartrog -a m
farurtajlati -am pf
faruž v. farovž
faržegovanje -a n/m
faržegovati -jem/-vam impf
fasan -a m
fasati -am impf
fasel -na m
faširati -am impf
fašna -e f
favl v. cefavl
favlast -a -o
favlencar -ja m
favlencarija -e f
favlencati -am impf
favlpelc -a m
fazan -a m
fazon -a m
faž -a m
februar -ja m
fedarpiksen -sne f
fedaršohtel -tle f
fedarštil -a m
feder -dra m
fedrati -am impf
feflja -e f

fefljati -am impf
fehik adj.indecl
fehtati -am impf
fejst adj.indecl/praed/adv
feka-fetuza -e -e f
Fela -e f
Fela -na m
Felač -a m
Felan -a m
felar -ja m
felati -am impf
Felej -a m
felšar -ja m
feltcug -a m
feltvebel -bla m
fenehelj -hlja m
fenrih -a m
fenstarpolki -ov pl.m
fent -a m
fentati I -am pf
fentati II -am pf.(refl)
fentati v. fantati
fer- v. far-, fr-
ferbar -ja m
Ferdej -a m
ferdemejar -ja m
Ferdinand -a m
ferkanc -a m
ferlinc v. frlinec
fermat -a m
fernglos -a m
fernror -a m
fernse -ja m
fernpantešen v. farpantešen
ferseljc -a m
ferštar -ja m
ferštehati -am impf
ferštelj -na m
fertigati -am pf
fertik praed
feslati -am pf
fest adj.indecl/adv
fest -a m
festinga -e f
fešeraja -e f
feta -e f
feten -tna -o
feter -tra m
feteranar -ja m
fetna -e f
fetrej -a m
figa -e f
fihlej -a m
fihsalc -a m
fijakar -ja m
fijola -e f
fijolica -e f
fikfik interj
fikica -e f
filar -ja m
filc -a m
filcšuh -a m
filfeder -dra m
Filip -a m
Filipina v. Pina
filter -tra m
financar -ja m
findarlon -a m
finfar -ja m
finfniti -em pf
fingrat -a m
finka -e f

finkica -e f
fipos -a m
firar -ja m
firaršajn -a m
firbec -bca m
firbečen -čna -o
firbečnjak -a m
firenga -e f
firhank -a m
firma -e f
firmati -am
firšt I -a m
firšt II -a m
firteh -tha m
firtelj -na m
firteljc -a m
fisola -e f
fisolov -a -o
Fišter -tra m
fištrna -e f
fitriol -a m
fizit -a m
fizitirati -am impf
fizola -e f
fižla -e f
fižol -a m
fižolov -a -o
Fladan -a m
flajsek adj.indecl
flajšbogen -gna m
flajškar -ja m
flajšponk indecl f
flak interj
flankirati -am impf
flaša -e f
flaška -e f
flašter -tra m
flavzast -a m
flavze -ø pl.f
flavzne -ø pl.f
fledrati -am pf
flegar -ja m
flekarlni -ov pl.m
flekati -am impf
fleten -tna -o
fletna -e f
flider -dra m
fligar -ja m
flihtati -am pf
flihtar -ja m
flika -e f
flikati -am impf
flikniti -em pf
flink adj.indecl/adv
flinta -e f
flis -a m
flisati -am impf
flisek adj.indecl
flisna -e f
Flora -a m
Florej -a m
Florijan -a m
florijanje -a n/m
flos -a m
flosati -am impf
floša -e f
flošencug -a m
flotrati -am impf
fluh -a m
flukcajg -a m
flunder -dra m
fodranja -e f

fodrati -am impf
foglovž -a m
foh -a m
fohlerar -ja m
fohmeniš adv
fohmon -a m
fohšola -e f
fol -a m
folc -a m
folcati -am impf
folcen -cna m
Folentin -a m
Folentinov -a -o
folgati -am impf
folgruben -bne f
folk -a m
folksbogen -gna m
folksvile -a/-ø m/pl.f
folkšola -e f
folmoht -i/-a f/m
folš adj.indecl/adv
folšnija -e f
folštendik adv
Folt -a m
Foltač -a m
Foltan -a m
Foltej -a m
folten -tna m
fopanje -a n/m
fopati -am impf
for firati -am impf
for štehati -am impf
forcug -a m
forcugšilar -ja m
forreht -a m
forela -e f
forfirati v. for firati
forgelt -a m
forgengar -ja m
forhank -a m
forhavs -a m
forhont -a m
forlaben -bna m
forlodinga -e f
formunt -a m
forrot -a m
forpaj praed
forpilt -a m
forsihtik adj.indecl
forsoc -a m
foršlog -a m
foršnar -ja m
foršnarjev -a -o
foršprung -a m
foršrift -i/-a f/m
forštant -a m
forštati -am impf
forštehati v. for štehati
forštnar -ja m
foršus -a m
fortajl -a m
fortelj -na m
fortrog -a m
fortšrit -a m
fosinga -e f
fošnar v. foršnar
foter -tra m
foterbajs -a m
fotograf -a m
fotografirati -am impf
fotranje -a n/m
fotrati -am impf

fotrovec -vca m
fovš- v. folš-
fozelj -a/-na m
fožanje -a n/m
fožati -am impf
frac -a m
fracevje -a n/m
fraj adj.indecl/praed
frajbilik adv/praed
frajd -a m
frajdati -am impf.(refl)
Frajenperg -a m
frajevina -e f
frajgibik adj.indecl
frajh v. rajh
frajhajtlih adj.indecl
frajla -e f
frajlih adv/interj
frajnd -a m
frajndinga -e f
frajnt -a m
Frajpoh -a m
frak -a m
frakelj -na m
frakeljč -a m
frakljač -a m
Franca -e f
Francala -a m
France -ta m
Francej -a m
Francija -e f
francoski -a -o
    Francosko -ega n
Francoz -a m
francozlja -e f
Francozov -a -o
frankirati -am pf/impf
Franzek -a m
frata -e f
frava -e f
frča -e f
frčati -im impf
frčelja -e f
Frčnikov -a -o
freh adj.indecl
fremtar -ja m
fremten -tna -o
fretač -a m
fretar -ja m
Fretar potok -a m
frétati -am impf
fretáti -am impf
fretovec -vca m
frfotati -am impf
frfuliti -im impf
Fric -a/-na m
Frimar -ja m
frimati -am impf
frišati -am impf
frišen -šna -o adj/praed
fritof -a m
frizer -ja m
frizura -e f
Frjan -a m
Frjanček -čka m
Frjanje -a n
frkati -am impf
frkavec -vca m
frklja -e f
frkljica -e f
frkniti -em pf
frkolin -a m

frlinec -nca m
frliti -im impf.refl
frnača -e f
frnažiti -im impf
frničiti -im impf
frnikola -e f
froc -a m
frocevje -a n/m
frocovje -a n/m
frogecajhen -hna m
froht -a m
frohtprif -a m
fronta -e f
fronza -e f
fronzast -a -o
frtanja -e f
frtavka -e f
fruštek -tka m
frvovž -a m
fuga -e f
fugna -e f
fuhcigar -ja m
fuj interj
fukanje -a n/m
fukarija -e f
fukati -am impf
fukelj -na m
fuklja -e f
fukljica -e f
fukniti -em pf
fukovina -e f
fuksa -e f
fuksija -e f
fundament -a m
funken -kna m
funt -a m
fura -e f
furati -am impf
furenga -e f
furm -a m
furman -a m
furmati -am impf
furovati -am impf
furt adv
furteh -tha m
Furtner -ja m
fušar -ja m
futer v. foter
futrol -a m
fužina -e f

G

gaber -bra m
Gabrej -a m
Gabron -a m
gabrovec -vca m
gad -a m
Gadrina -e f
gajchols -a m
gajčen -čna -o
gajčnež -a m
gajga -e f
gajst -a m
gajstar -ja m
gajsten -tna -o
gajt -i f
gajtenica -e f
gajtešen -šna -o
gajtešnjak -a m
gajtovati -am/-ujem impf
gajželnik -a m

gajžla -e f
gajžlati -am impf
Gal -a m
gala -e f
galerna -e f
galge -ø pl.f
Galicija -e f
galif -a m
galiti -im impf.refl
galjenje -a n
galjevec -vca m
galop v. kalop
galun -a m
gamlenca v. gumnenica
gams -a m
gamsport -a m
gamz -a m
gamzara -e f
gamzovina -e f
ganiti -em f
gank -a m
ganterč v. kantrč
garancija -e f
garanje -a n/m
garant -a m
garantirati -am impf
garáti -am impf
gârati -am impf
gárati -am impf.refl
garavec -vca m
garbati -am impf
gare -ø pl.f
garičenje -a n
garičiti -im impf
garje -rij pl.f
garkel v. gartel
garling -a m
garn v. gorn
garovina -e f
gartel -na m
gartelnov -a -o
gartre -ter pl.f
gartroža -e f
gas -a m
gasa -e f
gasiti -im impf
gasthavz v. gosthavz
gat -i f
gater -tra m
Gatica -e f
gatiti -im impf
gatre -ter pl.f
gatroža v. gartroža
gav -a m
gavdaržen -žna -o
gavel -na m
gavje v. galge
gavklar -ja m
gavnar -ja m
gavtroža v. gartroža
gaz -a m
gaziti -im impf
gebenlih adv
gebér -a m
geberbe -a m
geberkšoft -i f
gebirc -a m
gebircnagelj -na m
gedehtnis -a m
gediht -a m
geduld -a m
gefrajtar v. kfrajtar

gegensoc -a m
gegent -i/indecl f
gegentajl -a m
gehajmnis -a m
gehér -a m
geholt -a m
gejžla v. gajžla
gelbsuht -i f
gelegenhajt -i f
gelenk -a m
gelingati -am pf
gemajn adj.indecl
gemajnda -e f
gemajnderat -a m
genav adj.indecl/praed
generacijona -e f
general -a m
Genofefa v. Nefefa
genosenšoft -i f
genus -a m
geometer -tra m
gepaj -a m
gepel -na m
gepickronkenkasa -e f
gepildet adj.indecl
gepir -a m
gepirati -am impf
gepis -a m
gepit -a m
gepurctog -a m
gerati -am impf
gerbar -ja m
gerbati -am impf
gerhob -a m
geriht -a m
germanisirati -am pf/impf
germanizirati -am pf/impf
germeleti v. grmoleti
germovlja v. grmovlja
gerod v. krod
gesangfarajn -a m
gesec -a m
gesuh -a m
gešeft v. kšeft
gešenk -a m
geštapo -a/-va m/f
gešul -a m
gešvir -a m
geverkšoft v. geberkšoft
gezdo v. gnezdo
gibati -am/-ljem impf.refl
gibčen -čna -o
gibica -e f
gift -i f
giftati -am impf.refl
giften -tna -o
gimnasija -e f
gimnazium -a m
gimpel -na m
ginstik adj. indecl/praed
gips -a m
girik adj.indecl
girtel -tla/-na m
girteljc -a m
gitara v. kitara
giter -tra m
giva v. njiva
glad -a/-u/-i m/f
gladek -dka -o
gladež -a m
gladiti -im impf
gladoven -vna -o

gladovija -e f
glajhgeviht -a m
glajhmesik adj.indecl
glajm adj.indecl
glajs -a m
glajt -a m
glajz -a m
glajža -e f
glajžna -e f
Glana -e f
glander -dra m
glas -a/-u m
glasen -sna -o
glava -e f
glavač -a m
glavat -a -o
glavbe indecl m
glaven -vna -o
glavica -e f
glavka -e f
glavnik -a m
glavnja -e f
glaž -a m
glažar -ja m
glažej -a m
glaževina -e f
glaževje -a n
glaževnast -a -o
glečiti v. dletiti
glečnica v. dlečvenica
gledati -am impf
 glej -te -ta interj
glen -a m
gleštati -am impf
gletiti v. dletiti
gleto v. dleto
gletovina v. letovina
gleženj -žnja m
glid -a m
glih adj.part
 glih tako
Glih -ega m
gliha -e f
glihanje -a n/m
glihati -am impf
glihen -hna -o
 (ta) glihno -ega n
glihkar adv
glin -a m
glina -e f
glinast -a -o
glindek adj.indecl
glinica -e f
Glinjan -a m
Glinjane -ø pl.f
Glinjčič -a m
Glinje -ø pl.f
glinjski -a -o
gliste -ø pl.f
glisti -ov/-i pl.m/f
globača -e f
Globasnica -e f
Globašan -a m
Globaška voda -e -e f
globaški -a -o
globel -i f
globok -a -o
Globokar -ja m
Globoki graben -ega -bna m
glocna -e f
glodač -a m
glodati -am impf

glorija -e f
glospapir -ja m
glota -e f
gloten -tna -o
gluh -a -o
    (ta) gluhi -ega m
Gluhi les -ega -a m
glušati -im impf
gmah -a m
gmajn adj.indecl
    gmajnejši/najgmajnejši -a -e
    (ta) gmajnejše -ga n
gmajna I -e f
gmajna II -e f
Gmajna -e f
gmajnica -e f
Gmajnica -e f
gmajnski -a -o
gmajten -tna -o
gmajtovati -ujem impf.refl
gmeten v. gmajten
gmovlja -e f
gnada -e f
gnadljiv -a -o
gnar v. denar
gnati ženem impf
gneča -e f
gnevati -am impf.refl
gnezdo -a n/m
gnida -e f
gnidast -a -o
gnik v. knik
gnil -a -o
gniti gnijem impf
gniva v. njiva
gnoj -a m
gnojen -jna -o
gnojevoza -e f
gnojišče -a n
gnojiti -im impf
gnojnica -e f
gnor v. denar
goba -e f
gobec -bca m
goc v. godec
god -a m
godba -e f
godcev -a -o
godec -dca m
goden -dna -o
godi praed
godíti -im impf.refl
góditi v. gosti
godlja -e f
godljač -a m
godljanja -e f
godljati -am impf
godljavec -vca m
gojsarar -ja m
gol -a -o
gol -a m
Gol v. Gal
golaž v. kolaž
goldgruben -bne/indecl f
goldinar -ja m
golen -a -o
golenec -nca m
goliber -bra m
golica -e f
Golica -e f
Golič -a m
golida -e f

golido -a n/m
golidranje -a n
golídrati -am impf
golidravec -vca m
Golin -a m
golizovje -a n
goljuf -a m
goljufanje -a n
goljufati -am impf
goljufija -e f
goljufiv -a -o
golmeš adj.indecl
golob -a m
golobov -a -o
golobučen -čna -o
gologlav -a -o
Golovec v. Grlovec
golšati -am impf
golštaka v. voštaka
golštanje -a n
golštati -am impf.refl
goltšmid -a m
goniti -im impf.(refl)
gonja -e f
gor interj
gor adv/praed
gor dati dam pf
gor deti denem pf
gor držati -im impf
gor iti grem impf
gor jemati -ljem impf
gor metati -čem impf
gor pasti -dem pf
gor postaviti -im pf
gor priti -dem pf
gor spustiti -im pf
gor vreči vržem pf
gor vzeti -amem pf
gor zdelati -am pf
gora -e f
Gora -e f
gorci -ja m
gore v. gori
goreč -a -e
Goreča vas -e -i f
goren -rna -o
gorenjec -jca m
gorenji -a -e
goreti -im impf
gori interj
gori adv
gorica -e f
Gorican -a m
Goričane -ø pl.f
Goriče -ø pl.f
Goričica -e f
Gorinčiče -ø pl.f
gorišče -a n
Goriška planina -a -e f
Gorjančica -e f
Gorjane -ø pl.f
gorjanec -nca m
Gorjanec -nca m
Gorjanka -e f
Gorjanška planina -e -e f
gorjé interj
Gorje -a n
gorka adv
gorkaj adv
gorn -a m
Gornik -a m
gorniks adv

gornjak -a m
Gornje njive -ih -ø pl.f
Gornji Kot -ega -a m
Gornji travnik -ega -a m
gorpeljanje -a n
gorpostavljen -a -o
gorsa adv
gorsaj adv
gorsale adv
gorsem adv
gorski -a -o
gorši -a -e
gorta adv
gortaj adv
gortale adv
gorten -tna m
gortenpetel -na m
gortnar -ja m
gortnarija -e f
gorvstájanje -a n
gorvstajénje -a n
gos -i f
gosenica -e f
gosetnica -e f
gosjak -a m
gosle -sel pl.f
gosli -i pl.f
Gospa Sveta -e -e f
gospenjica -e f
gospod -a m
gospoda -e f
gospodar -ja m
gospodarjev -a -o
gospodarstvo -a n
gospodinja -e f
gospodnica v. gospojnica
gospojnica -e f
velika gospojnica -e -e f
mala gospojnica -e -e f
gospojničnik -a m
gospostvo -a n
Gosposvečan -a m
Gosposveta -e f
Gosposvete -ø pl.f
gost -a m
gost -a -o
gosthavz -a m
gosti godem impf
gosti -ø pl.f
gostija -e f
gostiti I -im impf
gostiti II -im impf
gostnija -e f
gošča -e f
gošji -a -e
Gošpoljčič -a m
gota -e f
gotej -a m
gotica -e f
gotovo adv
govedina -e f
govedo -a n
goveji -a -e
govoriti -im impf
govorjenje -a n
govšati v. golšati
gozd -a m
Gozd -a m
Gozdec -a m
gož -i/-a f/m
grabelj -na m
graben -bna m

Graben -bna m
Bajdiški Graben -ega -bna m
Za Grabnom
grabenc -a m
V Grabencu
grabiti -im impf
grablje -belj pl.f
grabljenje -a n
grabljevkinja -e f
grabljica -e f
Grabštajn -a m
Gracar -ja m
Gračnica -e f
grad -a/-u m
grad -a m
Gradec -dca m
gradič -a m
Gradišče -a n
Na Gradiščem
Gradišnica -e f
Gradišnikov rob -ega -a m
graditi -im impf
grafinja -e f
grah -a m
grahast -a -o
grahorica -e f
grahorka -e f
grahov -a -o
grajščak -a m
gralica -e f
gram -a m
grandelnovje -a n
gradlovje -a n
granica -e f
granir -ja m
granten -tna m
granzelnovje -a n
graščak -a m
graščakov -a -o
grašek -ška m
graški -a -o
grašoba v. hraščoba
grat v. rat
gratati -am pf
gratevati -am/-ujem impf
gratovati -ujem impf
gravžati -am impf.refl
grča -e f
grčiti -im impf
grd -a -o adj/adv
grdo -ega n
grditi -im impf
grdoba -e f
grdovati -ujem impf
grduža -e f
grebanek -nka m
grebati -am impf
greben -a m
Greben -a m
grebenica -e f
Grebinj -a m
greblja -e f
grebljica -e f
grebsti -bem impf
greda -e f
gréda adv
gredé adv
gredelj -na m
gredica -e f
Gregan -a m
Gregej -a m
Gregor -ja m

Gregovcev -a -o
greh -a m
grenak v. grenek
grenca -e f
Grencgroben -bna m
grencštan -a m
grenek -nka -o
gres -a m
gresati -am pf/impf
grešen I -šna -o
grešen II -šna -o
grešiti -im impf
grešnik -a m
greti grejem impf
grevati v. grivati
grezditi -im impf.refl
grif -a m
grifel -fla/-na m
grift -a m
gril -a m
grindlej -a m
grinta -e f
grintav -a -o
grintleh adj.indecl
Grintovčnik -a m
gripa -e f/pl.f
grisati v. gresati
gristi grizem impf
grišt -a m
griva I -e f
griva II -e f
grivanje -a n
grivati -am impf
grivenga -e f
grivinga -e f
grizati -am impf
griža -e f
grkelj -klja m
grkljati -am impf
grlica I -e f
grlica II -e f
grljati -am impf
grlo -a n/m
Grlovec -vca m
grm I -a m
grm II -a m
grmada -e f
grmavlja v. grmovlja
grmeti -im impf
grmeleti -im impf
grmovje -a n
grmovlja -e f
grmovljišče -a n
grmovš v. ramovš
grob -a m
grob -a -o
grobanka -e f
grobati -am impf
groblja -e f
Groblje -belj pl.f
grobljica -e f
Grobljice -ø pl.f
grod -i f
grof -a m
grofica -e f
grofija -e f
grofinja -e f
grofov -a -o
grofovje -a n/m
Grohotje -a n
grola -e f
grolica -e f

grom -a m
gromat -a m
gromski -a -o
gropštan -a m
gros -a m
grosfoter -tra m
grosjerig adj.indecl
Grosova planina -e -e f
groš -a m
grot -a m
grote -ø pl.f
groza -e f
grozd -a m
grozda -e f
grozdje -a n
grozen -zna -o
groziti -im impf
grozota -e f
grožnja -e f
Grpiški graben -ega -bna m
gršati v. hrščati
grtune -ø pl.f
gruča -e f
gruda -e f
gruditi -im impf
gruft -i f
grumpa -e f
grumpice -ø pl.f
grunt -a m
    Za Gruntom
gruntpuh -a m
gruntsoc -a m
grušev -a -o
gruška -e f
gruškov -a -o
grušt -a m
gučej -a m
gugelhupf -a m
gulidrati v. golidrati
guliti -im impf
gumen -mna m
gumi -ja m
gumiknitel -na m
gumiobsoc -a m
gumipantel -na m
gumnenica -e f
gumno -a n
gumpa -e f
gumpati -am impf
gumpelj -na m
gumpniti -im pf
gumprna -e f
gura -e f
gure v. gora
Gure -ø pl.f
gurgel indecl f
Gurjak -a m
gurkelj -na m
gutštejar -ja m
guzati -am impf.refl
gvalt -i f
gvaltek praed
gvalten -tna -o
gvant -a m
gvantati -am impf.refl
gvantec -tca m
gvantnina -e f
gvaž v. glaž
gvelb v. velb
gver -a m
gveranje -a n
gverati -am impf

gveravec -vca m
gvergrif -a m
gverilo -a n
gviht v. kvift
gvinjati -am pf
gvint -a m
gvišen -šna -o

H

h v. k
ha interj
haba -e f
habáti -am impf
habed v. hebed
habeh -bha m
habica -e f
habláti -am impf
habnar -ja m
habnarski -a -o
habtati -am impf
hácati -am impf
hacenga -e f
hadra -e f
hadrar -ja m
hadrica -e f
haftel -na m
haftlanje -a n
haftlati -am impf
haftelmohar -ja m
hahoca v. jagodica
haja -e f
hajarji -ev pl.m
hajati I -am impf
hajati II -am impf
hajbiš v. ajbiš
hajduk -a m
hajflanje -a n
hajflati -am impf
haji-hajo interj
hajmatdinst -a m
hajmatšajn -a m
hajna -e f
Hajnž -a m
hajs interj
hajškati -am impf
hajzel -zla/-na m
hajzelnjak -a m
hakel -kla/-na m
hakeljč -a m
haklač -a m
haklati -am impf
hakleh adj.indecl/praed
halda -e f
haldan -a m
haldanja -e f
haldati -am impf
haldra -e f
half v. goljuf
hali (-te) v. jeli (-te)
halidrati v. golidrati
haló interj
halo -ja m
halodrej -a m
halštra -e f
haltra -e f
halupa -e f
ham interj
hama -e f
hamarberk -a m
hamati -am impf
hámbé -ja m

hamer -mra m
hamlenca v. gumnenica
hampas v. ampos
hamrela v. omrela
hamur -ja m
hanaž v. janež
Hanca -e f
handel -na m
handlati -am impf
Hanej -a m
hanteh -tha m
hantel -tla m
hantirati -am impf
hantlati -am/-jem impf
hantleh adj.indecl
hantlovanje -a n
hantlovčinja -e f
hantlovec -vca m
Hantovc -a m
Hantovčinja -e f
hantres v. interes, tres
hantverh -a m
hantverhar -ja m
hantverhski -a -o
Hanz -a m
Hanza -e m
Hanzan -a m
Hanzej -a m
Hanzejev -a -o
hanzelj -na m
Hanzelj -a/-na m
Hanž -a m
Hanža -a m
hapen v. apno
harfna -e f
harink -a m
Hariž -a m
harkar -ja m
harmonika -e f/pl.f
harmonikšpilar -ja m
harmonirati -am impf
haržet v. aržet
hastroženca v. ostrožnica
hav interj
havba -e f
havceh v. avceh
haverica v. veverica
havfen -fna m
havje v. galge
havkati -am impf
havkej -a m
havkelj -na m
havlati -am impf
Havovnikov -a -o
havpman -a m
havpmon -a m
havpsehlih adv
havpsoh adv
havpšola -e f
havpštot -a m
havpt adv
havptkor -a m
havsarest -a m
havsfrajnt -a m
havsher -a m
havsniti -im pf
havstor -a m
havštok -a m
havzirati -am impf
havževati -am/-ujem impf
havžinga -e f
hčera -e f

hčerin -a -o
hčerka -e f
hči hčere f
heba -e f
Heba -e f
hebara -e f
hebed -bda m
hebetnica v. ebehtnica
hebel -na m
hebtovec -vca m
hec interj
hec -a m
hecanje -a n/m
hacati -am impf
Hedva -e f
Hedvej -a m
heflih adj.indecl
heft -a m
heht -a m
hej interj
hejs interj
hejš interj
hejter -tra m
hejtrati -am impf.refl
hekanje -a n
hekar -ja m
hekati -am impf
Hekej -a m
hekrati -am impf
heksa -e f
heksens adv
heksenšus -a m
hektar -ja m
Hela -e f
helati v. galiti
helfar -ja m
helm -a m
helma -e f
helsejar -ja m
Hema -e f
hendlar -ja m
heniš adj.indecl
henjati -am pf
henjevati -jujem impf
henkst -a m
hentan -a -o
herati -am pf
hercinfarkt -a m
herčen -čna -o
hercšlog -a m
herenprajs -a m
hermpilc -a m
herprga -e f/pl.f
herprgati -am impf
herprgovati -ujem impf
Herpržnik -a m
heršati -am impf
heršoft -i f
heršt adv
hertar -ja m
heškeljc -a m
hetalnik -a m
hetati -am impf
hibo interj
hica -e f
hice -ø pl.f
hicek adj.indecl
hiftna -e f
hihi interj
hije interj
hijo interj
hilati -am impf

hilej -a m
hiliti -im impf
hilmarh -a m
hilzna -e f
himbah v. imbarh
himelplav adj.indecl
hin(je) v. in
hin adj.indecl/praed
hindarnis -a m
hintarlistig adj.indecl
hipati -am impf
hirati -am impf
hirhast v. irhast
hirs -a m
Hirs -a m
hirsa -e f
hirš -a m
hirša -e f
hiša -e f
Pod Hišo
hišen -šna -o
hišica -e f
Hišpoljčič v. Gošpoljčič
hitati -am impf
hiter -tra -o
hiteti -im impf
Hitlar -ja m
hitrost -i f
hižva v. gajžla
hlačast -a -o
hlače -ø pl.f
V Hlačah
hlačnica -e f
hlad -a m
hladen -dna -o
hladiti -im impf
hlajm v. glajm
hlam -a m
hlamovina -e f
hlanca -e f
hlapec -pca m
hlašter -tra m
hleb -a m
hlebčič -a m
hlebec -bca m
hlebej -a m
hlenca v. glinica
hlev -a m
Pod Hlevom
hlevec -vca m
hliniti -im impf
hlipati -am impf
Hlipovčnik -a m
hlod -a m
hm interj
hmelj -a m
Hmelše -ø pl.f
hmeten v. gmajten
ho interj
hoba -e f
hobarmon -a m
hobel -bla m
hobelponk -a m
hober v. ober
hobist v. obist
homlanje -a n
hoblati -am impf
hoblo -a m
hod -a m
hodale -ø pl.f
Hodiše -ø pl.f
Hodiški grad -ega -a m

hoditi -im impf
hodničen -čna -o
hodnik -a m
hof -a m
hofar -ja m
hofarica -e f
hofarski -a -o
hofarten v. ofarten
hofirati -am impf
hofmon -a m
hófnar -ja m
hofokno -a n
hofovec -vca m
hofrava -e f
hofrnija -e f
hoh v. oh
hohbosar -ja m
hohce v. ohcet
hohšola -e f
hohštaplar -ja m
hoj interj
hoja -e f
Hoja -e f
hoje -a m
Za Hojem
hojka -e f
hojnica -e f
hojset v. ohcet
hojš interj
hojza -e f
hojzara -e f
hoken -kna m
holbar -ja m
holbeks adv
holbmont -a m
holcar -ja m
holcarski -a -o
holcevati -ujem impf
holcfarhav -a m
holchendlar -ja m
holchondel -dla m
holchuta -e f
holckištna -e f
holcšajtel -tla m
holcšravb -a m
holcverh -a m
holiber v. goliber
Holm v. Hom
holmec -a m
holmeš v. golmeš
Holmiče -ø pl.f
holpat adv
holsketna -e f
holslogar -ja m
holt interj
hom -a m
Hom -a m
Homar -ja m
Homarov vrh -ega -a m
Homer -mra m
hondelskomer -mre f
hontberk -a m
hontberkar -ja m
hontšlog -a m
Honz -a m
Honza -e m
Honzač -a m
Honzak -a m
Honzakinja -e f
Honzè -éta m
Honzej -a m
hop interj

hopa -e f
hopanje -a n
hopasa -e f
hopati -am impf
hopej -a m
Horce -ø pl.f
horicont -a m
hornodel -dla m
horšnajdar -ja m
horuk interj
hosentregar -ja m
hosta -e f
Hošpoljčič v. Gošpoljčič
hota -e f
hoteč -a m
hoteti hočem impf
  (k)ne hoteti (k)ne hočem impf
hotljiv -a -o
Hovč v. Golič
Hovče -ø pl.f
hovje -a n
hozelhon -a m
hram -a m
Hramci -ev pl.m
hramec -mca m
hrana -e f
hraniti -im impf
hrast -a m
hrast -i f
hrastnik -a m
hrašča -e f
Hraščan -a m
Hraščane -ø pl.f
hraščoba -e f
hrbet -bta m
hrbtovina -e f
hrčati -im impf
hren -a m
hrenov -a -o
hreščati -im impf
hrib -a m
Hrib -a m
hriber -bra m
Hriber -bra m
Hribnik -a m
hribrc -a m
Hribrnica -e f
hribrnik -a m
Hribrnik -a m
hrkati -am impf
hromastiti -im impf
hrošč -a m
hrpuliti -im impf
hrščati -im impf
hrup -a m
hrupanje -a n
hrupiti -im impf
hrust -a m
hrušč -a m
hruščiti -im impf
hruška -e f
hruškica -e f
Hrvaška -e f
hud -a -o
  hudo -ega n
  (ta) hudi -ega m
Huda jama -e -e f
Huda peč -e -i f
Hude danje -ih -ø pl.f
Hudi dol -ega -a m
hudič -a m
  hudiča interj

hudičev -a -o
Hudičev most -ega -a m
Hudičeva peč -e -i f
hudik -a m
hudir -ja m
hudirjev -a -o
hudirski -a -o
hudnik -a m
hudoba -e f
hudobcev -a -o
hudobec -bca m
hudoben -bna -o
hudourje -a n
Hudournica -e f
hudournik -a m
hudovati -ujem impf.refl
huj interj
hujčelca v. ujčelica
hujs interj
hujšati -am impf
hukati -am/-čem impf
huliti v. vuliti
Hum -a m
Huma -e f
Humar -ja m
Humarjev -a -o
humbart v. onibart
Humberh -a m
Humčar -ja m
Humnik -a m
humor -ja m
humpa v. gumpa
humpast -a -o
humpe interj
Humperg -a m
humperški -a -o
humpniti v. gumpniti
huncvet -a m
hundartar -ja m
hura -e f
huse interj
huštati v. luštati
huta v. uta
hutar -ja m
hv- v. gv-
hvala -e f
hvaliti -im impf
hvanca v. hlanca
hvastelica v. lastovica
hvošč -a m
hvota v. glota

I

ibarbosar -ja m
ibarcajgati -am pf
ibarcajginga -e f
ibarcijar -ja m
ibarcug -a m
ibarflus -a m
ibarfur indecl m
ibarhavp adv
ibarhavpt adv
ibarlegati -am pf/impf.refl
ibarmitik adj.indecl
ibarok -a m
ibarplik -a m
ibarsecati -am pf
ibersecinga -e f
ibarsiht -a m
ibaršrift -i f
ibarštunt -i f

ibaršus -a m
ibarševminga -e f
ibartrajbati -am impf
ibati -am impf
ibehtnica v. ebehtnica
ibinga -e f
ibo v. hibo
ibot v. tjibot
ibrčen -čna -o
ibržen -žna -o
ica v. hica
icek v. hicek
ič interj
igla -e f
igo ižesa n
igra -e f
igrača -e f
igranje -a n
igrati -am impf
il -a m
ilati v. hilati
ilegal adv
Ilirija -e f
iliriš adj.indecl
Ilj -a m
ilmarh -a m
ilmov -a -o
Ilnjak -a m
ilo v. il
ilovica -e f
ilovičen -čna -o
imargrin -a m
imbah v. imbarh
imbarh -a m
ime imena n
imeniten -tna -o
imenovati -ujem impf
imeti imam impf.(refl)
kne imeti knemam
nič ne imeti nčemam
imetje -a n
imnast -a -o
imnaten -tna -o
imov v. ilmov
impfati -am pf/impf
in conj
in pa
in -a m
inako adv
inast -a -o
inati -am impf
inde adv
Indija -e f
indijanar -ja m
inj -a m
injast -a -o
inje -a n
inlond -a m
ino conj
interes -a m
interesa -e f
interesant adj.indecl
interesanten -tna -o
interesirati -am impf
inzel -a/-na m
inženir -ja m
irati -am impf.refl
irhast -a -o
irhovina -e f
irs v. hirs
irtum -a m
Isačenko v. Kisačenko

iskati iščem impf
iskra -e f
ispa -e f
ispec -pca m
Italija -e f
Italijan -a m
iti grem impf
iva -e f
iver v. laber
iverje v. laberje
ivernica v. labernica
iz praep
izarcnovati -ujem pf
izba v. ispa
izbeč -a m
izbirati -am impf
izbiti -bijem pf
izbrati -berem pf
izčistiti -im pf
izčrepati -am pf
izdahniti -em pf
izdajalec -lca m
izdan -a -o
izdati -ám pf
izdehniti v. izdahniti
izdletiti -im pf
izdreti -dêrem/-drem pf
izganiti -ganem pf
izgasniti -em pf
izginec v. zginec
izginiti -em pf
izgledati -am pf
izglodati -am pf
izgovarjati -am impf
izgovor -a m
izgurglati -am pf
izhod -a m
izjeden v. zjesti
izkazati -kažem pf
izkod v. skod
izkopáti -kópljem pf
izkresati -kréšem pf
izkupiti -im pf
izkusiti v. skusiti
izleči -léžem pf.refl
izluščiti -im pf
izmakniti -em pf
izmed praep
izmuzniti -em pf.refl
izogínjevati -am impf.refl
izogniti -em pf.refl
izolirpont -a m
izonegati -am pf
izpahniti -em pf
izpeči v. speči
izpiti -jem pf
izplačati -am pf.refl
izplakévati -am impf
izplakniti -em pf
izpljuvati -am pf
izpod praep
izpolniti -im pf
izposoditi -im pf
izpoved v. spoved
izprášiti -im pf
izprati -perem pf
izprazniti -im pf
izpreči -žem pf
izpred praep
izprekarjati v. sprekarjati
izpreobrniti v. spreobrniti
izpriditi v. spriditi

izprositi -im pf
izračunati -am pf
izrajtati -am pf
izreči -em pf
izrekati -am impf
izrezati -žem pf
izročilo -a n
izročiti -im pf
izrotati -am pf
izsekati -am pf
izsrati -serjem pf.refl
izstelen v. stelen
izštrajfati v. ven
izštrkati -am pf
iztakniti -em pf
iztaknjáti -ám impf
izteči -em pf
iztegniti v. stegniti
iztikati v. stikati
iztočiti -im pf
iztrebine -ø pl.f
iztrebiti -im pf.refl
iztrebovine -ø pl.f
izučiti -im pf.(refl)
izumiti -im pf
izumreti -mrem pf
izvetrneti -im pf
izvirati -am impf
izvohati -am pf
izvoliti -im pf
izzuti v. sezuti
izžeti -žámem pf

J

ja part/interj
jábolinè adv
jabolčen -čna -o
jabolka -e f
jabolko -a n/m
jadrn -a -o
jaga -e f
jagast -a -o
jagati -am impf
jager -gra m
jagličeji -ev pl.m
jagličevje -a n
jagliči -ev pl.m
jagličje -a n
jaglinje -a n
jagnje -ta n/m
jagnječnjak -a m
jagnjed -i f
jagnjica -e f
jagoda -e f
jagodica -e f
jagodičevje -a n
jagrov -a -o
jagrski -a -o
jahati -am impf
jajcanje -a n
jajcati -am impf
jajce -a n/m
jajcelj -na/-clja m
jajčan -a m
jajčanje -a n
jajčati -am impf
jajčej -a m
jajčnjak -a m
jajskanje -a n

jajskati -am impf
jajstrof -a m
jaka part
Jakan -a m
Jakej -a m
jakna -e f
Jákop -a m
Jakóp -a m
Jakópov -a -o
jakopelica -e f
jalov -a -o
jalovica -e f
Jalovnik -a m
jama -e f
Jama -e f
    Na Jami
    Pod Jamo
Jame -ø pl.f
    V Jamah
jamica -e f
jamnica -e f
Jamnik -a m
Jamnikovi keri -ih -ov pl.m
jamranje -a n
jamrati -am impf
jamrovec -vca m
janar -ja m
Jančej -a m
Janez -a m
Janezov -a -o
janež -a m
janežič v. kanožič
janičar -ja m
janka -e f
Janšek -ška m
Janž -a m
Japonec -nca m
jar -a -o
jarčiti -im impf
jarec -rca m
jarelica -e f
jarem -rma m
jarica -e f
jaričen -čna -o
jarina -e f
jarkica -e f
jarmark -a m
jarovec -vca m
jasen -a m
jasen -sna -o
jasenov -a -o
jasenovec -vca m
jasika -e f
jasli/jasle -ø pl.f
jaslice -ø pl.f
Jastranica -e f
jastreb v. jajstrof
jaščar -ja m
jaščurka -e f
jav interj
javkati -am impf
javor -ja m
javorjev -a -o
javornik -a m
jaz mene pers.pron
jazbec -a m
jazbečar -ja m
Jazbečev ker -ega -a m
jebehtnica v. ebehtnica
ječa -e f
jêčmen -éna m
ječmenišče -a n

ječmenov -a -o
ječmerje -a n
jed -i f
jedec -dca m
jedel -dle f
jedla -e f
jedlov -a -o
Jedlov rob -ega -a m
jedlovka -e f
Jedrt -i f
Jegart -a m
jegliči v. jagliči
jejbenasi interj
Jejš -a m
Jejšev -a -o
Jejžeš -a m
jeklen -a -o
jeklenovec -vca m
jeklo -a n
jeklovec -vca m
jel -i f
jelbov -a -o
jêlen -éna m
jelenka -e f
jelenov -a -o
Jelenska raven -e -vni f
jeli part
jelša v. olša
jemati jemljem impf
jemnovati v. imenovati
jenar -ja m
jenjati v. henjati
Jenkov hrib -ega -a m
Jepa v. Čepa
Jera -e f
jereb -a m
Jereb -a m
jerebica -e f
jerebičje v. rebetičje, rebičje
Jerebihovec -vca m
jerebov -a -o
Jerebova sela -e -e f
jerek -rka -o
jêrmen -éna m
Jernej -a m
Jeruzalem -a m
jes v. jaz
jêsen v. jasen I
jesen -i/-a f/m
jeseni adv
Jesenice -ø pl.f
jesenji -a -e
jesenov v. jasenov
jesenski -a -o
jesih -a m
jesihar -ja m
jesika -e f
jespa v. ispa
jest -i f
jesti jem impf
ješa -e f
ješpeč v. ispec
ještrah v. eštrah
jeti jamem impf
jetnik -a m
jetra -ter pl.n/f
jetrn -a -o
jez -a m
jeza -e f
jezav -a -o
jezd -a m
jezdec -a m

jezditi -im impf
jezen -zna -o
jezer -a m
jezera -e f
Jezera -e f
jezerce -a n
Jezerce -ø pl.f
Jezernica -e f
Jezernik -a m
jezero -a n
Jezero -a n
jezik -a m
jezikati -am impf
jeziti -im impf.(refl)
jezuitar v. zavitar
Jezus -a m
jež -a m
ježal -a m
Ježeš -a m
Ježešev -a -o
ji interj
jiberčen v. ibrčen
jibot interj
Jilj v. Ilj
jimbah v. imbarh
jiževnik v. viževnik
jodlati -am impf
joger -gra m
joh -a m
Johan -a m
johanis -a m
Johej -a m
joj interj
Jokan -a m
jokati -am impf
Jokej -a m
jokthund -a m
jopa -e f
jopica -e f
jopič -a m
jormak v. jarmark
Joza -na m
Jozan -a m
Jozej -a m
Jozek -a m
Jožef -a m
jožefovo v. šentjožefovo
Jožka -e m
ju interj
juckanje -a n
juckati -am impf
Jud -a m
jud -a m
judovski -a -o
jug -a m
Jugoslavija -e f
jugov -a -o
Jugov -a -o
juh interj
juha -e f
juhcati -am impf
juhej interj
juhuhu interj
julij -a m
junak -a m
junčej -a m
Junčevec -vca m
junec -nca m
jungalica -e f
jungati -am impf.refl
junica -e f
junička -e f

junij -a m
junksel -a m
Jur -ja m
Juri -ja m
Jurič -a m
jurjevo v. šentjurjevo
juta -e f
jutre adv
jutrišnji -a -e
jutrnjica -e f
jutro -a n/m
južen -žna -o
južina -e f
južinati -am impf
južje -a n

K

k praep
kabalir -ja m
kabel I -bla m
kabel II -bla m
kača -e f
kačjak -a m
Kačjak -a m
kačji -a -e
kačnjak -a m
kàdar conj
kadet -a m
kadilo -a n
kaditi -ím impf
kadunje -ø pl.f
kafe v. kofe
kafra -e f
kafrn -a -o
kahla -e f
kahlica -e f
káj česa pron.interr
kàj česa pron.indef
kájdati -am impf
kajenje -a n
kajfa -e f
kajfnica -e f
kajlof -a m
kajolica -e f
Kajn -a m
kajon -a m
kajora -e f
kajšlar -ja m
Kajšlar -ja m
Kajšlarica -e f
Kajšlarjev -a -o
kajža -e f
Pri Kajži
kajžar I -ja m
kajžar II -ja m
kajžarski -a -o
kajžica -e f
kajžlar -ja m
kajžnik -a m
Kajžnik -a m
Kajžrov -a -o
kák -a -o pron.interr
kàk -a -o pron.indef
kak interj
kaká interj
kakati -am impf
kako adv
káko pron.rel
kakor conj/adv
kakršen -šna -o pron.rel
kákšen -šna -o pron.interr

kàkšen -šna -o pron.indef
kalec v. tkalec
Kališe -a n
Kališnik -a m
Kališnikov turen -ega -rna m
kalja -e f
kalop -a m
kaloš -a m
kalupa -e f
kám adv
kàm adv
kamarat -a m
kamba -e f
kamčej -a m
kamčevanje -a n
kamčevati -vam impf
kamčič -a m
kamela -e f
kamen -mna m
kamenčej v. kamčej
kamenje -a n
V Kamenju
kamilica v. komilica
kamilna -e f
kamin -a m
Kamni vrh -ega -a m
kamniten -tna -o
kamor adv
kamot adj.indecl
kamp -a m
kampa -e f
kampel -pla/-na m
kamplati -am impf
kamra -e f
kamrica -e f
kanal -a m
Kanal -a m
kanala -e f
kanalček v. kanarček
Kanalec -lca m
kanalja -e f
kanara v. konara
kanarček -čka m
kancelj -clja m
Na Kancelju
kanclija -e f
kanč- v. kamč-
kanec -nca m
kangla -e f
kanglica -e f
kaniti -im/-em pf
kániti -im/-em pf
kanja -e f
kanón -a m
kanožič -a m
kant -a m
kanthelcarji -ev pl.m
kantrč -a m
kap -a m
kapa -e f
kapanje -a n
kapati -am impf
Kapelčan -a m
kapelica -e f
kapelmaster -tra m
kapelški -a -o
kapes v. kapus
kapica -e f
kapič -a m
kapirati -am impf
kapital -a m
Kapla -e f

Kapla ob Dravi -e ob -i f
kaplan -a m
Kaplanec -nca m
kaplja -e f
kapljanka v. čepljanka
kapljica -e f
kapniti -em pf
kapovs -a m
kapovsati -am impf.refl
kapricna -e f
kapsel -sla/-na m
kapucna -e f
kapun -a m
kapus -a m
kapusen -sna -o
kapusje -a n
kapusnjak -a m
kar pron.rel/adv/conj
karavla -e f
karba -e f
kareta -e f
Karl v. Korl
karfijol -a m
karfijola -e f
karkaj karčesa/karkaja pron.neg
karmina -e f
karnar -ja m
karsibodi v. kar
karta -e f
karte -ø pl.f
kartačara v. krtačara
kartati -am impf
kasa -e f
kasarna -e f
kasarnica v. kosarnica
kasir -ja m
kasirati -am impf
kastel -tla/-na m
kasten -tna m
kastlič -a m
kastrola -e f
kastrolica -e f
kaša -e f
kašča -e f
kaščevje -a n
kaščica -e f
kašelj -šlja/-na m
kašljati -am impf
kašt -a m
kašta -e f
kaštrun -a m
Katarina -e f
Katarinca -e f
katarinski -a -o
katekizem -zma m
kateri -a -o pron.rel/interr
kateribart adv
Kati -je/-ja f
katoliški -a -o
katom -a m
Katra -e f
Katrca -e f
Katrej -e f
kavalir v. kabalir
kavc v. tkalec
kavffartrog -a m
kavfman -a m
kavka -e f
kavkej -a m
kavrati -am impf
kavsati -am impf
kavža -e f

kavžej -a m
Kavžej -a m
kazalec -lca m
kazati -žem impf
Kazaze -ø pl.f
kdáj adv
kdàj adv
kdó koga pron.rel./interr
kdò koga pron.indef
kdor kogar pron.rel
kdorbodi kogarbodi pron.indef
kdorkoli kogarkoli pron.indef
kdorsibodi v. kdorbodi
kdoti pron.indef
ke- v. če-
kéber -bra m
kebér v. kver
kebrc -a m
kecati -am impf
kecniti -em pf
kedaj v. kdáj, kdàj
keden v. teden
keder -dra m
kedrja v. kàj
kefik -a m
kegelj -glja m
kegljač -a m
kegljanje -a n
kegljati -am impf
kegljišče -a n
kehinde v. kjeinde
kehkeh v. kjekje
kej v. kje I, kje II
kejko v. koliko
kek adj.indecl
kek interj

kela -e f
kelder -dra m
kelih -a m
kelnar -ja m
kelnarica -e f
kelnovati -am impf
kelžuh -a m
kelžušen -šna -o
kembelj -na m
kemfati v. kempfati
kempfati -am impf.refl
kepa -e f
    Na Kepi
kepan -a m
keparpont -a m
Kepec -pca m
kepej -a m
ker -a m
    Pod Keri
    V Kerih
kerati -am pf
keri v. kateri
kerl -a m
kerlc -a m
kertnar -ja m
kerovje -a n
kert marš interj
kesel -na m
keselflikar -ja m
Keseling -a m
keselkovač -a m
keselšmit -a m
kestel -a/-na m
kešta -e f
ketar -ja m
ketina -e f

ketinica -e f
keza -e f
kezej -a m
kfil -a m
kfrajtar -ja m
kfris -a m
ki pron.rel
kibel -bla m
kibic -a m
kibicati -am impf
kic v. kijec
kiclati -am impf
kiclih adj.indecl
kid -a m
kidara -e f
kidati -am impf
kidež -a m
kidljati -am impf
kifelč -a m
kiftelč v. kifelč
kiha -e f
kihanje -a n
kihati -am impf
kihniti -em pf
kij -a m
V Kiju
kijec -jca m
kikelj -klja/-na m
kikiriki interj
kikla -e f
kila -e f
kilar -ja m
kilav -a -o
kilšronk -a m
kimati -am impf
kimavec -vca m
kimina v. kumina
kimpet -a/-i m/f
kimpetarica -e f
kimrati -am impf.refl
kindapajhilfe indecl pl.f
kindargorten -tna m
kindati -am pf
kindiš adj.indecl
kinkati -am impf
kinpet v. kimpet
kinstlar -ja m
kíp adv
kîp -a m
kipenica -e f
kipeti -im impf
kipfelč v. kifelč
kipniti -em pf
kipnjak -a m
Kiprnica -e f
kir v. kateri
kirfanje -a n
kirfat -a/-i m/f
kirfati -am impf
kirtag -a m
kis v. lajbkis
Kisačenko -a m
kisati -am impf.(refl)
kisel -sla -o
kiselica -e f
Pri Kiselici
kiselina -e f
kiseliški -a -o
kislat -a -o
Kisnpfenig -a m
kista -e f
kistna -e f

kišta -e f
kištna -e f
kit -a m
kita -e f
Kitajec -jca m
Kitajska -e f
kitara -e f
kitati -am impf
kitlja -e f
kizlink -a m
kje I adv
kje II adv
kjedainde adv
kjedrje v. drugje
kjeinde adv
kjek(e)daj adv
kjekje adv
kjer adv
kjerbodi adv
kjerkje adv
kla v. tle
klabir -ja m
klada -e f
kladelj -dlja/-na m
kladivce -a n
kladivčece -a n
kladivo -a n
kladje -a n
V Kladju
klafanje -a n
klafati -am impf
klafavčinja -e f
klafavec -vca m
klaftra -e f
klaja -e f
klama -e f
klamati -am impf
klamfa -e f
klamfar -ja m
klamfarski -a -o
klamfati -am impf
klamfica -e f
klamotenje -a n
klamotiti -im impf
Klančan -a m
klančati -am impf
Klanče -ø pl.f
klančič -a m
Klančnik -a m
Klančnikov -a -o
klanec -nca m
Malovršnikov klanec -ega -nca m
Pavlov klanec -ega -nca m
klanfa v. klamfa
klanica -e f
klanikajt -i f
klanje -a n
klank -a m
klas -a m
klasa -e f
klasje -a n
klasti kladem impf
klat -a m
klati koljem impf.(refl)
klatiti -im impf.(refl)
klavrn -a -o
klavžar -ja m
klečanje -a n
klečati -im impf
klekniti -em pf
klemani -a -o
Klemen -mna/-éna m

klemenovec -vca m
klemna -e f
klempra -e f
klemprast -a -o
klep -a m
klepanje -a n
klepati klepljem/klepam impf
klepej -a m
klepetanja -e f
klepetanje -a n
klepetati -am impf
klepetulja -e f
klepi -ø pl.f
klepra -e f
klesati klešem/klesám impf
klestiti -im impf
kleščar -ja m
klešče/klešča -ø pl.f/n
kleštra -e f
kleštrati -am impf
klet -i f
kletev -tve f
kleti kolnem impf
Kletnjak -a m
kleto interj
kletva -e f
klic -a m
klicati kličem impf
klin -a m
V Klinu
klinčič -a m
klinec -nca m
klinga -e f
klinka -e f
klistir v. kristir
kljub v. nakljub
kljubet -i f
kljubeten -tna -o
kljubetnica -e f
kljubetnjak -a m
kljubetovati -ujem impf
kljubovati -ujem impf
ključ -a m
ključanica -e f
ključar -ja m
kljuka -e f
kljun -a m
kljuniti -em pf
kljusa -e f
kljuvati -am impf
klobasa -e f
klobasica -e f
klobeh -a m
kloblah -a m
klobučej -a m
klobučkovanje -a n
klobuk -a m
kloca I -e f
kloca II -e f
klocen -cna -o
kločen -čna -o
kločev -a -o
kločkati -am impf
kločnjak -a m
klófanje -a n
klófati -am impf
klofiti -im pf
klofuta -e f
klofutati -am impf
klog -a -o/adj.indecl
kloja -e f
klojevec -vca m

klokec -kca m
kloklja -e f
klokljati -am impf
klompati -am impf
klompovec -vca m
klong -a m
klòp -a m
klóp -í f
klopfati -am impf
klopica -e f
Klopinja -e f
Klopinjska jezera -e -e f
klopovec -vca m
klošter -tra m
klot adv
klotast -a -o
klupa -e f
kmalu adv
knajpec -pca m
knak -a m
knap -a m
knapovški -a -o
kne v. ne
knedelj -na m
kneftra -e f
knemam v. imeti
kneški -a -o
knez -a m
Knez -a m
Kneža -e f
Knežanec -nca m
kni (-smo, -ste) v. biti
knik -a m
knočem v. hoteti
knof -a m
knofej -a m
knoflekar -ja m
knogam v. iti, noga
knola -e f
knop adj.indecl
knopfloh -a m
knupa -e f
ko conj
kobacati -am impf
kobaclej -a m
kobaclja -e f
kobala -e f
kobaliti -im impf
kobalja -e f
Kobel -bla m
kobert -a m
kobidlica v. kobilica
kobila -e f
kobilica -e f
kobiljak -a m
kobilji -a -e
　Kobilja jama -e -e f
　Kobilji graben -ega -bna m
kobla -e f
　Na Kobli
Koblahova peč -e -i f
Koblica -e f
koc I v. kotec
koc II -a m
koca I v. kloca I
koca II -e f
kocáti I -ám impf
kocáti II -ám impf
kocina -e f
kocna -e f
kòč interj
koč -a m

koča -e f
Kočan -a m
kočej -a m
kočič -a m
kočija -e f
Kočna -e f
Kočuha -e f
kočuhar -ja m
kodajskati -am impf
kod(e) adv
koder adv
koder v. čoder
kodranje -a n
kodrati -am impf.refl
kodravec -vca m
kofe -ta m
kofekangla -e f
kofelefale -a m
kofemlin -a m
kofer v. kufer II
kofešala -e f
kofetnjak -a m
kogel -gla m
Na Koglu
Kogelnik -a m
Koglar -ja m
Kogovnik v. Kogelnik
Kogovska gora -e -e f
koh I -a m
koh II -a m
kohla -e f
kohlica -e f
kohpuh -a m
koj part
koj adv
kojdovanje v. koledovanje
kojkar adv
kojtja adv
koka -e f
kokalj -a m
kokar v. kojkar
kokej -a m
kokelja -e f
Kokež -a m
koklja -e f
kokljati -am impf
ko ko ko interj
kokoš -i f
kòl -a m
kól -a m
kola -e f
kolacija -e f
kolafajka -e f
kolafater -tra m
kolapati -am impf
kolape -ø pl.f
kolaraba v. koleraba
kolavtra -e f
kolavtrati -am impf
kolaž -a m
kolba -e f
kolbati -am impf
Kolbovec -vca m
kolcati -am impf.(refl)
kolčkaj v. količkaj
koleda -e f
kolednica -e f
koledník -a m
koledovanje -a n
koledovati -am/-ujem impf
kolej I -a m
kolej II -a m

kolempra -e f
kolemprast -a -o
kólen -lna m
kolence -a n
kolenčati -am impf
kolender -dra m
kolenec -nca m
koleno -a n
kolera -e f
koleraba -e f
kolerabica -e f
kolerabin -a -o
koles -a m
kolesce -a n
kolesè -à m
kolesej -a m
koleselj -na m
kolesníca -e f
koleso -a n
koli v. nikoli, okoli
količkaj adv
kolik -i f
koliko adv
kolikobarti adv
kolikor pron.rel
kolina -e f
kolmež -a m
kolo kolesa n/m
Kolomonov -a -o
kolovrat -a m
Kolparen -rna m
kolparnik -a m
kolraba v. koleraba
kolter -tra m
komaj adv
komanda -e f
komander -ja m
komanderl -na m
komandirati -am impf
komar -ja m
komarad -a m
komat -a m
komela -e f
komelica v. komilica
Komelj -na m
komét -a m
komgorn -a m
komilica -e f
komisjon -a m
komisjona -e f
komolec -lca m
kompanija -e f
kompava v. pumpava
kompf -a m
kompliment -a m
komplja -e f
kompot -a m
kompradel -na m
komprat -a m
komrat v. kamarat
komunist -a m
kona -e f
konar -ja m
konara -e f
Konavcev -a -o
koncentrirati -am impf.refl
koncert -a m
končati -am pf.(refl)
končej -a m
konček -čka m
končič -a m
končnica -e f

končnik -a m
kondukter -ja m
konec -nca m
konej -a m
konglomerat -a m
kônica -e f
konj -a m
konjcelj -na m
konjec -jca m
konjej -a m
konjič -a m
konjski -a -o
Konjska raven -e -vni f
konkurs -a m
konopen -pna -o
konoplja -e f
konopnica -e f
Konrad -a m
Konsum -a m
konta -e f
kontar -ja m
kontati -am impf
kontrabant -a m
kontrabantar -ja m
kontrabantati -am impf
kontrola -e f
kontrolirati -am impf
kontrolor -ja m
konus -a m
konvihter -ja m
konzerfna -e f
kop -a m
kopa -e f
kopalo -a n
kopancelj -na m
kópanje -a n
kôpanje -a n
koparica -e f
kopast -a -o
kopáta -e f
kópati -am impf.(refl)
kopáti kopljem/kopám impf
kôpati -am impf
kopel -pla m
kopel -i/-pale f
kopele -ø pl.f
kopen -pna -o
kopfherar -ja m
kopíca -e f
kopičati -am impf
kopišče -a n
Na Kopišču
kopiščen -čna -o
kopiščnica -e f
kopiščnjak -a m
kopititi -am impf.refl
kopito -a n
kopnica -e f
kopno -ega n
kopriva -e f
Koprivna -e f
Koprivška voda -e -e f
kopše v. kopišče
kor -a m
koraba v. koleraba
korabač -a m
korača -e f
koračast -a -o
koračen -čna -o
koračiti -im impf.(refl)
korajžen -žna -o
korak -a m

koralda -e f
koramoh -a m
korat v. kurat
korát -a m
koratel -na m
koraža -e f
koražen -žna -o
Korčan -a m
koreda adv
Korej -a m
korén -a m
Koren -a m
kôren -rna -o
korenica -e f
korenina -e f
korenjak -a m
 Pri Korenjaku
korenje -a n
koreta -e f
korevhast -a -o
korita -ø pl.n
koritec -tca m
 Pri Koritcu
Koritni rob -ega -a m
koritnjak -a m
korito -a n
Korl -a m
koróruvanje -a n
koróruvati -ujem impf
Korošec -šca m
korošica -e f
koroški -a -o
Koroško -ega n
korp -a m
korpar -ja m
korpček -čka m
korpič -a m
korški -a -o
 Korška voda -e -e f
 Korške peči -ih -i pl.f
Korte -ø pl.f
korvat v. kolovrat
kos I -a m
kos II -a m
kos praed
kosa -e f
kosarna -e f
kosarnica -e f
kosec I -sca m
kosec II -sca m
kosem -sma m
kosica -e f
kosilčati -am impf
kosilo -a n
kosir -ja m
kosišče -a n
kosíti -im impf
kosmat -a -o
kosmata -e f
kosmateljice -ø pl.f
Kosmatica -e f
kosmatinec -nca m
kosmatulja -e f
kosov -a -o
kost -i f
kostaničje -a n
kostanj -a m
Kostanje -ø pl.f
kôsten -tna m
kostén -a -o
kostnat -a -o
koš -a m

košat -a -o
košatija -e f
koščica -e f
košič -a m
košmider -dra m
košmidra -e f
košnja -e f
kòšt -a m
košta -e f
koštánje -a n
koštáti -am impf
kóštati -am pf
koštrun -a m
koštrunov -a -o
Košuta -e f
Košutica -e f
Košutnikov turn -ega -a m
kot -a m
Kot -a m
    Gornji kot -ega -a m
    Srednji kot -ega -a m
    V Kotu
    Za Kotom
    Zvr̀hnji kot -ega -a m
kot conj
kotavica -e f
kotec I -tca m
kotec II -tca m
kotec III -tca m
kotej -a m
kotel -tla m
    V Kotlih
    V Kotlu
    Za Kotlom
koter -tra m
kotlej -a m
Kotmara vas -e -i f
kotnik -a m
Kotnik -a m
kotra -e f
kotrč -a m
kotrej -a m
kotrejev -a -o
kotrica -e f
kotrina -e f
kotriti -im impf
kovač -a m
Kováč -a m
kovačev -a -o
Kovačev -a -o
Kovačica -e f
kovačija -e f
kovačinja -e f
kovačnica -e f
Kovalinja -e f
kovanje -a n
kovaški -a -o
kovati kujem impf
kovčevski v. tkalčevski
Koviče -ø pl.f
kovorat v. kolovrat
kovter v. kolter
koza -e f
Kozamurnik -a m
Kozanja -e f
Kozanjak -a m
Kozare -ø pl.f
kozarič -a m
kozáti -am impf.refl
kozel I -zla m
kozel II -zla m
kozica -e f

kozika -e f
kozjak -a m
Kozjak -a m
kozji -a -e
Kozji rob -ega -a m
kozlanje -a n
kozlati -am pf/impf
kozle -ta m
kozlič -a m
kozličnjak -a m
kozolec -lca m
kozolja -e f
kozomulec -lca m
kozoprsk -a m
kozulj -a m
koža -e f
koželj -a m
Kožentaverjan -a m
kožica -e f
Kožljak -a m
kožuh -a m
kožuhovina -e f
krabatel v. kravatel
krabeljica v. krebuljica
krabeževati -ujem/-am impf
krabeževec -vca m
krácati -am impf
kracel -cla/-na m
kracljati -am impf
kradek -dka -o
krafel -na m
kraft -i f
kraften -tna -o
kraftibartragung indecl f
krageljc -a m
krageljč -a m
kragen -gna m
Kragljušče -a n
kragnič -a m
kraherl -a m
kraj -a m
Za Krajem
kraj praep
kraja I -e f
kraja II v. krenja
krajcar I -ja m
krajcar II -ja m
krajcbeg -a m
krajcotar -ja m
krajček -čka m
krajčič -a m
krajec -jca m
krajnik -a m
krajs -a m
Krajsli -ja m
krajtlej -a m
krakati -am impf
kralj -a m
kraljestvo -a n
kraljev -a -o
kraljevati -ujem impf
kraljica -e f
kraljič -a m
kraljična -e f
kram -a m
krama -e f
kramar -ja m
kramnija -e f
kramovec -vca m
kramp -a m
krampižar -ja m
krampižlje -želj pl.f

kran -a m
kranc -a m
krancelj -na m
kranjceljč -a m
Kranj -a m
Kranjcevje -a n
Kranjčevje -a n
Kranjec -jca m
Kranjica -e f
Kranjola -e f
Kranjska -e f
kranjski -a -o
    Kranjsko mesto -ega -a m
Kranjsko -ega m
krankenkasa -e f
krap -a m
krapljevati -pljujem impf
krasta -e f
krasti kradem
kratek v. kradek
krava -e f
kraval -a m
kravar -ja m
kravarica -e f
kravatel -na m
kravica -e f
kravji -a -e
    Kravji graben -ega -bna m
    Kravji vrh -ega -a m
kravžan -a -o
kravžati -am impf
krč -a m
Krčanje -ø pl.f
krebiževati v. krabeževati
krebulja -e f
krebuljica -e f
kreca -e f
krecati -am impf
krecav -a -o
krecavec -vca m
kreclej -a m
kreclja -e f
kreda -e f
kredenc -a m
kredenca -e f
kredit -a m
krediten -tna -o
krefelč -a m
kreftik adj.indecl
kreg -a m
kregati -am.impf.(refl)
kregelj -glja m
kregeljč -a m
kremenovec v. klemenovec
Kremljica -e f
krempast -a -o
krempati -am impf
krempelj -na/-plja m
krempeljči -ev pl.m
krempljač -a m
krempljati -am impf
krena -e f
krenčati -am impf
krenček -čka m
krendel -na m
krenec -nca m
kreniti -em pf
krenja -e f
Krenjec v. Kranjec
krenkati -am impf.refl
krepeličiti -im impf
krepfelč -a m

krepniti -em pf
krepnjak -a m
Kreps -a m
kres -a m
kresadlo v. kresalo
kresalo -a n
kresati krešem impf
kresen -sna -o
kresišče -a n
    Na Kresišču
kresiti -im impf
kresnica -e f
kresnik -a m
kreša -e f
krevati -am impf
krevelj -na m
kreveljce -ø pl.f
krevlja -e f
krevljast -a -o
krevljati -am impf
krez praep
krezelj -na m
krezozob -a -o
krezozobec -bca m
kreželj -žlja m
krežvarji -ev pl.m
krhelj -hlja m
kri krvi/krji
krida v. kreda
krig -a m
krigla -e f
kriglast -a -o
kriht -a m
krilec -lca m
krilo -a n
krinc v. krenec
kripa -e f
kripelj -na m
krispam -a m
kristal -a m
kristir -ja m
kristjan -a m
kristjanski -a -o
kristlih adj.indecl
Kristus v. Krišteš
Kristusov v. Krištešev
krišt -a m
Krišt -a m
Krišteš -a m
Krištešev -a -o
krištlih adj.indecl
Krištof -a m
kriti krijem impf
kritje -a n
kriv -a -o
    (ta) kriv -ega m
krivec -vca m
krivica -e f
kriviti -im impf
kriza -e f
križ -a m
    Pod Križem
    Pri Križih
    Pri Križu
    Za Križem
križati -am impf
križec -žca m
križem adv
križema adv
križev pot -ega -a m
križevnik -a m
križevo -ega n

križma -e f
križpot -i f
Krka -e f
krkniti -em pf
krma -e f
Krmajnik -a m
krmalj -a m
krmaza -e f
krmazenje -a n
krmazlenje -a n
krmaža -e f
krmelj v. krmalj
krmežljav -a -o
krmol -a m
krmulja -e f
krmužljav -a -o
krnezelj -na m
krnezljanje -a n
krnezljati -am impf
krnica -e f
V Krnici
krniti -im impf
krnjohati -am impf
krnožej -a m
Kroacija -e f
krod adj.indecl
krof -a m
krofast -a -o
krofej -a m
krofelj -na m
kroflja -e f
kroft v. kraft
kroften v. kraften
krog -a m
kroglica -e f
krohati -am impf.(refl)
krompir -ja m
krona -e f
kronanje -a n
kronati -am impf
kronkenkasa v. krankenkasa
krop -a m
kropilo -a n
kropiti -im impf
kropiva v. kopriva
kropovec -vca m
krošca v. korošica
krošnja -e f
krošnjica -e f
krota -e f
krovec v. krilec
kroža -a m
krpelj -plja m
Krpiška planina -e -e f
krst -a m
krsten -tna -o
krstiti -im pf
krstnica -e f
Krstnik v. Janez
krščanski -a -o
krščanstvo -a n
kršelj -šlja m
krt -a m
krtače -ø pl.f
krtačara -e f
krtencelj -na m
krtiči v. rtiči
krtov -a -o
krtovec -vca m
krtovina -e f
kruc kruc interj
krucelj -na m

kručiti -im impf.refl
kruh -a m
kruhec -hca m
kruhej -a m
kruklja -e f
krukljati -am impf
krukljica -e f
kruliti -im impf
kruljav -a -o
krumpast -a -o
krumpati -am impf
krumpelj -na m
krumplja -e f
krumšnobel -na m
kruncelj -na m
kruplja -e f
krušen -šna -o
krušnica -e f
krva -e f
krvav -a -o
krvavičje -a n
krvaveti -im impf
krventa -e f
krž -a m
kržar -ja m
kržej -a m
kržič -a m
kržičej -a m
ksecel -na m
kselšoft -i f
ksiht -a m
ksindel -na m
ksonkfarajn -a m
kšajt adj.indecl
kšeft -a m
kšiht -i f
kšir -a m
kšpenst -a m
kštel -a/-i m/f
kštolt -i f
kubér -a m
kucati -am impf
kučer -ja m
kufa -e f
kufer I -fra m
kufer II -fra m
kufni -a -o
kufrast -a -o
kuga -e f
kugellogar -ja m
kugla -e f
kuglanje -a n
kuglati -am impf
kuglej -a m
kuglica -e f
kuglišče -a n
Na Kuglišču
kuha -e f
kuhanje v. noterkuhanje
kuharica -e f
kuhariti -im impf
kuhati -am impf
kuhelj -na m
Kuheljnov -a -o
kuhen -hna m
kuhinja -e f
kuhla -e f
kujati -am impf.refl
kujavec -vca m
Na Kujavcu
kujlej -a m
kujlja -e f

kukalica -e f
V Kukalici
kukati -am impf
kukavica -e f
Kuker -kra m
kukovati -ujem impf
kuku interj
kultivator v. kolafater
Kule -ja m
kumarica -e f
kumer -mra m
kumrn -a -o
kumina -e f
kunčoft -i f
kunst adj.indecl
kunstdingar -ja m
kunšt -i/-a f/m
kunšten -tna -o
kunštlar -ja m
kunštnost -i f
kunštovati -ujem impf
kunštik -a m
kúp -a m
dober kup -brega -a m
kùp -a m
kup adv
kupaj adv
kuparica v. koparica
kupčanje -a n
kupčati -am impf
kupčevati -ujem impf
kupčija -e f
kupèc -pca m
kúpec -pca m
kupferšmid -a m
kupiti -im pf
kuplati -am impf
kupljenji -a -e
kupovanje -a n
kupovati -ujem impf
kúra -e f
kûra -e f
kurat adj.indecl
kurba -e f
kurbez -a m
kurbezov -a -o
kurcsihtig adj.indecl
kurec -rca m
kurica -e f
kurirati -am impf
kurji -a -e
Kurja jama -e -e f
Kurja peč -e -i f
Kurja raven -e -vni f
Kurja skala -e -e f
kurnica -e f
Kurnik -a m
kurnjak -a
kurs -a m
kusén -a m
kuščar -ja m
kuščina v. luščina
Kušejev -a -o
kušniti -em pf
kuzej -a m
kuzla -e f
kužav -a -o
kužej -a m
kvader -dra m
kvadrat -a m
kvadratmeter -tra m
kvak kvak interj

kvančič v. klančič
kvarta -e f
kvartač -a m
kvartati -am impf
kvartir -ja m
kvas -a/-u m
kvatember -bra m
kvatembrica -e f
kvatir -ja m
kvatrn -a -o
kvatrna -e f
kvatrnica -e f
kvečjemu adv/part
Kvele -ø pl.f
kver -a m
kvift -i/-a f/m
kvinati -am impf
kvint -a m
kvišku adv
kvitinga -e f
kvočen v. kločen
kvoklati v. klokljati
kvrp v. korp

L

laber -i f
laberje -a n
labernica -e f
Labot -a m
laborant -a m
labozar -ja m
labozec -zca m
labrah -a m
labšus -a m
lactanta v. licitanta
lačen -čna -o
ladar -ja m
ladati -am impf
ladel -na m
ladelc -a m
ladelč -a m
laden v. lôden
ladovec -vca m
ladja -e f
ladjica -e f
lafar -ja m
lafidra -e f
lafídrati -am impf
lafidrovec -vca m
lafont -a m
laganje -a n
lagati -am/-žem impf.(refl)
lagek v. lahek
lagerfirar v. logarfirar
Lah -a m
laha v. leha
lahek -hka -o
Lahela -e f
Lahinja -e f
Lahon -a m
lahterna v. laterna
lajanje -a n
lajati -am impf
lajba -e f
lajbel -na m
lajbič -a m
lajbkis -a m
lajblej -a m
lajdar part
lajdati -am impf
Lajderman -a m

lajdenšoft -i f
lajfar -ja m
lajht adj.indecl
lajhtar -ja m
lajhtfertik adj.indecl
lajhtsin -a m
lajna -e f
lajnáti -am impf
lájnati -am impf
lajnavec -vca m
lajne -ø pl.f
lajnice -ø pl.f
lajra -e f
lajskati -am impf
lajstati -am pf/impf
lajstinga -e f
lajstna -e f
lajtati -am impf
lajti v. vajet
lajtinga -e f
Lajkeb -a m
lajtnam -a m
lajža v. glajža
lajžna v. glajžna
lak -a m
laket -kta/-kti m/f
lakomnica -e f
lakota -e f
lakotnica -e f
lakti v. laket
lakto -a n
lamentirati -am impf
lampa -e f
lampica -e f
lan -a m
lanek v. vanek
lanen -a -o
lani adv
lanir -ja m
Lankedra -e f
lankvada -e f
lanski -a -o
lantag -a m
lapej -a m
lapel -pla/-na m
lapra -e f
larfa -e f
lapuh -a m
las -a m
lasanja -e f
lasati -am impf
lasej -a m
lásica -e f
Lasja vas -e -i f
last -i f
lastevkica -e f
lastnost -i f
lastovica -e f
lastovičica -e f
lastovka -e f
lastovkice -ø pl.f
laški -a -o
Laško -ega n
lat -a m
lata -e f
latarbogen -gna m
latej -a m
laterna -e f
latica -e f
latinski -a -o
latni -a -o
latovati -ujem impf

latovje -a n
latvica -e f
lava -e f
lavberšticen -cna m
lavbfroš -a m
lavdan -a m
lavdanja -e f
lavdora -e f
lavf -a m
lavfar -ja m
lavfpos -a m
lavgenštan -a m
lavina -e f
Lavrenc v. Voranc
lavtšprehar -ja m
lazamaza -e f
Laze -ø pl.f
laziti -im impf
laž -i f
laža -e f
lažnica -e f
lažnija -e f
lažnik -a m
lažniv -a -o
lažnivka -e f
le part/adv/conj
lebar -ja/-bra m
lebe -ja m
leben -bna m
lebensfarsihringa -e f
lebhaft adj.indecl
leca -e f
lecat -a m
lecatar -ja m
lecati -am impf.refl
lectir v. licitir
leča -e f
leči ležem pf.(refl)
lečin -a -o
led -a m
Led -a m
leden -a -o
leder -dra m
ledičen -čna -o
ledik adj.indecl
ledina -e f
Ledina -e f
Na Ledini
V Ledinah
Ledince -ø pl.f
Ledine -ø pl.f
Ledinik -a m
ledinjak -a m
Ledinjak -a m
Ledinje -a n
ledinke -ø pl.f
ledinski -a -o
ledje -dij pl.f
ledrar -ja m
ledrast -a -o
ledvica -e f
lefitne -ten pl.f
lega v. leha
legar I -ja m
legar II -ja m
Na Legarjih
V Legarjih
legati -am impf
legimacjona -e f
legnar -ja m
legnat -i f
leha -e f

lehati -am impf
lehen -hna m
lehnati -am impf
lej -ta -te interj
lejtra -e f
lejtrice -ø pl.f
lejtrski -a -o m
lek -a m
lekanje -a n
lekati -am impf
lekš -a m
lekšan -a m
lemež -a m
len -a -o
len -a m
Lena -e f
Lenart -a m
    Pod Lenartom
Lencan -a m
Lenči -ja f
Lenčica -e f
Lengse -ja m
Lenka -e f
Lenkica -e f
lenoba -e f
lent -a m
Lent -a m
lentati -am impf
lenuh -a m
lep -a -o
    lepo -ega n
    Na Lepem hribrcu
    (ta) lepa -e f
lepedrač -a m
lepedranja -e f
lepedranje -a n
lepedrati -am impf
lepén -a m
Lepalja vas -e -i f
lepota -e f
lepuža -e f
lerar -ja m
lerarica -e f
lerma -e f
lermač I -a m
lermač II -a m
lermanja -e f
lermanje -a n
lermati -am impf
lerpua -óba m
Leršnjakov -a -o
les -a m
    Pod Lesom
    Za Lesom
lesa -e f
lesen -a -o
lesepuh -a m
lesi -ov pl.m
lesica v. lisica
Lesičjak -a m
Lesjak -a m
Lesjakovi -ih pl.m
leska -e f
lesketati -am impf
leskov -a -o
leskovec -vca m
leskovje -a n
lesna v. dlesna
lesni -a -o
lesnik -a m
Lesnik -a m
lesnika -e f

lesnikovec -vca m
lesti lezem impf
lestik adj.indecl
leš -a m
Lešan -a m
Leše -ø pl.f
leševec -vca m
lešje -a n
Lešje -a n
V Lešjah
leški -a -o
lešnik -a m
lešnjak -a m
leštati v. gleštati
létati -am impf
lêtati -am impf
leten -tna -o
leteti -im impf
letina -e f
letna -e f
letnica -e f
letnjak -a m
leto -a n
letos adv
letošnji -a -e
letovina -e f
letra -e f
letrski -a -o
letvo v. dletvo
lev -a m
lév -a -o
(ta) leva -e f
leva -e f
Levec -vca m
levrat -a m
lezati v. dol, gor II
leža -e f
ležanje -a n
ležati -im impf
liberal adj.indecl
Libuče -ø pl.f
lice -a n
licitanta -e f
licitir -ja m
licitirati -am impf
ličiti -im impf
ličkanje -a n
ličkati -am impf
liderlih v. niderlih
lifrati -am impf
lifringa -e f
ligeštul -a m
lih v. glih
Liharda -e f
Lihardin -a -o
lijak -a m
likalnik -a m
liker -ja m
likof -a m
lilija -e f
lim -a m
límel -a m
limona -e f
limonarica -e f
limovec -vca m
lina -e f
linda -e f
lindek -a m
lineal -a m
lingati -am impf
linica -e f
linija -e f

links adv
lintborn -a m
lintek adj.indecl
lintvern -a m
lintvurm -a m
lipa -e f
  Na Lipi
lipan -a m
Lipan -a m
Lipej -a m
lipica -e f
lipje -a n
Liplje -pelj pl.f
Lipljan -a m
lipov -a -o
lipspref -a m
Lipš -a m
lis -a -o
lisa -e f
lisica -e f
lisičji -a -e
  Lisičji ker -ega -a m
  Lisičji keri -ih -ov pl.m
  Lisičja luknja -e -e f
lisjak -a m
liska -e f
list -a m
listje -a n/m
listna -e f
listopad -a m
lišaj -a m
litanija -e f
liter -tra m
liti lijem impf
Liza -e f
lizati ližem impf
Lizej -a f
ljub -a -o
  ljuba -e f
ljubček -čka m
Ljubelj -a m
Ljubeljšnjak -a m
ljubezen -zni f
ljubica -e f
ljubice -ø pl.f
ljubiti -im impf.(refl)
Ljubljana -e f
ljubljenje -a n
ljud -a m
ljudje ljudí
ljudski v. leški
ljudstvo -a n
loboda -e f
lobovanje -a n
lobovati -am impf
loč -a/-i m/f
Ločan -a m
Ločanar -ja m
Ločane -ø pl.f
Loče -ø pl.f
ločiti -im pf
ločnasten -tna -o
lóden -dna m
lôden -dna m
log -a m
Log -a m
  Mrzli log -ega -a m
  Na Logu
  V Logu
lôgar -ja m
Logar -ja m
logafirar -ja m

logarploc -a m
logeplan -a m
loj -a m
lojen -a -o
lojt -a m
lojta -e f
lojtra v. lejtra
Lojz -a m
Lojzan -a m
lok -a m
Loka -e f
lokarica -e f
lokarna -e f
lokati -am impf
loken -kna m
loker adj.indecl/adv
Lokica -e f
lokomotiv -a m
Lokvica -e f
lola -e f
lole -ja m
lolej -a m
lom -a m
lomačen -čna -o
lombati -am impf
lomiti -im impf.(refl)
lon -a m
lonati -am pf
loncna -e f
Lonča vas -e -i f
lončarjev -a -o
londeskulturrot -a m
Long -a m
lont -a m
lontkorten -tne f
lontsmon -a m
lontštrajhar -ja m
lonttog -a m
lopa -e f
lopár -ja m
loparič -a m
lopata -e f
lopatica -e f
lopica -e f
lorbeh -a m
lorberh -a m
Lorenc v. Voranc
los adj.indecl/praed
lostencug -a m
lostnar -ja m
lostvogen -gna m
Loščica -e f
lošel -na m
loškanec -nca m
lot I -a m
lot II -a m
lotati -am impf
loter -ja m
loterija -e f
lotiti -im pf.refl
lotov -a -o
Lovanke -ø pl.f
loviti -im impf.(refl)
Lovrenc v. Voranc
loz -a m
luca -e f
lucerna -e f
lucifer -ja m
Lucija -e f
luč -i f
lučati -am impf
lučka -e f

Lučovnik -a m
luder -ja m
ludrati -am impf
ludrovec -vca m
Ludvig -a m
luft -a/-i m/f
luftati -am impf
luftbalon -a m
luftoma adv
luftšif -a m
lug -a m
Luka -a m
Lukan -a m
lukman -a m
luknja -e f
luknjast -a -o
luknjica -e f
Lukoviče v. Koviče
luks -a m
luksus -a m
lulá interj
lulati -am impf
lulej -a m
lulú interj
lump -a m
lumpati -am impf
lumpej -a m
lumpica -e f
lumpič -a m
luna -e f
lunta -e f
lupenje v. bel, črn
lupina -e f
lupiti -im impf.(refl)
luska -e f
luster -tra m
lustigar -ja m
lustra -e f
luščina -e f
luščiti -im impf
lušt -a/-i m/f
luštati -am impf.refl
luštek -a m
lušten -tna -o
luštik adj.indecl
luštreh -a m
luter -tra m
Luter -tra m
luža -e f
Luža -e f
Na Lužah
Lužekar v. Važekar
Lužje -a n
Lužnik -a m

M

ma interj
maca -e f
macesen -sna m
Macesje -a n
macesnov -a -o
macesnovje -a n
mácin -a -o
Macna -e f
Mačan -a m
Mačane -ø pl.f
mače -ta m
mačeha -e f
mačehica -e f
maček -čka m
mačenski -a -o

Mačenska planina -e -e f
mačerha -e f
Mačiž -a m
mačji -a -e
mačka -e f
madež -a m
Madlena -e f
madona interj
magacin -a m
magi -ja m
magister -tra m
mah -a m
Na Maheh
Mahar -ja m
mahati -am impf
mahniti -em pf
mahovec -vca m
mahrela -e f
maj -a m
majar -ja m
majarhof -a m
majati -am impf.refl
Majdalenin -a -o
majhen -hna -o
majhna -e f
majkefer -fra m
majlibar interj
majnik -a m
majninga -e f
majrona -e f
majsel -sla m
majstens adv
mak -a m
Makež -a m
makine -ø pl.f
makniti -em pf
mako part
makov -a -o
Maksej -a m
mal I -a m
mal II -a m
Mala -e f
mala južina v. južina, mavžina
malaja -e f
malar -ja m
malarin -a m
malarinarica -e f
malati -am impf
malavder -dra m
malavkast -a -o
malavkati -am impf
malavkelj -na m
malce -a n
malcet -a m
Malč indecl f
Malej -e/indecl f
Malejeva planina -e -e f
malek -lka m
malér -ja m
malha -e f
malhelj -hlja m
malhice -ø pl.f
mali -a -o
mala gospojnica -e -e f
Mala vas -e -i f
Mali Obir -ega -ja m
Mali Storžič -ega -a m
Mali travnik -ega -a m
Mali vrh -ega -a m
Mali vršič -ega -a m
Na Malih njivah
Na Mali ravni

malica -e f
malič -a m
malin -a m
malina -e f
malinica -e f
malinja -e f
malinjek -njka m
malinjkast -a -o
malinov -a -o
Malinšjak -a m
malkelj -na m
malokaj maločesa pron.indef
malokateri -a -o
malokdaj adv
malokdo malokoga
malokje adv
maloprida -e f/m
malopriden -dna -o
Malovršnik -a m
malta -e f
malžina v. mavžina
mama -e f
mamati -am impf
mamica -e f
mamin -a -o
mana -e f
mánati v. ménati
mandeljc -a m
mandura -e f
manétati v. menetati
mangare part
manir -a m
manira -e f
manj v. mali
manjkati -am impf
manjši v. majhen
manko part
mantel -tla m
mantle adv
mantleh adv
mapa -e f
mar praed
marakel -na m
marati -am impf
marcesen -sna m
marcesnov -a -o
mardar -dra m
marec -rca m
marela -e f
marelica -e f
marenj -rnja m
Marevh -a m
mari v. marenj
Marica -e f
Marija -e f
Marijin -a -o
marilen -lna m
marinči interj
Marinič -a m
Marja v. Marija
Marjana -e f
Marjeta -e f
marjon -a m
mark -a m
Mark -a m
Marka -a m
marka -e f
Markan -a m
Markej -a m
Markela -e f
markna -e f
Marko -a m

Markov -a -o
marmor -ja m
marnjati -em impf
marnje -énj pl.f
marnovanje -a n
marnovati -am/-ujem impf
marof v. majarhof
marogast -a -o
marogelj -na m
maroglej -a m
maroglja -e f
marogljica -e f
marogovec -vca m
Marolje -ø pl.f
Marperg -a m
marš -a m
marša -e f
marširati -am impf
Marta -e f
Martin -a m
Martinijev ker -ega -a m
martra -e f
martrati -am impf
martrnica v. mâtrnica
martrnik -a m
masa adv
másaka -e f
masati -am impf.refl
maselj -na m
maseljc -a m
maselnik -a m
maselnjak -a m
maslo -a m
mast -i f
mastedirati -am impf
mastedirovec -vca m
masten -tna -o
mastnica -e f
mastnik -a m
mastront -a m
máša -e f
mâša -e f
mašča -e f
maščoba -e f
maševati -ujem impf
mašin -a m
mašina -e f
mašinati -am impf
mašingver -a m
maširati -am impf
mašiti -im impf
mašna -e f
mašni -a -o
mašnik -a m
materin -a -o
máternica -e f
Matevž -a m
mati matere
matica -e f
Maticek -čka m
matičnjak -a m
Matija -a m
Matjaž -a m
Matjažev -a -o
matra -e f
matrati -am impf
mátrica -e f
mâtrnica -e f
matrnik -a m
matrocna -e f
matuda v. metuda
matura -e f

mavarhoken -kna m
mavarpogen -gna m
mavarponk -a m
Mavc -a m
mavcat v. malcet
mavel -na m
mavelč -a m
maver -vra m
mavha v. malha
mavra -e f
mavrar -ja m
mavrica -e f
mivrica mavrica -e -e f
mavšelj -na m
mavšljati -am impf
mavzar -ja m
mavželj -na m
mavžina -e f
mavžinati -am impf
mavžinica -e f
mazana -e f
mazanje -a n
Mazanov -a -o
mazast -a -o
mazati mažem impf
mazelj -na m
mebelni -ov pl.m
meč -a m
meča I -e f
meča II -e f
mečkati -am impf
mečlati -am impf
med -a m
med praep
Medár -ja m
Medard -a m
Medborovčan -a m
Medborovnec -nca m
Medborovnice -ø pl.f
medel -dla -o
medelna -e f
medelnjak -a m
medén -a -o
medenina -e f
Medgorje v. Megorje
medgospojničen -čna -o
medica -e f
medicin -a m
Medla -e f
medlati -am impf
medleti -im impf
medluh -a m
mednice -ø pl.f
medočje -a n
medtem adv
medve v. midve
medved -a m
Medvedice -ø pl.f
Medvedjak -a m
medvedji -a -e
Medvedji dol -ega -a m
Medvedji dom -ega -a m
medvednik -a m
Medvedov rob -ega -a m
Medvode -ø pl.f
Meger -gra m
megla -e f
meglen -a -o
meglica -e f
Megorje -a n
meh I -a m
meh II v. mah

mehčéti -im impf
mehčivec -vca m
mehek -hka -o
    Mehka dolina -e -e f
mehi -ov pl.m
mehir -ja m
meja -e f
    Pri Meji
mejnik -a m
Mejnišče -a n
mek interj
meka -e f
mékati -am impf
mekec -kca m
meketati -am impf
mel -a m
melce v. malce
meldati -am impf
meldinga -e f
melisa -e f
melja -e f
melkosten -tna m
melšpajs -a m
meltra -e f
    V Meltri
ménati -am impf
mencati -am impf
menda adv
mendirar -ja m
mendranje -a n
mendrati -am impf
menétati -am impf
menih -a m
Menihi -ov pl.m
meniški -a -o
meniti -im impf.(refl)
menjati -am pf
mera -e f
merc v. marec
merdrar -ja m
merelj -na m
mereža v. mreža
merica -e f
meričnik -a m
meriti -im impf.(refl)
merjasec -sca m
merk -a m
merkač v. mrkač
merkati -am impf
merkcajhen -hna m
merkiš adj.indecl
merkovca -e f
merkvirdig adj.indecl
merl v. merelj
Merli -ja m
mesar -ja m
mesariti -im impf
mesarski -a -o
mesec -a m
mesen -a -o
mesenc -a m
mesenčen -čna -o
mesiti -im impf
mesnast -a -o
mesnica -e f
meso -a n
mestece -a n
mesten -tna -o
mesti I metem/medem impf
mesti II metem/medem impf
mestnar -ja m
mesto -a n

meša v. máša
mešati -am impf
mešél -na m
mešelej -a m
mešetar -ja m
Mešov v. Mihel
mešta -e f
meštej -a m
mešter -štra m
met -i f
meta -e f
Meta -e f
metalja -e f
metár -ja m
metati mečem/-am/mečljem impf.(refl)
metelja -e f
metena -e f
metenica -e f
meter -tra m
meti manem impf
metilj -a m
metilo -a n
metla -e f
metlar -ja m
metlarka -e f
metljač -a m
metljanja -e f
metljanje -a n
metljati -am impf
metne -ten pl.f
Metnic -a m
metôl -a m
metuda -e f
metulj -a m
metuzela -e f
mevkanje -a n
mevkast -a -o
mevkati -am impf
mevkelj -na m
mevklja -e f
Mevnjak -a m
mevtra v. meltra
mevža -e f
mevžast -a -o
mevželj -na m
mevžlja -e f
Mezan -a m
mezda -e f
mezdač -a m
mezdelja -e f
mezdeti -im impf
mezinec -nca m
mežati -im impf
mežava -e f
Mežiška dolina v. Mehka dolina
mežnar -ja m
mežurkati -am impf
mi me me pers.pron
Mica -e f
Mici -ja f
Micika -e f
micken -a -o
mickenost -i f
mičen -čna -o
midati -am impf
miderc -a m
midva midve midve pers.pron
migati -am/-gljem impf
migljati -am impf
migniti -em pf

Miha -a/-na m
Mihan -a m
Mihec -hca m
Mihej -a m
Mihel -a m
Mihelčev -a -o
Mihelčinja -e f
Mihelič -a m
mihen v. majhen
mijavkati -am impf
mikati -am impf
Mikel -na m
Mikelč -a m
Mikelnov -a -o
miken -a -o
Mikla -e f
Miklavc -a m
Miklavič -a m
Miklavičev -a -o
Miklavž -a m
Miklavžej v. Kavžej
miklavžeki -ov pl.m
Miklov -a -o
mil -a -o
milba -e f
milhgres -a m
milhkangla -e f
milijon -a m
militi -im impf.refl
milja -e f
milost -i f
milostljiv -a -o
milštongen -gne f
mimo adv/praep
Mina -e f
Minca -e f
minderjerik adj.indecl
minen -a -o
ministrirati v. mastedirati
Minka -e f
Minkica -e f
minuta -e f
minúti minem pf
mir I -a m
mir II -a m
mira -e f
mirakel v. marakel
miraren -rna m
miren -rna -o
misel -sli f
misliti -im impf
mistel -tla/-na m
mistpetl -na m
mistraviš adj.indecl
miš -i f
mišica -e f
mišiti -im impf.refl
mišjak -a m
mišji -a -e
miška -e f
mit adv
mitel -tla/-na m
mitglid -a m
miti mijem impf
mitlajd -a m
mivrica mavrica v. mavrica
miza -e f
mizica -e f
miznica -e f
miznjak -a m
mižati v. mežati
mižnjak -a m

mlače -ø pl.f
Mlače -ø pl.f
mlačen v. omlačen
Mlačice -ø pl.f
mlačina -e f
mlačinica -e f
Mlačiški vrh -ega -a m
Mlačnik -a m
mlad -a -o
  (ta) mladi -ega m
  mlado -ega n
mladenič -a m
mladica -e f
mladič -a m
mladika -e f
mladina -e f
mladiti -im impf
mladje -a n
  V Mladju
mladost -i f
mlaj -a m
mlaka -e f
Mlaka -e f
  V Mlakah
Mlakuža -e f
  Na Mlakuži
mlakužast -a -o
mlasniti -em pf
mlat -i f
mlatec -tca m
mlatič -a m
mlatilec -lca m
mlatiti -im impf
mleč -a m
mlečen -čna -o
mlečnik -a m
Mlečnikov -a -o
mlečnjak -a m
mleko -a n
mlesti molzem impf
mleti meljem impf
mlezivo -a n
mlin -a m
  Hudičev mlin -ega -a m
  Za Mlinom
mlinar -ja m
Mlinar -ja m
mlinarica -e f
Mline -ø pl.f
  V Mlinah
mlinec -nca m
Mlinjak -a m
  Na Mlinjaku
  Pri Mlinjaku
  V Mlinjaku
mlinski -a -o
moč -i f
močen -čna -o
moči morem impf
  ne moči ne morem impf
Močidle -del pl.f
močidlo -a n
Močidlo -a n
močilar -ja m
močile -ø pl.f
Močilnik -a m
močiti -im impf
močnat -a -o
močnik -a m
Močnikov -a -o
Močula -e f
močvarje -a n

moda -e f
modati -am impf
mode -ø pl.f
model -a m
moder -dra -o
(ta) modri -ega m
moderen -rna -o
modlati -am impf
modlitev -tve f
modliti -im impf
modlo -a n
modras -a m
modrc v. miderc
modrost -i f
mogoč -a -e
mogoče adv
mogočen -čna -o
mohar -ja m
Mohorjev -a -o
moj -a -e
moj -ega m
moja -e f
Mojca -e f
Mojcej -a f
Mojcika -e f
mojka -e f
mojkara -e f
mojkast -a -o
mojkrna -e f
mojster -tra m
mojstrinja -e f
mojstrov -a -o
mojstrova -e f
mojšter -tra m
moka -e f
moken -kna -o
moker -kra -o
Mokovec -vca m
Pri Mokovcu
mokrej -a m
Mokrijanec -nca m
Mokrije -ø pl.f
mokrota -e f
mol -a m
molčati -im impf
moleti -im impf
molišen -šna -o
mološnjak -a m
molitev -tve f
molíti -im impf
móliti -im impf
molitva -e f
molitvica -e f
molj -a m
molkarija -e f
molkosten -tna m
molsti molzem impf
molzen -zna -o
molzica -e f
Molznjek -a m
Na Molznjeku
molža -e f
molžar v. movžar
molžen -žna -o
molžnjak -a m
moment -a m
momljati -am impf
mondel -a m
mondura v. mandura
montel -na m
montirati -am impf
mopej -a m

móra -e f
môra -e f
mora v. morda
morala -e f
morati -am impf
morb adj.indecl
Morčinja -e f
mord -a m
morda adv
morebiti adv
morej -a m
morgenrete indecl f
morgrete indecl f
morhel -na m
morica -e f
morina -e f
moriti -im impf
morižiti -im impf
morje -a n
V Morju
morjece -a n
mornej v. murnej
morski -a -o
moseljc v. maseljc
mosern -ø pl.f
mosovati v. musovati
most -a m
mostič -a m
mostiti -im impf
mostnica -e f
mostnina -e f
moški -a -o
moški -ega m
mošnja -e f
mošnjica -e f
mošt -a m
moštace v. muštace
mošten -tna -o
moštvo -a n
moten -tna -o
motika -e f
motiti -im impf
motor -ja m
motormejar -ja m
motorrod -a m
motovati -am refl.impf
motovidlo -a n
motovilo -a n
mov adv
mova adv
mover -vra m
movka adv
movkaj adv
movžar -ja m
moza -e f
mozast -a -o
mozek -zka m
Mozganov -a -o
Mozganov vrh -ega -a m
mož -a m
Pri Možu
možar v. movžar
možej -a m
možen -žna -o
možgani -ov pl.m
možic -a m
možina -e f
možiti -im impf
možjak -a m
Mračej -a m
mračen -čna -o
mračiti -im refl.impf

mračnik -a m
mračnina -e f
mrak -a m
mravlja -e f
mravljinjak -a m
mravljiščnjak -a m
mraz -a m
mraznica -e f
mražnica -e f
mrča -e f
mrčati -im impf
mrčej -a m
mrčnik -a m
V Mrčniku
mrda -e f
mrdanek -nka m
mrdanja -e f
Mrdanje -ø pl.f
mrdati -am impf.(refl)
mrena -e f
mreti -em impf
mretje -a n
mreža -e f
mrgoleti -im impf
mrha -e f
mrhar -ja
mrhljatina -e f
mrhovec -vca m
V Mrhovcu
mrhovina -e f
mrkač -a m
mrkačej -a m
mrkati -am impf.(refl)
mrkiš adj.indecl
mrlak -a m
mrletej -a m
mrletiti -im impf
mrlezgati -am impf
mrlič -a m
mrlina -e f
mrlizgati v. mrlezgati
mrmrati -am impf
mrov- v. mrav-
mrtev -tva -o
(ta) mrtva -e f
(ta) mrtvi -ega m
mrtvaški -a -o
mrtvec -a m
mrtvica -e f
mrva -e f
mrzel -zla -o
(ta) mrzli -ega m
Mrzli potok -ega -a m
Mrzla voda -e -e f
Pri Mrzli vodi
Za Mrzlo vodo
mrziti -im impf
mrzlica -e f
Mrzlica -e f
Pri Mrzlici
monka -e f
muca -e f
mucej -a m
mucelj -na m
mucka -e f
Mucla -e f
mučkara -e f
mučkat -a m
mučkati -am impf
mučkej -a m
muditi -im impf.refl
mudlej -a m

mudo v. mode
mugel -gla m
muha -e f
muhast -a -o
muheljč -a m
muhnjen -a -o
muja -e f
mujati -am impf.refl
mukati -am impf
muknjen -a -o
mula -e f
mulast -a -o
mulec -lca m
mulej -a m
mulišen v. molišen
muliti -im impf
muna -e f
munati -im impf.refl
munej -a m
munica -e f
munter adj.indecl
munteren -rna -o
murar -ja m
murava -e f
murka -e f
murnej -a m
mus -a m
musej -a m
muskel -na m
musovati -ujem impf
mušjak -a m
muškat v. mučkat
muškati -am impf
muškel -na m
mušketa -e f
mušlin -a m
mušlinjak -a m
mušnica -e f
mušnjak -a m
muštacan -a m
muštacar -ja m
muštace -ø pl.f
mušter -tra m
muštrati -am impf
muštringa -e f
muta -e f
mutarmol -a m
muten -tna -o
muza -e f
muzast -a -o
muzati -am impf.(refl)
muzika -e f
muzikant -a m
muziti -im impf.(refl)
muzniti -em pf
mvavtek v. gvaltek

N

na praep
na -ta -te interj
na na! interj
na na na! interj
naajdati v. nakajdati
naarbati -am pf.refl
nabasati -bašem pf
nabavdljati -am pf
nabijanje -a n
nabijati -am impf
nabirati -am impf.(refl)
nabiti -jem pf
nabokati -am pf.refl

nabosti -bodem pf
nabozec -zca m
nabrati -berem pf
nabrekniti -em pf
nabrentati -am pf.refl
nabrusiti -im pf
nabulati -am pf
nabunkati -am pf
Nac -a m
nacamati -am pf
Nacej -a m
nacepiti -im pf
naci -ja m
nacijon -a m
nacijona -e f
načečkati -am pf
načenjati -am impf
načeti -nem pf
načrepati -am pf.refl
načreviti -im pf. refl
nad praep
nada -e f
nadahniti -em pf
nadajati -am impf
nadalo -a n
nadati -am pf
nadeha -e f
nadekati -am pf.(refl)
nadelan -a -o
nadelavati -ujem impf
nadeti -denem pf.refl
nadevati -am pf
nadgeometer -tra m
nadizba -e f
nadloga -e f
nadrobiti -im pf
naduha -e f
nadušen -šna -o
nadušljiv -a -o
naenbart adv
nafarbati -am pf
nafilati -am pf
nafutrati -am pf
nag -a -o
nagajati -am impf.(refl)
naganjati -am impf
nagatiti -im pf
nagel -gla -o
nagelj -na m
nageljč -a m
nagla -e f
naembart v. naenbart
naglaven -vna -o
nagledati am pf
naglica -e f
nagnati -ženem pf
nagniti -em pf.(refl)
nagnjevati -ujem impf.refl
nagnojiti -im pf
nagoden -dna -o
nagoniti -im pf
nagovarjati -am impf
nagrabiti -im pf.refl
nagravžen -žna -o
nagumpati -am pf
nah praep
nahajati -am impf
naharbati v. naarbati
naholan -a -o
naj part/conj
najbolj v. zelo
najbrž adv

najedati -am impf.refl
Najekov -a -o
najemati -am impf.refl
najesti -em pf.refl
najeti -amem pf
najezikati -am pf
najgir -ja m
najgirik adj.indecl
najgorši v. gorši
najin -a -o
najmanj v. malo
nájpáv -a m
najpotaprednejšnem v. potaprednji
najprej adv
najsikak -a -o
najsikateri -a -o
najspa v. nadizba
najsvetejše -ega m
najti najdem pf.(refl)
najungati -am pf.(refl)
največ v. veliko
največbarti adv
nak part
nakaditi -im pf.(refl)
nakajdati -am pf
nakajfan -a -o
nakapati -am pf
nakapevati -am impf
nakazati -žem pf
nakazovati -ujem impf
nakidljati -am pf
nakihati -am pf.refl
nakladati -am impf
naklatiti -im pf
naklesati -klesam/-šem pf
nako v. inako
nakokrati -am pf
nakolapati -am pf
nakolbati -am pf
nakoltrati -am pf
nakopati -am/-kopljem pf.(refl)
nakositi -im pf
nakrapevati -am impf
nakrapljevati -ujem impf
nakraviti -im pf.refl
nakrepeličiti -im pf
nekrezljati -am pf
nakriliti -im pf
nakrkniti -em pf
nakuhati -am pf.refl
nakujati -am pf.refl
nakupiti -im pf
nakupovati -ujem impf
nakviš adv
naladati -am pf
nalágati -am pf.(refl)
nalašč adv
nalečevati -ujem impf
naleči naležem pf.refl
nalehati -am pf
nalehovati -ujem impf
nalesti -zem pf.(refl)
naleteti -im pf
naletovati -ujem impf
nalezljiv -a -o
naliman -a -o
naliti -jem pf
naloka -e f
nalomiti -im pf
naloviti -im pf
naložiti -im pf

namakati -am impf.(refl)
namakovati -ujem impf
namalati -am pf
namarnjévati -am pf
namazati -žem pf.(refl)
nambrt v. naenbart
nameden -a -o
nameniti -im pf.(refl)
namera -e f
namesto adv
namešan -a -o
namešati -am pf
nametati -čem pf
namežati -im pf.refl
namisliti -im pf.refl
namlatiti -im pf
namočiti -im pf.(refl)
namrdati -am pf.refl
namuliti -im pf.refl
Nančni -a -o
    Nančni ker -ega -a m
Nanej -a/-e f
nanesti -em pf
nanizgati -am pf
nanj v. on
nanositi -im pf
Nanta -a m
Nantej -a m
Nantelj -na m
naostrvati -am pf
naokoli adv
naonegati -am pf
naopak adv
naorati -orjem pf
naorjevanje -a n
napacati -am pf
napajanje -a n
napajati -am pf
naparati -am pf
napasti -dem pf
napasti -em pf
napeči -em pf
napekati -am pf
napeljati -em pf
napenjati -am impf
naperiti -im pf
napeti -nem pf
napihniti -em pf
napihovati -ujem impf
napijati -am impf
napikati -am impf
napiti -pijem pf.refl
napivljati -am impf
napizditi -im pf
naplentati -am pf
napletati -am impf
naplevšati -am pf
napoditi -im pf
napojiti -im pf
napol adv
Napolane -ø pl.f
Napolčan -a m
Napoleon -a m
napolniti -im pf.(refl)
napostati -nem pf
napoti adv
napotje -a n
napotva -e f
napovedati -povem pf
napovedovati -ujem impf
naprav adv
napraviti -im pf.(refl)

napravljati -am impf.(refl)
naprdniti -em pf.refl
napreči -prežem pf
napred adv
naprej adv
napresti -predem pf
naprodaj adv
naprositi -im pf
naproti adv
napucati -am pf
napumpati -am pf
napust adv
napustiti -im pf
napuščati -am impf
nar v. denar
narajmati -am pf
narajtati -am pf
narasti -em pf
naraščati -am impf
narava -e f
naravnati -am pf
narazen adv
narba -e f
narče -ø pl.f
nareči -em pf
nared adv
narediti -im pf
naredljati -am pf
narejati -am impf.refl
narezati -žem pf
naribati -am pf
narihtati -am pf
narihtovanje -a n
narobe adv
naročilo -a n
naročiti -im pf
naročje v. narče
narodna -e f
narogelj -na m
nas v. mi
nasaditi -im pf
nasajanje -a n
nascati -ščijem/-ščim pf
naseči -em pf
nasejati -em pf
nasekati -am pf
nasekljati -am pf
nasekovati -ujem impf
naselje -a n
nasevati -am impf
nasipati -am impf
naskajten -tna -o
naskakati -čem pf
naskakévati -am/-ujem impf
naskriž v. navzkriž
naslanjati -am impf
naslednje v. našlenje
nasloniti -im pf
nasmečen -a -o
nasmukati -am pf
nasnovati -ujem pf
nasoliti -im pf
nasortati -am pf
naspeti -em pf
naspočitati -am pf
naspolu adv
nasproten -tna -o
nasproti adv
nasprotovati -ujem impf
nasrati -serjem pf.(refl)
nastakljač -a m
nastara -e f

nastati -stanem pf
nastaviti -im pf
nastavljati -am impf
nastiljanje -a n
nastiljati -am impf
nastlati -steljem pf
nastopiti -im pf
nastreliti -im pf
nasukati -čem pf
nasuti -jem pf
nasvet -a m
naš -a -e
našafati -am pf
našapati -am pf
naščekati -am pf
naščuvati -am pf
našemiti -im pf
naški -a -o
našlenje adv
našnji -a -e
našpricati -am pf
našpulati -am pf
našribati -am pf
naštakljač -a m
naštekljiv v. navštakljiv
naštelati -am pf
naštelovati -ujem impf
našteti -jem pf
naštihati -am pf
naštikati -am pf
naštimati -am pf.(refl)
naštimovati -ujem impf
naštrajfati -am pf
nata v. na
natakati -am impf
natakniti -em pf.(refl)
natan v. naten
natančen -čna -o
nate v. na
nateči -em pf
natečje -a n
nategel -gla -o
nategniti -em pf.(refl)
natek -a m
natekovje -a n
naten -a m
natepsti -tepem pf
nati v. nehati
natihem v. tih
natikniti -em pf
natikovati -am/-ujem impf
natirlih adv
natiska -e f
natlačiti -im pf
natleči -em pf
nato adv
natočiti -im pf
natolči -em pf
natosek -a m
natoščič -a m
natrepati -am pf
natresk -a m
natreskati -am pf.refl
natrofiti -im pf
natrositi -im pf
natrupati -am pf
natura -e f
natveči -žem pf
natvesti -žem pf
naučiti -im pf.(refl.)
nauk -a m
naupak v. naopak

navabiti -im pf
navada -e f
navaden -dna -o
navaditi -im pf.(refl.)
navajati -am impf.(refl.)
navampati -am pf.refl
navažati -am impf
navčeden v. nečeden
navdjan -a -o
navdol adv
navdušenje -a n
naveličan -a o
naveličati -am pf.refl
navezan -a o
navezati -vežem pf
navgor adv
navihan -a o
navijati -am impf
naviš adv
naviti -jem pf
navkljub adv
navkreber adv
navlačiti -im pf
navleči -em pf
navmes adv
navoziti -im pf
navrediti -im pf.refl
navrh adv
navrtati -am pf
navstati -nem pf
navštakljiv -a -o
navzdol adv
navzeti -vzamem pf.refl
navzgor adv
navzkriž adv
navznak adv
nazadnje adv
nazaj adv
naznaniti -im pf
nazoban -a -o
nazobrati -am pf
nažehtati -am pf
nažejfati -am pf
nažeti -žamem pf
nažgati -em pf
nažlempati -am pf.refl
nažokati -am pf
nco v. nocoj
nčir v. nikjer
nčisem v. biti
ndivc v. nedelec
ne biti v. biti
ne hoteti v. hoteti
ne imeti v. imeti
ne moči v. moči
ne ne interj
ne ne ne interj
ne part
nebensoh indecl f
nebes -a m
nebesa -ø pl.n
nebeški -a -o
nebo -a n
nebogljeven -vna -o
nebozec v. nabozec
nec -a m
nečeden -dna -o
neči v. nekje
nečke -ø pl.f
nedeha v. naduha, nediha
nedel -a m
nedelec -lca m

nedelen -lna -o
nedelja -e f
nediha -e f
nedišen -šna -o
nedolžen -žna -o
nedra -der pl.f
nedrc -a m
nedved -a m
Nefefa -e f
negelj -na m
neger -gra m
negoden -dna -o
negravžen v. nagravžen
nehati -am pf.(refl)
nehti v. nekdo
nehvaležen -žna -o
nehvaležnost -i f
neizmeren -rna -o
neizrečen -a -o
nejče v. nekje
Nejček -čka m
nekaj adv
nekaj nečesa
nekak -a -o pron.indef
nekam adv
nekateri -a -o pron.indef
nekdaj adv
nekdo nekoga pron.indef
nekeh v. nekje
nékêrblej -a m
neki -ega m
nekje adv
nekod adv
nelka -e f
nem -a -o
nemaren -rna -o
nemarnost -i f
Nemarovec -vca m
Nemčija -e f
nemčur -ja m
Nemec -mca m
nemogoč -a -e
nemščina -e f
nemški -a -o
nemškovati -ujem impf
nemškutar -ja m
nemškutarica -e f
neočeden -dna -o
nepočakan -a -o
nepokoj -a m
nepokojen -jna -o
nepokoren -rna -o
nepokornost -i f
nepoređen -dna -o
nepokornost -i f
nerfen -fna m
nerfna -e f
neroden -dna -o
nerodnost -i f
nervoza -e f
nervozen -zna -o
nes v. danes
neslan -a -o
neslasten -tna -o
nespačen -čna -o
nespodoben -bna -o
nesramen -mna -o
nesramnost -i f
nesreča -e f
nesrečen -čna -o
nesti -em impf
nesvoj -a -e

nešče v. neške
neške -ø pl.f
neštljati -am impf
net adj.indecl
netati -am impf
netiska v. natiska
netiti -im impf
netosek v. natosek
netoščič v. natoščič
netresk v. natresk
neučakan -a -o
neučen -a -o
neugoden -dna -o
neumen -mna -o
neumnost -i f
neurje -a n
neurnik -a m
neusmiljen -a -o
neustrašen -šna -o
neutegoma adv
nevaren -rna -o
nevarnost -i f
nevčeden v. neočeden
nevedoče adv
nevernik -a m
nevesta -e f
nevestin -a -o
nevmogoč -a -e
nevoljen -a -o
nevreden -dna -o
nezaboven -vna -o
nezavest -i f
nezdrav -a -o
nezgati v. nizgati
nezgruntan -a -o
neznan -a -o
nezrel -a -o
nezvest -a -o
Neža -e f
Nežej -a/-e f
nežica -e f
ni v. biti
niba v. midva
nicina -e f
nič adv
ničla -e f
nid -a/-i m/f
nida interj
nidati -am impf
nidečen -čna -o
nidek adj.indecl
niderlih adj.indecl
nidešen -šna -o
nidešnica -e f
nidešnjak -a m
nihče nikogar
nikakor adv
nikamor adv
nikar adv
nikarkaj v. karkaj
nikjer adv
nikoli adv
nimam v. imeti
nisem v. biti
nišar v. nihče
nišarba -e f
nit -i f
nizek -zka -o
nizgati -am impf
nižnjava -e f
njegov -a -o
njen -a -o

njihov -a -o
njiva -e f
    Lončarjeva njiva -e -e f
    V Njivi
njun -a -o
no interj
no v. noj
nobeden nobena nobeno
nobel adj.indecl
nobelh adj.indecl
noben -a -o
nocoj adv
noč -i f
nočem v. hoteti
nočnina -e f
Noe -ta m
noft v. noht
noga -e f
    V Deklini nogi
    V Nogi
nogalnica -e f
nogica -e f
nogovnica v. nogalnica
nograd -a m
noh praep
    noh dati dam pf
nohdenklih adj.indecl
nohet v. noht
nohfolgar -ja m
nohkomati -am pf
nohkomni -ov pl.m
nohlesik adj.indecl
nohpar -ja m
noht -a m
nohtajl -a m
nohtbehtar -ja m
nohtigol -a m
nohtkastel -na/-tla m
nohtšiht -a m
nohtvahtar -ja m
nohtvehtar -ja m
noj conj
nojcej v. nocoj
nokelni -ov pl.m
noklič -a m
nomenstog -a m
nona -e f
nonej -a m
norci -ev pl.m
norčav -a -o
norčej -a m
norčevati -ujem impf.refl
norec -rca m
norenhavs -a m
noreti -im impf
noričica -e f
nos -a m
nosej -a m
nosema -e f
nosen -sna -o
nosendrekslar -ja m
nositi -im impf.(refl)
nosnica -e f
noša -e f
nošenje -a n
nošnja -e f
not -a m
not adv
nota -e f
notar -ja m
noter adv
    noter kuhati -am impf

noter mešati -am impf.refl
noter napraviti -im pf
noter perufati -am pf
noter pildati -am impf.refl
noter rukniti -em pf
noter spraviti -im pf
noter spravljati -am impf
noter štelati -am pf
noter talati -am pf/impf
noter voziti -im impf
noterkuhanje -a n
notervožnja -e f
notešen -šna -o
notež -a m
notež praed
noti v. notri
notra v. notri
notri adv
notver -a m
nov -a -o
Nova gora -e -e f
Novi plac -ega -a m
novo -ega n
Novak -a m
Pri Novaku
Novica -e f
V Novici
Novice -ø pl.f
V Novicah
novina -e f
V Novinah
nož -a m
nožčič -a m
nožej -a m
nožica -e f
nožič -a m
nožika -e f
nožnica -e f
nu v. in, ino
nu nu interj
nucati -am impf.(refl)
nucen -cna m
nudel -na m
nudelbolgar -ja m
nudelpret -a m
nuka v. vnuka
numer -mra m
numra -e f
nuna -e f
Nužej -a m

O

o interj
o praep
ob praep
oba obe obe
obad -a m
obadva obedve obedve
obaliti -im pf.(refl)
obalten -tna -o
obar conj
obar -ja m
obarajzen -zna -o
obarglavbe -a m
Obarjalnik -a m
Na Obarjalniku
obarjati -am impf
obarlerar -ja m
obarpav -a m
obarst -a m
obaršlehtik adj.indecl

obcagati -am pf
obcveteti -im pf
občina -e f
občudovati -ujem impf
obdati -am pf
obdelati -am pf
obdelovati -ujem impf
obdržati -im pf
obečati -am pf
obečevati -ujem impf
obeden obena obeno
obel -bla -o
    Obli ķer -ega -a m
    Obla peč -e -i f
oben -a -o
    oben -ega m
    obena -e f
obenem adv
ober -bra m
obesiti -im pf.(refl)
obešati -am impf
obeševati -ujem impf
obfrnažiti -im pf
obhajati -am impf
obhajilo -a n
obhoditi -im pf
obhodnja -e f
običen -čna -o
obilen -lna -o
Obir -ja m
    Na Obirju
    Na vrhu Obirja
obiranje -a n
obirati -am impf.refl
obirmati -am pf
obirski -a -o
    Obirska planina -e -e f
    Obirska voda -e -e f
    Obirski graben -ega -bna m
Obirska -e f
Obirsko -ega n
    Na Obirskem
Obiršan -a m
obirški -a -o
    Obirški graben -ega -bna m
obisk -a m
obiskati -ujem impf
obist -a m
obistelj -na m
obiti obidem pf
objedati -am impf
objemati -am impf
objesti objem pf
objeti -jamem pf
obkladanje -a n
obkladati -am impf
obkorej adv
oblačen -čna -o
oblačilce -a n
oblačilo -a n
oblačiti -im impf
oblak -a m
oblast -i f
oblaz -a m
oblaziz -a m
obleči -em pf
oblekati -am impf
obletati -am pf
obležanje -a n
obležati -im pf
oblica -e f
oblícina -e f

obličje -a n
oblina -e f
obliti -jem pf
obljuba -e f
obljubiti -im pf
oblos -a m
obložiti -im pf
obman -a m
obnašati -am impf.refl
obnemoči -morem pf
obnesti -nesem pf.refl
obnucati -am pf.(refl)
obod -a m
obogateti -im pf
obogatiti -im pf.refl
oboje num
obojen -jna -o
Obojnica -e f
Obojnik -a m
Pri Obojniku
oboš -a m
obošbosar -ja m
oboššisel -sli f
obožati -am pf
obračanje -a n
obračati -am impf.(refl)
obračevati -ujem/-am impf
obrajtati -am impf.(refl)
obramnice -ø pl.f
obraniti -im pf.(refl)
obrank -a m
obrast -a -o
obrati -berem pf
obravnava -e f
obrc -a m
obrč -a m
obrečati -am impf
obreči -em pf
obregariti -im pf
Obreht -a m
Pri Obrehtu
Obrehtov -a -o
obrekovati -ujem impf
obrenčati v. obrečati
obresti -bredem pf
obresti -bretem pf
obrezati -žem pf
obrezen -zna -o
obrezovati -ujem impf
obrisati -rišem pf.(refl)
obriti -jem pf.(refl)
obrja v. obrva
obrljati -am pf.refl
obrniti -em pf.(refl)
obroč -a m
obroditi -im pf.refl
obrojdati -am pf.refl
obrv -i f
obrva -e f
obsedeti -im pf
obsekati -am pf
obsekovati -ujem impf
obsijati -em pf
obsipati -am pf
obsoc -a m
obsoditi -im pf
obsojati -am impf
obstati obstojim pf
obsuti -ujem pf
obštond -a m
obtežiti -im pf
obtičati -im pf

obtolčkati -am pf
obudej adv
obuditi -im pf
obuja -e f
obupati -am pf
obuti -jem pf
obuvalo -a n
obvarovati -ujem pf
obveza -e f
obvezati -žem pf
obvezovanje -a n
obvezovati -ujem impf
obviseti -im pf
obviti -jem pf
obvohati -am pf
obvoš v. oboš
obzec v. ozbec
ocagati v. obcagati
ocepiti v. vcepiti
ocestiti -im pf
ocimprati -am pf
ocveteti -im pf
oča -a m
očabati -am pf.(refl)
očavljati -am impf.refl
oče -ta m
očediti -im pf
očej -a m
očen -čna -o
očenaš -a m
očesnik -a m
očetov -a -o
očim -a m
očina v. občina
očistiti -im pf
očitati -am impf
očiten -tna -o
očofati -am pf
očohljati -am pf
očohniti -em pf.refl
očutiti -im pf
od praep
od – do
Odam v. Adam
Odant -a m
odarlos -a m
odbiti -jem pf
odcingljati -am pf
oddahniti -em pf.refl
oddihovati -ujem impf.refl
oddojiti -im pf
oddrešiti -im pf
odeja -e f
oder -dra m
odeti -nem pf.(refl)
odganjati -am impf
odgnati -ženem pf
odgovor -a m
odgovoriti -im pf
odgrizniti -em pf
odgrniti -em pf
odhajati -am impf
odhenjati -am pf
odirati -am impf
oditi -idem pf
odjuga -e f
odkod adv
odkoda adv
odkoder adv
odkopati -kopljem pf
odkrniti -em pf
odkupiti -im pf

odkupnina -e f
odlar -ja m
odlesti -zem pf
odleteti -im pf
odljuden -dna -o
odločiti -im pf.(refl)
odlog -a m
odložiti -im pf
odlup -a m
odlupiti -im pf
odluščiti -im pf
odmakniti -em pf.refl
odmarnovati -ujem/-am pf
odnašati -am impf
odnaševati -ujem/-am impf
odnaškovati -ujem impf
odne v. udni
odnesti -em pf
odneškovati -ujem impf
odneštljati -am pf
odnikoder adv
odnucati v. obnucati
Odole -ø pl.f
V Odolah
odorati -jem pf
odpasti -em pf
odpeljati -em pf
odpenjati -am impf
odpeti -nem pf
odpirati -am impf
odpoved -i f
odpovedati -em pf.(refl)
odpovedovati -ujem impf
odpraviti -im pf.(refl)
odpreti -em pf.(refl)
odpustiti -im pf.(refl)
odpuščanje -a n
odrajtati -am pf
odrajtilo -a n
odrajžati -am pf
odrasel -sla -o
odrasti -rastem/rasem pf
odrašen -ega m
odreči -em pf
odrešiti -im pf
odreti -derem pf
odrezati -žem pf
odrezovec -vca m
odročen -čna -o
odrtnica -e f
odrtnija -e f
odrtnik -a m
odrzati -am pf
odsekati -am pf
odstaviti -im pf
odstavljati -am impf
odstopiti -im pf
odteči -em pf
odtistihmal adv
odtrgati -am pf
odup v. odlup
odvaditi -im pf.(refl)
odveza -e f
odvezati -žem pf
odvezovati -ujem impf
odvijati -jam impf.(refl)
odvisen -sna -o
odviti -jem pf
odvlaka -e f
odvrniti -em pf
odzvoniti -im impf
odžeti -žanjem pf

of -a m
ofajfati -am pf
ofar v. hofar
ofart -i f
ofarten -tna -o
ofen adj.indecl
ofent -a m
ofer -fra m
oficija -e f
ofnati -am pf
ofrati -am pf
ofrava v. hofrava
ofrfuliti -im pf
ofriht -a m
ofrimati -am pf
ofrničiti -im pf
ofutrati -am pf
ogárati -am pf.(refl)
ogel v. vogel
ogeniti -em pf.refl
ogenj -gnja m
Oger -gra m
oginjevati v. uginjevati
oglar -ja m
oglarski -a -o
oglasiti -im pf.refl
oglav v. gologlav
oglavec -vca m
oglavič -a m
ogled -a m
ogledati -am pf
ogledovati -ujem impf
ogleja -e f
oglje -a n
oglodati -am pf
oglušiti -im pf
ogniti -em pf.refl
ognjen -a -o
ognjišče -a n
ogoljufati -am pf
ogon -a m
ogor -ja m
ograbek -bka m
ograd -a m
V Ogradu
ograda -e f
ogradec -dca m
V Ogradcu
Ogradnik -a m
ogrebanek -nka m
ogrebati -am impf
ogrebnik -a m
ogrebniti -em pf
ogreniti -em pf
ogreti -jem pf.(refl)
ogristi -zem pf
Ogriz -a m
Ogrizov -a -o
ogrlica -e f
ogrniti -em pf
ogrobati -am pf
ogrski -a -o
oguzati -am pf
oh interj
ohcet -i f
ohceten -tna -o
ohcetnikar -ja m
ohejtrati -am pf.refl
oho interj
ohraniti -im pf
ohrnija v. vohrnija
ohtar -ja m

ohtelj -a/-na m
oj interj
ojaloviti -im pf
oje -sa n
ojnica -e f
ojset v. ohcet
ojster -tra -o
Ojsterc -a m
Na Ojstrcu
ojstriti -im impf
okaditi -im pf
okidati -am pf
okihan -a -o
okisati -am pf
oklepáti -pljem/-am pf
oklestiti -im pf
oklic -a m
oklicati -čem pf.refl
oknar -ja m
okno -a n
oko očesa n
okolbati -am pf
okoli adv
okoli praep
okolščič -a m
okopanje -a n
okopáti -kopljem pf
okopavati -kopujem impf
okovati -kujem pf
okrempati -am pf
okrencu adv
okrenčati -am pf
okreniti -em pf.refl
okriviti v. ukriviti
okrogel -gla -o
Okrogljica -e f
Na Okrogljici
oktober -bra m
ol -a m
olajšati -am pf
olej -a m
olgemajn adj.indecl
Olip -a m
olje -a n
olmravš -a m
olša -e f
olšev -a -o
olševec -vca m
olšje -a n
olšlja -e f
oltar -ja m
olup v. odlup
oluščiti -im pf
omačen v. omlačen
omah -a m
omahovati -ujem impf
omajiti -im pf
omalati -am pf
omaliti v. umaliti
omamiti -im pf
omar -ja m
omara -e f
Omar v. Homar
omarje -a n
omedleti -im pf
omelce -a n
omelo -a n
ometáti -mečem pf
ometi -manem pf
omlačen -čna -o
omlada -e f
omnibus -a m

omotica -e f
omotnica -e f
omrela -e f
omrelar -ja m
omršen -a -o
omt -a m
omuliti -im pf
on ona ono pers.pron
onadva onidve onidve pers.
pron
oncolinga -e f
ondej adv
ondoht -i f
ondohten -tna -o
onegasten -tna -o
onegati -am impf.(refl)
onegov -a -o
onej v. konej
ongel -gla m
oni one ona pers.pron
one -ga m
onibart adv
oninga -e f
onkraj praep
onštrengati -am impf.refl
onštrenginga -e f
ontbort -i/-a f/m
ontvort v. antvert
opalta -e f
opasti -dem pf
opaš -a m
opat -a m
opazovati -ujem impf
opeči -em pf.(refl)
opeklina -e f
opel v. kopel
operacjon -a m
operacjona -e f
operirati -am impf
opeti -pnem pf.refl
ophati -am pf
opijaniti -im pf.(refl)
opijum -a m
opikati -am pf
opiliti -im pf
opipati -ljem/-am pf
opitati -am pf
oplatati v. uplatati
oplehati -am pf
oplen -a m
oplesti -pledem pf
opletati -am impf
opleti -jem pf
oplevati -am impf
oplevšati -am pf
opogniti -em pf
opokel -kla -o
opoldne -a m
opoldne adv
opoldnešnji -a -e
opolnoči adv
opominjati -am impf
oprati -perem pf
opravilo -a n
opraviti -im pf
opravljati -am impf
opražiti -im pf
opresti -dem pf
opreti -em pf
oprižan v. uprižan
oprostiti -im pf
oprtiti -im pf

opsihtlih adv
opštiming -a m
opucati -am pf
opuščati -am impf
oralec -lca m
oralnik -a m
oralo -a n
oranča -e f
oranje -a n
orati orjem impf
oravbati -am pf
orcgrupenlajtar -ja m
orda -e f
ordentlih adj.indecl
ordinar adj.indecl
ordnati -am impf
ordninga v. orenga, oringa
ordnungsgemes adv
oreh -a m
V Orehu
orehov -a -o
orel -rla m
orenga v. oringa
orengi adv
organist -a m
organizirati -am pf/impf
orgle -gel pl.f
orglice -ø pl.f
orgljati -am impf
orifljati -am pf
oringa -e f
oringel -na m
orlov -a -o
Orlova peč -e -i f
ormpont -a m
orntlih v. ordentlih
orolati -am pf
oroštati -am pf
osa -e f
oscati -ščijem/-ščim pf
oscavati v. oščavljati
oscet v. ohcet
oseba -e f
osec -sca m
osedlati -am pf
osel -sla m
osem num/praed
osemindvajseti -a -o
oseminštiredi num
osemintrideset num
osemintrideseti -a -o
osemnajst num
osemnajsti -a -o
osemnjak -a m
osemredi num
osemsto num
osenca -e f
Osenca -e f
osenica v. gosenica
osepnice -ø pl.f
osepničast -a -o
osi v. vose
osipati -am impf
osipavice -ø pl.f
osirati -am impf
osirjati -am impf
osji -a -e
oskrbeti -im pf
oslabeti -im pf
oslapeti -im pf
oslej -a m
oslica -e f

osma -e f
osmi -a -o
osmica -e f
osmina -e f
osmoditi -im pf
osmoliti -im pf
osmukati -am pf
osnovati -ujem pf
osoditi -im pf
osoliti -im pf
ospeti -em pf
osrati -serjem pf
osrečati -am pf
osredek -dka m
ostara -e f
ostati -nem pf
ostaviti v. odstaviti
ostavljati v. odstavljati
osten -tna m
ostenj -a m
oster -tra -o
ostnik -a m
ostriči -žem pf.(refl)
ostriti -im impf
Ostrovica -e f
ostrožnica -e f
ostrožničevje -a n
ostrv -i f
ostrva -e f
osušiti -im pf
osuti -jem pf
ošapati -am pf
oščavljati -am impf.refl
ošenpehar -ja m
ošibje -a n
ošibniti v. ušibniti
ošisati v. ušisati
ošivati -am pf
oškenc -a m
ošpicati -am pf
ošpičiti -im pf
ošpricati -am pf
oštalevsati -am pf
oštelati -am pf
oštetati -am pf.refl
ošteti -jem pf
oštrajfati -am pf
oštrekel -kla -o
oštucati -am pf
ota -e f
otakniti -em pf
otava -e f
otaven -vna -o
oteči -em pf
otekati -am impf
oteklina -e f
otep -a m
otepati -am impf.refl
otepsti -tepem pf
otesati -tešem pf
otevšati -am pf
otisnjen -a -o
otka v. vtika
otlas -a m
otleči v. otolči
Otmanje -ø pl.f
otmanjski -a -o
    Otmanjska gmajna -e -e f
otôk -a m
otok -a m
Otok -a m
otolči -em pf

otolčkati -am pf
otoški -a -o
    Otoško jezero -ega -a n
otar v. oltar
ototati v. utotati
otresti -em pf.refl
otreti -em pf
otroben -bna -o
otrobi -ov pl.m
otročej -a m
otročevje -a n
otročič -a m
otročija -e f
otročje -a n
otročji -a -e
otrok -a m
otrokovje -a n
otroški -a -o
otrotati v. utrotati
otvesti -vežem pf
otvezati -am impf
ovca -e f
ovčar -ja m
ovčjak -a m
ovčji -a -e
    Ovčji pekel -ega -kla m
    Ovčji vrh -ega -a m
    V Ovčjem bregu
    V Ovčji gmajni
oven -vna m
oves -vsa m
oviti -vijem pf
ovohati v. obvohati
ovsen -a -o
Ovsenki -ov pl.m
    Pod Ovsenki
ovsišče -a n
ovša v. olša
ozare -ø pl.f
ozbec -a m
ozdraviti -im pf
ozek -zka -o
ozibi -ov pl.m
ozidje -a n
ozim -a -o
ozimek -mka m
ozimen -mna -o
ozimica -e f
ozimičev -a -o
ozimka -e f
ozimnjak -a m
ozirati -am impf.refl
oznanilo -a n
oznaniti -im pf
oznanjevati -ujem impf
ozoljen -a -o
ozreti -zrem pf.refl
ožariti -im pf
Ožban -a m
Ožbolt -a m
ožemati -am impf
oženiti -im pf.refl
ožganina -e f
ožgati -em pf
ožlepati -am pf
ožlingati -am pf
ožmahati -am pf
ožrt -i f
ožrten -tna -o
ožrtnica -e f
ožrtnija -e f
ožrtnik -a m
ožuliti -im pf

P

pa conj
paca -e f
pacáti -am impf
pácati -am impf
pacelj -na m
pacijent -a m
packa -e f
paclej -a m
pač part
pačej -a m
padale -ø pl.f
padar -ja m
padati -am impf
paforma v. proforma
pagar -ja m
pahalica -e f
pahniti -em pf
pajank v. pajek
pajcna v. paca
pajča -e f
pajčevina -e f
pajčica -e f
pajčovna v. pajčevina
paječina -e f
pajek -jka m
pajenčina v. paječina
pajenk v. pajek
pajevčina v. paječina
pajfol -a m
pajkov -a -o
pajlajd -a m
pajlajfig adv
pajonet v. bajonet
pajovčina v. paječina
pajrinja -e f
pajsati -am impf
pajšel -na m
pajšpil -a m
pajštba v. paštuba
pajštont -a m
pajštrih -a m
pajštuba v. paštuba
pajtel -na m
pajtelkosten -tna m
pajtelkoš -a m
pajtlati -am impf
pajtlmandl -na m
pakelj -na m
palavka -e f
palavkati -am impf
Palcev -a -o
palček -čka m
palčica v. paličica
palčič -a m
palčnjak -a m
pale adv
palec -lca m
palica -e f
paličica -e f
palička -e f
palinkati -am impf
palivka-palavka -e -e f
palma -e f
palonija v. polonija
paludje v. povodje
pam -a m
pamelj -na m
pamet -i f
pameten -tna -o
pamkljukar -ja m
paml v. pamelj

pamž -a m
pamževje -a m
pančkati -am impf
panehtelj v. parnehtelj
panhof v. ponhof
panirati -am impf
panj -a m
panjski -a -o
pank -a m
panklukar v. pamkljukar
pankrot -a m
pankrt -a m
pankrtar -ja m
pankrtarica -e f
panovca v. ponovca
panovčica v. ponovčica
pant -a m
pantec -tca m
pantelj -na m
pantofelj -na m
papá interj
papagaj v. popagaj
papati -am impf
papež -a m
papir -ja m
papirnaten -tna -o
paprat v. praprot
paprika -e f
par -a m
par adv
paradajs -a m
paradiž -a m
V Paradižu
parati -am impf
parcela -e f
pare -ø pl.f
parenjak -a m
parenje -a n
parhan -a m
parhanast -a -o
pariti -im impf
parkelj -na m
parkploc -a m
parna -e f
parnanje -a n
parnati -am impf
parnehtelj -na m
paroka -e f
part -a m
parta -e f
partaja -e f
partelj -na m
partija -e f
partizan -a m
partnar -ja m
partukelj -na m
pas -a m
pasana -e f
pasati pašem pf
pasej -a m
pasen v. bazen
pasha v. pazduha
pasirati -am pf
Pasjak -a m
V Pasjaku
pasji -a -e
pasovnik -a m
past -i f
pasti -dem pf
pasti -sem impf
pastir -ja m
pastirjev -a -o

pastirski -a -o
pastlati -am impf
Pastor v. svet
paša -e f
pašerek -rka m
paševnik -a m
    Na Paševniku
pašnica -e f
pašnik -a m
    Na Pašniku
pašteta -e f
paštuba -e f
pater -tra m
patercedel -na m
paterija -e f
paternošter -tra m
patnošter v. paternošter
Patrnuž -a m
Patrnužev -a -o
patrnuževo -ega n
patron -a m
patrona -e f
pav -a m
pavava v. pavola
Pavel -vla m
Pavelnov -a -o
    Pavelnov klanec -ega -nca m
paver -vra m
paverč -a m
paverski -a -o
paverški -a -o
paverštok -a m
pavhgurt -a m
pavholc -a m
pavka -e f
pavkanje -a n
pavkar -ja m
pavkati -am impf
Pavla -e f
Pavlej -a m
pavmaster -tra m
pavok v. pajek
pavola -e f
pavolnast -a -o
pavploc -a m
pavza -e f
pazder v. pezdir
pazduha -e f
pebajs -a m
pebeglih adj.indecl
peberbar -ja m
peberbati -am pf/impf.refl
pebilinga -e f
pebustlos adj.indecl
Peca -e f
pecirk -a m
pecirkslajtar -ja m
pecivo -a n
peč -i f
Peč -i f
    Arihova peč -e -i f
    Na Pečeh
    Peči -ø pl.f
    V Skodeljih pečeh
pečanje -a n
pečati -am impf.refl
peček -čka m
péčen -čna -o
pečevje -a n
pečevnat -a -o
peči -em impf
pečica -e f

pečka -e f
pečkati -am impf
Pečnica -e f
    Pod Pečnico
Pečnik -a m
    Na Pečniku
Pečniško -ega n
    Na Pečniškem
pečovje v. pečevje
Pečovnik -a m
    Na Pečovniku
    Pod Pečovnikom
ped -i f
pedajtinga -e f
pedelj -na m
pedinati -am impf
pefel -a m
pefelati -am pf
peforcugati -am pf
pefrajati -am pf
pega -e f
pegerati v. pogerati
peglajtati -am impf
peglati -am impf
peglezen -zna m
pegnadati -am pf
pegrif -a m
Pegrin -a m
    Pegrinje -ø n
    Na Pegrinjem
péhal -a m
pehandlati -am impf
pehanje -a n
pehar -hra m
peháti -am impf
péhati -am impf
pehavptati -am impf
pehavptinga -e f
pehilflih adj.indecl
pehlezen v. peglezen
pehniti v. pahniti
pehtar -ja m
pehtra -e f
pehtrna -e f
pejč v. peč
pejča -e f
pek I -a m
pek II -a m
peka I -e f
peka II -e f
pekar -ja m
pekarija -e f
pekati -am impf
pekel -kla m
    V Peklu
peketanje -a n
peketati -am impf
pekinja -e f
peklenski -a -o
    peklenska interj
pekliti -im impf
pekont adj.indecl
pekontar -ja m
Pekovec -vca m
pekvem adj.indecl
pelagonija v. polonija
pelajdigati -am impf
pelajdinga -e f
pelajhtinga -e f
pelc -a m
pelcar -ja m
pelcati -am impf

pelčnjak -a m
peleg -a m
pelestigati -am impf
pelin -a m
peljati -em impf.(refl)
pelonati -am pf
pelonija v. polonija
peloninga -e f
pemerkati -am pf
pemerkinga -e f
pena -e f
Penasice -ø pl.f
Na Penasicah
peng interj
peniti -im impf.refl
penj v. panj
penovca v. ponovca
pentek adj.indecl
penzelj -zlja m
penzionist -a m
peobohtati -am impf
peomtar -ja m
Pep -a m
Pepej -a m
pepel -a m
Pepi v. Pepej
perajt adj.indecl
perajtati v. prirajtati
perbica v. pravica
perce -a n
perdekna -e f
pere v. pero
perel -a -o
peretece -a n
pereti -im impf
peretnica -e f
Pergamo -a n
pergštok -a m
pergverk -a m
perhtra -e f
perihtati -am impf
perika v. paroka
perilo -a n
perimt adj.indecl
perišče -a n
Na Periščih
Na Perišču
perje -a n
perkfrajnd -a m
perkfrajndehavz -a m
perkmandeljc -a m
perkštajgar -ja m
perlhun -a m
pernahtelj -na m
pernahti -ov/-i pl.m/f
Pernbirt -a m
pernica -e f
pernštan -a m
pero -eta/-a n
persona v. peržona
Perše -ta m
Peršeče -ø n
Na Peršečem
Peršman -a m
pertosek -a m
Peruč -a m
Pri Peruču
peruf -a m
perufati v. noter
peržona -e f
pes -a/psa m
pesa -e f

pesaga v. psaga
Pésar -ja m
pesarniš adj.indecl
pesati -am impf
pesecati -am pf
pesecinga -e f
pesek -ska m
V Pesku
pesem -smi f
pesic -a m
pesicar -ja m
pesja v. pesa
pesjak -a m
pesjan -a m
pesje -a n
pesji v. pasji
peskov -a -o
peslajnar -ja m
peslajnarski -a -o
peslinast -a -o
pesmica -e f
pest I -i f
pest II indecl f
pesta -e f
pestovati -ujem/-am impf
pestovna -e f
pesuh -a m
pesuhati -am pf
peščica -e f
peščiti -im impf
pešinga -e f
pešnica v. pšenica
peštek -a m
peštelati -am pf
peštelinga -e f
peštetigati -am pf
peštetinga -e f
peštimt adv
pešverati -am pf.refl
pet num
peta -e f
petána -e f
pétati -am impf
petbarti adv
petdeseti -a -o
pete adj.indecl
petek -tka m
petelarm adj.indecl
petelin -a m
petelinčič -a m
petelinec -nca m
petelinov -a -o
Petelinov vrh -ega -a m
petelj I -na m
petelj II -na m
peteltrajbar -ja m
peter -tra m
Peter -tra m
peterle -ta m
peteršilj -a m
peteržilj -a m
peteržiljček -čka m
Peteržiljček -čka m
petforlegar -ja m
peti -a -o
peti pojem impf
petina -e f
petindvajset num
petindvajseti -a -o
petindvajseti num
petinštiredi num
petintrideseti num

petje -a n
petlar -ja m
petlati -am impf
petnajst num
petnajsti -a -o
petnajstiti -im impf.refl
peton -a m
petonirati -am impf
Petra -e f
Petrač -a m
petredi -a -o
petredi num
Petrej -a m
petrib -a m
Petrič -a m
Petričej -a m
petroht -a m
petrohtati -am impf
petrolejka -e f
petrolijum -a m
petsto num
pettavžent v. pet
petžnura -e f
pevajs -a m
pevajsati -am pf.impf
pevati -am impf
pevcar v. pelcar
pevcati v. pelcati
pevec -vca m
pevegati -am impf.refl
pezdec -a m
pezdeti -im impf
pezdir -ja m
pezdirje -a n
pezdirnast -a -o
pfajfa -e f
pfajfenšterar -ja m
pfajl -a m
pfandelj -na m
pfandlica -e f
pferdehendlar -ja m
pflegar -ja m
pflošter -ja m
phati -am impf
piberc -a m
piček -čka m
pičel -čla -o
pičica -e f
piglati v. peglati
piglezen v. peglezen
pihati -am impf
pihelj -na m
pihniti -em pf
pijača -e f
pijan -a -o
pijančlje -a n
pijanec -nca m
pijanka -e f
pijanost -i f
pijanstvo -a n
píjevati -am impf
pik -a m
pika -e f
pika poka interj
pikast -a -o
pikata pokata interj
pikati I -am impf
pikati II -am impf
Pikčev rob -ega -a m
pikec -kca m
pikedra pokedra interj
pikej -a m

pikniti -em pf
pikpflašter -tra m
piksenmohar -ja m
piksna -e f
pila I -e f
pila II -e f
pilancajzen -zna m
pilar -ja m
pild -a m
pildek -dka m
pildeljc -a m
pildič -a m
pildinga -e f
pilej -a m
pilejnica -e f
pilica -e f
piliti -im impf
pilk -a m
pilka -e f
pilotna -e f
pimpej -a m
pims -a m
pimsštan -a m
Pina -e f
pinja -e f
pinta -e f
pintar -ja m
pinteljc -a m
pinteljč -a m
pintica -e f
pipa -e f
pipanje -a n
pipati -am impf.(refl)
pipniti -em pf
pir -a m
pirgamaster -tra m
pirh -a m
pirha -e f
pirhast -a -o
Pirman -a m
pirna -e f
pirštna -e f
pisan -a -o
pisatelj -a m
pisati pišem impf
Piselj -na m
piskal -e/-i f
piskati -am impf
pisker -kra m
piskrar -ja m
piskrc -a m
piskrč -a m
piskrovez -a m
Pisla -e f
pismo -a n
pistola v. pištola
Pistotnik -a m
Pri Pistotniku
pistovka v. postovka
piš -i f
piščal -i f
piščalka -e f
pišče -ta n
piščej -a m
piščela -e f
piščiv -a -o
pišej v. piščej
Pišeldorf -a m
Pišenca -e f
piška -e f
piškav -a -o
piškrč -a m

pišlej -a m
pišof -a m
pištola -e f
pitanje -a n
pitati -am impf
piti pijem impf
piti -i f
pitje -a n
pitljati -am impf
pitnik -a m
pitoven -vna -o
pitovnik -a m
pitšrift -i f
piv interj
pivka -e f
pivovica -e f
pizda -e f
pizden -dna -o
plac -a m
plača -e f
plačati -am pf
plačerna -e f
plačevati -ujem impf
plačidlo v. plačilo
plačilo -a n
plafon -a m
plahta -e f
plahuta -e f
Plajperg -a m
plajperški -a -o
Plajperžan -a m
plajsniti -em pf
plajštift -a m
plakat -a m
plakati -am impf
plakirati -am impf
plamaža -e f
plamen -a/-mna m
plamirati -am pf/impf.(refl)
plan -a m
plan -a -o
plana -e f
planina -e f
planinčan -a m
planinčica -e f
planinica -e f
planiniti -im impf
planinski -a -o
planinščina -e f
planirati -am impf
planiti -em pf
Planja -e f
Na Planji
planjava -e f
plank adj.indecl
planka -e f
plántati -am impf
plastma -e f
plastron -a m
plašč -a m
plašen -šna -o
plat -i f
plata -e f
platast -a m
platelj -na m
platič -a m
platišče -a n
platno -a n
plav -a -o
plavati -am impf
plavdruk -a m
Plavž -a m

Na Plavžu
plaz -a m
V Plazu
Za Plazom
Plazi -ov pl.m
Divji plazovi -ih -ov pl.m
Na Plazih
plaza -e f
plaziti -im impf.refl
Plaznica -e f
Za Plaznico
Plaznik -a m
pleča -ø pl.n
pleče -ta n
pledra -e f
pledrač -a m
pledračast -a -o
pledranja -e f
pledrati -am impf
pleh -a m
pleha -e f
plehati -am impf
pleme -na/-a n
plemen -mna -o
plena -e f
plendati -am impf
plenica -e f
pleniv -a -o
plenta -e f
pléntati -am impf
plente -ø pl.f
Plesel -sla m
Pleselnov -a -o
Plesišče -a n
Plesnica -e f
Plesnik -a m
Plesnikar -ja m
Plesnikarica -e f
Plesniški -ih pl.m
plesniti -em impf
plesnovati -ujem impf
plesti pledem/pletem impf
pleša -e f
plešiv -a -o
pletenica -e f
pleter -tra m
pletev v. pletva
pleti -jem impf
pletva -e f
pleva -e/-ø f/pl.f
plevanje -a n
plevati -am impf
plevek -vka -o
plevel -a m
plevelen -lna -o
plevnica -e f
plevnjak -a m
plevšanje -a n
plevšati -am impf
plevšavica -e f
plezati -am impf
plezovec -vca m
pležuh -a m
Pliberk -a m
pliberški -a -o
plic -a m
plicoblajtar -ja m
plindarm -a m
plindarmentsindinga -e f
plindrati -am impf
plintarm v. plindarm
pliš -a m

plitek -tka -o
plitenštehar -ja m
plitev -tva -o
pljuča -ø pl.f
pljučnik -a m
pljunec -nca m
pljuniti -em pf
pljusniti -em pf
pljuvati -am impf
plocmaster -tra m
pločje -a n
ploditi -im impf
Plodrov -a -o
ploh -a m
ploha -e f
plohna -e f
plohtna -e f
plok -a m
plomba -e f
plond adj.indecl
plosbolg -a m
ploskati -am impf
ploščat -a -o
plot -a m
plota -e f
ploten -tna -o
ploter -tra m
plotna -e f
plozati -am impf
plug -a m
plunkati -am impf
plutegelj -na m
plutorm adj.indecl
pluza -e f
pluzna -e f
po praep
po v. pol, polej, pošle, potlej
poarcnovati -ujem pf.refl
pob -a m
pobadilo v. pobodilo
pobahati -am pf.refl
pobajsati -am pf
pobara -e f
pobarati -am pf
pobasati -bašem pf
pobec -bca m
pobegniti -em pf
pobej -a m
poberati -am impf
poberužiti -im pf
pobezovati -ujem impf
pobežati -im pf
pobič -a m
pobijati -am impf.(refl)
pobirati -am impf
pobiti -bijem pf
    dol pobiti -bijem pf
pobodilo -a n
pobodrati -am pf
pobokati -am pf
pobortati -am pf
pobosti -bodem pf
pobov -a -o
pobožati -am pf
pobožen -žna -o
pobožnost -i f
pobrati -berem pf
pobrculja -e f
pobris -a m
pobrisati -brišem pf
pobriti -brijem pf
pobulati -am pf

pocati -am impf
pocencije -ø pl.f
pocepati -am pf
pocerati -am pf
pocijaziti -im pf
pocudlati -am pf.refl
pocukati -am pf
pocukniti -em pf
pocukrati -am pf
poculati -am pf.refl
počabati -am pf
počak -a m
počakati -am pf
počasen -sna -o
počasi adv
počasnež -a m
počečkati -am pf
počediti -im pf
počedniti -em pf
počedovati -ujem impf
počelati v. pokelati
pôčen -čna m
počeniti -em pf
počenjati -am impf
počesati -češem pf
početi -nem impf
počez adv
počičati -am pf
počitek -tka m
počíti -jem pf
počivalo -a n
počivati -am impf
počna -e f
počtuba v. paštuba
Počule -ø pl.f
　Na Počulah
počutek -tka m
počutiti -im impf.refl
počvekati -am pf
pod -a m
pod praep
podajač -a m
podajalec -lca m
podajalnik -a m
podajati -am impf
podar -ja m
podati -am pf.(refl)
podejana adv
podejati -dem pf
podel -dla -o
podelati -am pf
podele v. ponedelje
podelec -lca m
podeljek v. ponedeljek
podelji v. ponedelji
poden -dna m
Poden -dna m
podenje -a n
podenji adv
podenjšnji -a -e
podenski -a -o
　Podenska voda -e -e f
　Podenski potok -ega -a m
podfara -e f
podgana -e f
podganjak -a m
Podgora -e f
Podgorčič -a m
Podgorjane -ø pl.f
Podgorjanec -nca m
podgorjanski -a -o
Podgorje -ij pl.f

Podgornik -a m
podgorski -a -o
Podgradan -a m
podijum -a m
podirati -am impf.(refl)
podirjanica -e f
podirjati -am pf
poditi -im impf
podiž -a m
podjed -a m
Podjuna -e f
podjunski -a -o
podkana -e f
podkev -kve f
Podklančnik -a m
podkopavati -am impf
podkovati -ujem/-am pf
podlasica -e f
podlep -a m
Podljubelj -a m
Podljubeljčan -a m
podlog -a m
podloka -e f
podložiti -im pf
podmedek -dka m
podmeten -a -o
Podnar -ja m
Podnarjev -a -o
podne adv
podni adv
podoba -e f
podoben -bna -o
podojiti -im pf
podolgast -a -o
podolgljast -a -o
podonkati -am pf.refl
podorati -jem pf
podpera -e f
podpirati -am impf
podplat -a m
podpreti -em pf
podrasati -am pf
podražiti -im pf
Podrečnik -a m
podregati -am pf
podrekáti -am pf
podrepanek -nka m
podrepen -pna -o
podrepnica -e f
podrepnjak -a m
podrepovati -ujem impf
podreslo -a n
podreti -em pf.(refl)
podrji v. poldrugi
podrkati -am pf
podrobiti -im pf
Podršnica -e f
Podršnik -a m
Pri Podršniku
podrtija -e f
podrzalnik -a m
podsekati -am pf
podstaviti -im pf
podstrešje -a n
podstrešnja -e f
podšiti -jem pf
podšprajcati -am pf
podšribati -am pf
podtakniti -em pf
podučiti -im pf
podurhati (jo) -am pf
podušati -am impf

podušiti -im pf
podveza -e f
podvezati -žem pf
podveznica -e f
podvoz -a m
Podvrh -a m
podzemljenski -a -o
podžila -e f
poerbati -am pf
pofarbati -am pf
pofél -a m
pófel -na m
poflikati -am pf
poflisati -am pf.refl
poforma adv
pofotrati -am pf
pofrčati -im pf
pofrišati -am pf
pofukati -am pf
pogača -e f
Pogačarica -e f
pogačnica -e f
pogan -a m
poganjati -am impf
pogarati -am pf
pogasiti -im pf
pogen -gna m
pogerati -am pf
gor pogerati -am pf
poginiti -em pf
pogladiti -im pf
poglajtati -am pf
pogled -a m
pogledati -am pf
poglihati -am pf
poglušiti -im pf.refl
pognati -ženem pf.(refl)
pognojiti -im pf
pogodba -e f
pogolnej -a m
pogolniti -em pf
pogolnovati -ujem impf
pogoltniti v. pogolniti
Pogorelec -lca m
Na Pogorelcu
pogoreti -im pf
pogorišče -a n
Pogorjanec v. Podgorjanec
Pogorje v. Podgorje
pogostiti -im pf
pogostovanje -a n
pogovarjati -am impf.refl
pogovor -a m
pograbiti -im pf
pograbljina -e f
pograd -a m
Pograd -a m
pograde -ø pl.f
pograsati -am pf
pogreb -a m
pogrebec -bca m
pogrebljati -am pf
pogrebščina -e f
pogrešati -am impf
pogrevati -am impf
pogrezniti -em pf.refl
pogrezovati -am/-jem impf.refl
pogristi -zem pf
pogrniti -em pf
pogrob -a m
pogrobati -am pf
pogruntati -am pf

pogubiti -im pf
pogubljenje -a n
pogvaltati -am pf
poha v. ploha
pohaldati -am pf
pohanje -a n
pohati -am impf
pohištvo -a n
pohleven -vna -o
pohoditi -im pf
pohštubna -e f
poht -a m
pohtar -ja m
pohtruglica -e f
pohujšanje -a n
pohvala -e f
pohvaliti -im pf
poiskati -iščem pf
poj v. potlej
pojacelj -na m
pojak v. polovnjak
pojalica -e f
pojamrati -am pf
pojanje -a n
pojati -am impf.(refl)
pojavec -vca m
pojavica -e f
pojdi v. iti
pojedina -e f
pojenčina v. paječina
pojesti -jem pf
pojezditi -im pf
pojutrišnjem adv
pok I -a m
pok II -a m
pok III -a m
pok interj
pokaditi -im pf
pokajati -am impf
pokajdati -am pf
pokalica -e f
pokampljati -am pf
pokanjan -a -o
pokanje -a n
pokast -a -o
pokašljevati -ujem impf
pokata v. pikata pokata
pokatanje v. peketanje
pokati I -am impf
pokati II -am impf
pokazati -žem pf.(refl)
pokazíti -im pf.refl
pókej -a m
pokej v. pokoj
pokelati -am pf
pokidljati -am pf
pokisati -am pf
poklápati -am pf
poklasti -kladem pf
poklati -koljem pf
poklekniti -em pf
poklicati -čem pf
poklófati -am pf
pokloniti -im pf.refl
pokniti -em pf
pokodrati -am pf
pokoj -a m
pokojen -jna -o
pokokucati -am pf
pokonci adv
pokončati -am pf
pokopati -kopljem pf

pokopavati -am impf
pokora -e f
pokoren -rna -o
pokositi -im pf
pokoštati -am pf
pokotanje v. peketanje
pokov -a -o
pokovina -e f
pokozlati -am pf
pokpapir -ja m
pokraculja -e f
pokrepati -am pf
pokriti -jem pf
pokrivati -am impf
pokrižati -am pf.(refl)
pokropiti -im pf
pokrov -a m
pokrovček -čka m
pokrovec -vca m
pokruculja v. pokraculja
poksar -ja m
poksati -am pf
pokufati -am pf.refl
pokuhati -am pf
pokupiti -im pf
pokusiti -im pf
pol -a m
pol -a -o
pol adv
poladati -am pf
Polaj v. Polej
polan -a m
Polana -e f
polanast -a -o
polatati -am pf
polati -am impf
polatovati -ujem pf
polaziti -im pf
polc -a m
polcati -am impf
polcen -cna m
polča -e f
poldan -dne m
poldanje -a n
poldera adv
poldne -a n
poldnešnje -ega n
poldnešnji -a -o
poldrugi -a -o
pole v. potlej
poleči -ležem pf.refl
polednica -e f
polegati -am impf
polej adv
Polej -a m
polekati -am pf
poleník -a m
poleno -a n
polep v. podlep
polesti -zem pf
poleten -tna -o
poleti adv
poležati -im pf
polh -a m
polhen -hna -o
poli v. potlej, polej
polica -e f
policija -e f
polič -a m
polijavnica -e f
politi -jem pf
politika -e f

politiš adj.indecl
polizniti -em pf
Poljak -a m
Poljakinja -e f
poljana -e f
Na Poljani
poljančovje -a n
Poljanec -nca m
Poljanica -e f
poljanski -a -o
polje -a n
Polje -a n
Na Polju
V Poljah
Poljska -e f
poljski I -a -o
poljski II -a -o
poljš -a m
poljubiti -im pf
polka I -e f
polka II -e f
polm -a m
polmec -a m
polmel -a m
poln -a -o
polna adv
polniti -im impf
polnoč -i f
polnočen -čna -o
polnočnica -e f
polnočno -ega n
poloblo -ega n
polog -a m
polom -a m
polomija -e f
polonati -am pf
polonica -e f
polonija -e f
polorm v. polom
pološnost -i f
polotiti -im pf.refl
polovica -e f
polovina -e f
poloviti -im pf
polovnik -a m
polovnjak -a m
položiti -im pf
polpaz -a m
polpeti -a -o
polšesti -a -o
polšter -tra m
polštercigar -ja m
poltretji -a -e
polulati -am pf
polž -a m
polževina -e f
pomagati -am pf/impf
pomagilo -a n
pomagovati -ujem impf
pomahati -am pf
pomakniti -em pf
pomakovanje -a n
pomalašter -tra m
pomaranča -e f
pomarnjati -am impf
pomarnjevati -am/-jem impf
pomarširati -am pf
pomazati -žem pf
pomečevanje -a n
pomečevati -ujem pf
pomen -a m
pomendrati -am pf

pomeniti -im pf
pomeriti -im pf
pomerkati -am pf
pomesti -metem/medem pf
pomešati -am pf
pométati -am impf
pometáti -mečem pf
pomije v. pominje
pomilostiti -im pf
pominje -ø pl.f
pomiriti -im pf.refl
pomisliti -im pf
pomivati -am impf
pomlad -i f
pomladen -dna -o
pómlati v. pomnati
pomlesti -molzem pf
pomnanje -a n
pomnati -am impf
pomniti -im impf
pomnjenje -a n
pomoč -i f
pomočiti -im pf
pomočnica -e f
pomočnik -a m
pomodliti v. pomoliti
pomoliti -mólim pf
pomoliti -ím pf
pomolsti v. pomlesti
pomor -a m
pomoriti -im pf
pompava -e f
pompovna -e f
pomreti -mrem pf
pomrletiti -im pf
pomrlezgati -am pf
pomrzniti -em pf
pomujati -am pf.refl
pon -a m
pona -e f
Ponagora -e f
Ponagorec -rca m
ponašati -am impf
ponaševati -ujem impf
ponavadi adv
ponavljati -am impf.refl
poncar -ja m
pončati -am impf
pondva v. ponudba
ponedelje adj.indecl
ponedeljek -jka m
ponedelji -a -e
ponemčiti -im pf
ponesrečiti -im pf.refl
ponesti -em pf
ponhof -a m
ponidati -am pf
ponidovati -ujem impf
Ponikva -e f
ponižen -žna -o
ponižnost -i f
ponjak v. polovnjak
ponočen -čna -o
ponoči adv
ponos -a m
ponositi -im pf
ponovca -e f
Pri Ponovcah
ponovčica -e f
ponovčka -e f
ponoviti -im pf
Pontafel -a m

Za Pontafelom
pontnudelni -ov pl.m
pontvurm -a m
ponucati -am pf
ponudba -e f
ponuditi -im pf
ponujati -am impf
pop I -a m
pop II -a m
popadati -am pf
popagaj -a m
popagajar -ja m
popariti -im pf
poparjati -am impf
popasti I -em pf
popasti II -dem pf
popati -am impf
popej -a m
popek -pka m
popel -i/-a f/m
popeljati -em/-am pf
popendekel -kla m
poper -pra m
popevka -e f
popihati -am pf
popiliti -im pf
popipati -am pf
popir v. papir
popiti -jem pf
popka -e f
popkast -a -o
poplačati -am pf
poplakniti -em pf
poplantati -am pf
popleti -jem pf
poplevati -am impf
popokati -am pf
popolnoma adv
popotek -tka m
popoten -tna -o
popotnik -a m
popraviti -im pf
popravljati -am impf
popred adv
popreda adv
popredoma adv
poprej adv
poprkovati -ujem impf
porajtati -am impf.(refl)
porajžati -am pf
poraka v. poroka
poramati -am pf
porar -ja m
poravbati -am pf
poravnevati -am impf
porcelanast -a -o
Poreče -ø pl.f
poreči -em pf
poreslo -a n
porezati -žem pf
poreževati -ujem impf
pórfara -e f
porg -a m
porhanast -a -o
porhanje -a n
porhant -a m
porhati -am impf
pori -ja m
poribati -am pf
poriniti -em pf
porkehten -tna m
porketen -tna m

porkle -kel pl.f
poročiti -im pf
porod -a m
poroditi -im pf
poroka -e f
porolati -am pf
porositi -im pf
port v. part
portviš -a m
pos -a m
posaditi -im pf
poscalo -a n
posebej adv
poseben -bna -o
poseči -em pf
posedati -am impf
posedeti -im pf
posehtati -am pf
posejati -em pf
posek -a m
posekati -am pf
posekina -e f
posel -sla m
posest -i f
posesti -dem pf
posestnik -a m
posestvo -a n
poseškovati -ujem impf
posetva -e f
poshajt -i f
poshoft adj.indecl
posijati -jem pf
posiliti -im pf.(refl)
posiljenje -a n
posivljati -am pf
poskočen -čna -o
poskočiti -im pf
poskok -a m
poskusiti -im pf
poskušati -am impf
poslanjati -am pf.refl
poslati pošljem pf
poslednji v. pošlenji
posloniti -im pf
posloviti -im pf.refl
poslušati -am impf
poslužiti -im pf
posmoditi -im pf
posmojati -am impf
posnemati -am impf
posnemovalka -e f
posneti -snamem pf
posoda -e f
posoditi -im pf
posodlej -a m
posojevati -ujem impf
posoliti -im pf
posrati -serjem pf.(refl)
posrebrniti -im pf
posrečiti -im pf.refl
post -a m
postajati -am impf
postarati -am pf.refl
postati -nem pf
postava -e f
postaviti -im pf.(refl)
postavljati -am impf
postavto -a m
postelj -e f
postelja -e f
posteljati -am impf
posteljica -e f

posteljnica -e f
posten -tna m
posten -tna -o
posteti -stím impf.refl
postiti -im impf.refl
postlati -steljem pf
postmajstrna -e f
postmaster -tra m
postoriti -im pf
postovka -e f
postranica -e f
postreči -žem pf
postrešina -e f
postrešje -a n
postrešnica -e f
postrežljiv -a -o
Postrnica -e f
Na Postrnici
postrv -i f
postrva -e f
postvogen -gna m
posušiti -im pf.(refl)
posuti -jem pf
posvariti -im pf
posveten -tna -o
posvetilo -a n
posvetíti -im pf.(refl)
posvétiti -im pf.(refl)
pošacati -am pf
poščipati -am pf
pošej -a m
Pošena -e f
Pošenakarjev -a -o
pošev adv
pošikan -a -o
pošiljati -am impf
pošiti -jem pf
pošivljati -am impf
poškodovati -ujem pf
poškopati -am pf
pošlatati -am pf
pošle adv
pošlednji v. pošlenji
pošlej adv
pošlenji -a -e
pošmirati -am pf
pošobanje -a n
pošobati -am pf
pošobla -e f
pošoblej -a m
pošobovec -vca m
pošonati -am pf
pošpricati -am pf
pošribati -am pf
pošta -e f
poštab -a m
poštar -ja m
poštelati -am pf
poštelovati -ujem impf
pošten -a -o
pošteta v. pašteta
poštikati -am pf
poštrafati -am pf
poštrcevati -ujem impf
poštritati -am pf
poštrkati -am pf
poštucati -am pf
poštudirati -am pf
pošvedrati -am pf
pošvindlati -am pf
pot I -i/-a f/m
pot II -a m

pot v. plot
potajiti -im pf.refl
potancati -am pf
potapljati -am impf.refl
potaprednji -a -e
potavgati -am pf
potažiti -im pf
poteči -em pf
potegniti -em pf
potegovati -ujem impf
poteka v. apoteka
potelakinati -am pf
poten -tna -o
potep -a m
potepanek -nka m
potepati -am impf.refl
potépljati -am impf
potepuh -a m
potermati -am pf
poteža -e f
potežiti -im pf
potežkati -am pf
potig -a m
potiga -e f
potihniti -em pf
potikovati -ujem impf.refl
potinga -e f
potiskovati -ujem impf
potisniti -em pf
potiti -im pf
potkana v. podgana
potlačiti -im pf
potleči -em pf
potlej adv
Potočan -a m
Potoče -ø pl.f
Potočevec -vca m
potočiti -im pf.(refl)
potočlej -a m
Potočnik -a m
potok -a m
Potok -a m
V Potoku
potolažiti -im pf
potolciga -e f
potolči -em pf
potop -a m
potopiti -im pf
potorilo -a n
potožiti -im pf
potrampljati -am pf
potrditi -im pf
potreba -e f
potreben -bna -o
potrebiti -im pf
potrebovati -ujem impf
potres -a m
potresti -em pf
potrgati -am pf
potrkati -am pf
potrkljati -am pf
potrmati -am pf
potrofiti -im pf
potrositi -im pf
potroštati -am pf
potrotati -am pf
Potrovec -vca m
potrpeti -im pf
potrpljenje -a n
potršiti -im pf
potrt -a -o
potrucati -am pf

potrupati -am pf
potrupiti -im pf
potuhniti -em pf.refl
potuhnjenek -nka m
potuhtati -am pf
potukniti -em pf.refl
potuknjenek -nka m
potuliti -im pf.refl
poturčenec -nca m
povabiti -im pf
povadati v. poladati
povalj -a m
povaljati -am pf
povanje -a n
povartati -am pf
povasovati -ujem pf
povatati v. polatati
povati -am impf
povečati -am pf
povečerjati -am pf
povečini adv
povedati povem pf
povedovati -ujem impf
povesmo -a n
povest -i f
poveti v. povedati
povezati -žem pf
povezniti -em pf
povezovati -ujem impf
poveževati v. povezovati
povijati -am impf
povirtati -am pf
poviti -jem pf
povitnjak -a m
povlačiti -im pf
povnati v. pomniti
povodenj -dnji f
povoditi -im pf
povodje -a n
povohati -am pf
povojiti -im pf
povoziti -im pf
povreči -vržem pf
povrhati -am pf
povrhovati -ujem impf
povrhu adv
povrniti -em pf
površalo -a n
povsod adv
povsodej adv
povšta v. pošta
povštar v. poštar
povzdigovanje -a n
pozabiti -im pf
pozabljiv -a -o
pozad -a m
pozden -dna -o
pozdeti v. posteti
pozdi adv
pozdraviti -im pf.(refl)
pozdravljati -am impf
Pozelenišče -a n
Na Pozelenišču
pozemljenski -a -o
pozemljica -e f
pozen -zna -o
pozidati -am pf
pozimi adv
poznati -am impf.(refl)
poznič -a m
pozobati -am pf
pozveda v. podveza

pozvoniti -im pf
požaganje -a n
požagati -am pf
požebrati -am pf
požegnati -am pf
požehtati -am pf
poželenje -a n
poželeti -im pf
poženj -žnja -o
požeti -žejem pf
požgati -em pf
požiginje v. požaganje
požinj praed/adv
požinjati -am pf
požirati -am impf
požledrati -am pf
požlehtiti -im pf
požlihtati -am pf
požmahati -am pf
požnjak -a m
požokati -am pf
požrešen -šna -o
požreti -em pf
požugati -am pf
požvarati -am pf
požvižgati -am pf
prač -a m
prag -a m
prah -a m
prah adj.indecl
praha -e f
prajar -ja m
prajarica -e f
prajarija -e f
prajkling -a m
prajn -a m
prajs -a m
prajt praed
prajtelj -na m
prajten -tna -o
Prajzar -ja m
prakar -kra m
prakirati -am impf
praksis indecl f
pramič v. pranč
pranč -a m
pranganje -a n
prangati -am impf
pranje -a n
Prant -a m
prantelj -na m
praprot -i f
praproten -tna -o
Na Praprotni ravni
Praprotnik -a m
Na Praprotniku
prase -ta m
prasec -sca m
prasevnica -e f
prasica -e f
Na Prasici
praskati -am impf.refl
prasniti -em pf
praščevnik -a m
prašen -šna -o
prašenje -a n
prašič -a m
prašičev -a -o
prašičji -a -e
prašiti -im pf.refl
prašuš -a m
prata -e/-ø pl.f

pratati -am impf
prati perem impf
pratnast -a -o
pratosek -a m
prav praed/adv
pravda -e f
pravdati -am impf.refl
pravh -a m
pravhati -am impf.refl
pravi -a -o
    (ta) prava -e f
pra- v. pre-
pravica -e f
pravičen -čna -o
pravilen -lna -o
praviti -im impf.(refl)
pravljica -e f
pravlo interj
pravna -e f
pravza -e f
pravzaprav part
prazen -zna -o
praznik -a m
praznovati -ujem impf
praža -e f
pražiti -im impf
pražnje -a n
pražnjen v. pražnji
pražnji -a -e
prča I -e f
prča II -e f
prčast -a -o
prčej -a m
prdanja -e f
prdeti -im impf
prdež -a m
Prdež -a m
prdica -e f
prdniti -em pf
Prduh -a m
Prdus -a m
prebandrati -am pf
prebasati -bašem pf
prebiralnik -a m
prebiti -bijem pf
prebivalstvo -a n
prebivati -am impf
prebleči v. preobleči
prebokati -am pf.refl
preboren -rna -o
prebosti -bodem pf
prebrati -berem pf
prebresti -dem pf
prebroditi -im pf
prebuditi -im pf.refl
prebujati -am impf.refl
precartan -a -o
precediti -im pf
precej adv
precejati -am impf
precep -a m
precepiti -im pf
preč praed
prečesati -češem pf
preči -žem impf
prečnik -a m
pred adv/praep
    pred brati berem impf
    pred iti grem impf
    pred metati -čem impf
    pred priti pridem pf
    pred voziti -im impf

pred žebrati -am impf
predaj adv
Predasnik -a m
Pri Predasniku
prédati -am impf
predáti -am pf
predej adv
predel -a m
predelati -am pf
preden conj
predenec -nca m
predenje -a n
predi v. predaj
predica -e f
prediga v. pridiga
prediven -vna -o
predivo -a n
predlanski -a -o
predlanskim adv
prednjak -a m
prednji -a -e
predolg -a -o
Predosle -sel pl.f
Pri Predoslih
predova -e f
predpekel -kla m
predpostavljeni -ega m
predrag -a -o
predreti -em pf
predsinočnjim adv
predstaviti -im pf.(refl)
preduha -e f
predvčerašnjim adv
pref -a m
prefati -am pf
preftošnja -e f
preftrogar -ja m
preganiti -em pf
preganjati -am impf
preginovati -am/-jem impf
pregledati -am pf
pregledovati -ujem impf
pregljej -a m
pregnati -ženem pf
pregniranje -a n
pregovor -a m
pregreha -e f
pregrešen -šna -o
pregrešiti -im pf.(refl)
pregrevati -am impf
pregristi -znem pf
preguzati -am pf
pregvaltati -am pf
prehilati -am pf
prehiteti -im pf
prehladiti -im pf.refl
prehlajenje -a n
prehoditi -im pf
prehtig adj.indecl
preiti preidem pf
preizkušnja -e f
prej adv
preja -e f
prejeti prejmem pf
prejkoslej v. prej
prejšnji -a -e
prekajen -a -o
prekarjanje -a n
prekarjati -am impf.refl
prekel -kla m
prekidati -am pf
preklade -ø pl.f

prekleman -a -o
prekleti -kolnem pf
preklinjanje -a n
preklinjati -am impf
prekobaliti -im pf
prekoračiti -im pf
prekrižati -am pf.(refl)
prekrniti -em pf
prekuc -a m
prekucevati -ujem impf.refl
prekuclja -e f
prekucniti -em pf.(refl)
prekuha v. prikuha
prekuhati -am pf
prelaz -a m
Prelaznik -a m
preleči -žem pf.refl
preležati -im pf
preljub -a -o
Preljubelj -a m
prelomiti -im pf
premagati -am pf
premakniti -em pf.(refl)
premarnovati -am/-jem impf
premečevati -ujem impf.(refl)
premekniti v. premakniti
premesti -medem pf
premetati -mečem pf
premicija v. primicija
premikovati -am impf
premišljevati -am/-ujem impf
premlačevati -ujem impf
premlad -a -o
premlatiti -im pf
premleti -meljem pf
premoči -morem pf
premočiti -im pf
premokniti -em pf
premolkniti -em pf
premožen -žna -o
premoženje -a n
premraziti -im pf.refl
premrzel -zla -o
premrzniti -em pf
premza -e f
prenagel -gla -o
prenarediti -im pf
prenašati -am impf
prenaševati -ujem impf
preneh v. prenteh
prenesti -sem pf
prenočevati -ujem impf
prenočiti -im pf
prenoriti -im pf
prenteh -tha m
preoblačenje -a n
preoblačiti -im impf
preobleči -em pf
preobrniti -em pf
preorati -jem pf
preorjevati -am impf
prepad -a m
prepadati -am impf
prepasti -padem pf
prepeči -em pf
prepelica -e f
prepeljati -em pf
prepevati -am impf
prepevljati -am impf
prepirati -am impf.refl
preplašiti -im pf
prepoditi -im pf

prepovati -am pf
prepoved -i f
prepovedati -povem pf
prepovedovati -ujem impf
prepoveti v. prepovedati
prepozdi adv
prepričati -am pf.refl
preprijeti -primem pf
prepustiti -im pf
prereči -em pf.(refl)
prerediti v. prirediti
prerejtrati -am pf
prerekati -am impf.refl
prerezati -žem pf
prerok -a m
prerokilja v. šivilja
prerokovanje -a n
prerokovati -ujem pf/impf
prerolati -am pf
presaditi -im pf
presajati -am impf
prescati -ščijem/-ščim pf
prese v. prase
presedati -am impf
preseka -e f
presekati -am pf
preselc -a m
presenc -a m
presevek -vka m
president -a m
presipanje -a n
presjati -sejem pf
preskočiti -im pf
preskrbeti -im pf
preslab -a -o
preslica -e f
preslušati -am impf
presnet -a -o
presta -e f
prestati -nem pf
prestavljati -am impf
presti predem impf
prestiranje -a n
prestirati -am impf
prestopiti -im pf
prestrašiti -im pf.(refl)
prestreliti -im pf
prestreti -em pf
prestriči -žem pf
presukati -čem pf
preša -e f
prešati -am impf
preščipniti -em pf
preštelati -am pf
prešteti -jem pf
prešuštnik -a m
pretalati -am pf
preteči -em pf
pretega -e f
pretep -a m
pretepsti -tepem pf
pretet -a m
preti -i pl.f
pretisniti -em pf
pretiti -im impf
pretleči -em pf
pretoka -e f
pretolči -em pf
pretosek v. pritosek
pretrgati -am pf.(refl)
pretrniti -em pf.refl
preudarjati -am impf

Prevalje -ø pl.f
prevasovati -ujem impf
preveč adv
prevejati -em pf.refl
prevezati -žem pf
previden -dna -o
previdenje -a n
previti -jem pf
previžati -am pf
prevoz -a m
prevoziti -im pf
prevračati -am impf
prevreči -vržem pf.(refl)
prevrniti -em pf
prevuz v. prelaz
prevzdigniti -em pf.refl
prevzeti -vzamem pf.refl
prevzetnost -i f
prezbiterij -a m
prezel v. brezel
prezimiti -im pf
prezlat -a -o
preža -e f
prežagati -am pf
prežati -im impf
preženboreč -a -e
prežinjati -am pf
preživeti -im pf
prežvekati -am impf
prežvekovati -ujem impf
prga -e f
prhati -am impf
prhelj -na m
prhlja -e f
prhniti -em pf
pri praep
priarbati -am pf
pribandrati -am pf
pribasati -bašem pf.refl
pribezati -am pf
pribežati -am pf
pribijati -am impf
pribiti -jem pf
približen -žna -o
Priblja vas -e -i f
priburati -am pf
priča -e f
pričakati -am pf
pričakovati -ujem impf
pričen -čna -o
pričenjati -am pf
pričivkati -am pf
pričkati -am impf.refl
prična -e f
prida praed
pridejati -dem impf
pridelati -am pf
pridelek -lka m
pridelovati -ujem impf
priden -dna -o
prideti -denem pf
pridevati -am pf
pridiga -e f
pridigar -ja m
pridigati -am impf
pridirjati -am pf
pridjati v. pridejati
pridnost -i f
pridobiti -im pf
pridružiti -im pf.refl
pridušiti -im pf.refl
prif v. pref

prifinga -e f
priflikovati -am impf.refl
prifrkati -am pf
prigajtovati -am/-ujem pf
priganjanje -a n
priganjati -am impf
prigelj -na m
priglihati -am pf
prignati -ženem pf
prigode -ta m
prigodenj -a -e
prigodnja -e f
prigodi adv
prigodu adv
prigrizniti -em pf
prigrmeti -im pf
prihajati -am impf
prihantovati -am pf
prihavževati -am/-jem pf
prihekati -am pf
prihel v. prigelj
prihipati -am pf
prihod -a m
prihodnji -a -e
prihromastiti -im pf
prijatelj -tlja m
prijateljev -a -o
prijateljica -e f
prijateljstvo -a n
prijazen -zna -o
prijaznost -i f
prijemati -am impf
prijemščina v. primščina
prijeten -tna -o
prijeti primem pf
prijezditi -im pf
prikazati -žem pf
prikazen -zni f
prikidati -am pf
prikinkati -am pf
priklad -a m
prikladati -am impf
priklanjati -am impf.refl
priklicati -čem pf
priknofljati -am pf
prikocati -am pf
prikovati -kujem pf
prikrajšati -am pf
prikufati -am pf.refl
prikuha -e f
prikupiti -im pf.(refl)
prileči -ležem pf
prilesti -lezem pf
prileten -tna -o
prileteti -im pf
prilicitirati -am pf
priljuden -dna -o
priložnost -i f
primakniti -em pf
primanjkovati -ujem impf
primarširati -am pf
primerkati -am pf
primesiti -im pf
primešati -am pf
primeševanje -a n
primeševati -ujem impf
Primic -a m
primicija -e f
primiti -em pf
primodati -am pf
primojdušev -a -o
primorati -am pf

Primož -a m
primščina -e f
primuliti -im pf.refl
primunati -im pf.refl
prináreden -dna -o
prinašati -am impf
princ -a m
princezinja -e f
prinesti -em pf
prionegati -am pf
pripeljati -em pf.(refl)
pripeti -pnem pf
pripihati -am pf
pripikati -am pf
pripirati -am pf
priplaziti -im pf.refl
pripoginjevati -ujem impf.(refl)
pripogniti -em pf.(refl)
pripomagati -am pf
pripomoči -morem pf
priporočiti -im pf.refl
pripotek -tka m
pripovati -am pf
pripoved -i f
pripovédati -am impf
pripovedovati -ujem impf
pripovek -vka m
pripoznati -am pf
pripraviti -im pf
pripravljati -am impf.(refl)
priracati -am pf
prirajtati -am pf
prirasti -em pf
prirediti -im pf
prirezovati -ujem impf
pririžati -am pf
priroda -e f
priropotati -am pf
prirožljati -am pf
pris -a m
prisad -a m
prisaditi -im pf.refl
priseči -sežem pf
prisega -e f
prisegati -am impf
prisesti -sedem pf
prisevati -am impf
prisijati -jem pf
prisiliti -im pf
priskakati -kačem pf
priskakljati -am pf
priskočiti -im pf
prisloniti -im pf
prismoda -e f
prismode -ta m
prismoditi -im pf
prismojati -am impf
prismojen -a -o
prisoliti -im pf
pristati -stanem pf
Pristava -e f
    Na Pristavi
pristaviti -im pf
pristavljati -am impf
pristopiti -im pf
Pristovški -a -o
    Pristovški Storžič -ega -a m
    Pristovško -ega n
pristrah -a m
pristuditi -im pf.refl
prisukati -am pf
prisvitati -am pf.refl

prišaften -tna -o
prišantati -am pf
prišaštnica -e f
prišaštnik -a m
prišaštovati -ujem impf
prišaštvo -a n
prišintati -am pf
prišiti -jem pf
prišivati -am pf
priškreniti -im pf
prišparati -am pf
prišpičiti -im pf
prišpilati -am pf
prištikati -am pf
prištimati -am pf
prištucati -am pf
Pritaka -e f
Za Pritako
pritakniti -em pf.refl
pritamuzniti -em pf
priteči -em pf
pritegniti -em pf
pritet -a -o
priti -dem pf
pritiskati -am impf
pritiskniti -em pf
pritiskovati -ujem impf
pritisniti -em pf
pritleči -tolčem pf
pritosek -a m
pritoževati -ujem impf.refl
pritožiti -im pf.refl
pritrditi -im pf
pritukelj -na m
privaditi -im pf.(refl)
privaliti -im pf.refl
privat adj.indecl
privekati -am pf
privezalnik -a m
privezati -žem pf.(refl)
privežovati -am impf
privleči -em pf
privoščiti -im pf.(refl)
privoziti -im pf
privuz v. prelaz
privzdigniti -em pf.(refl)
privzdigovati -ujem impf
prizadevati -am impf.refl
prizanesti -em pf
prizoreti -im pf
prižaganje -a n
prižagati -am pf
prižan -a -o
prižati -am pf
priženiti -im pf.(refl)
prižgati -em pf
prižigati -am impf
prižje -a n
prk praed
prk v. pri
prkanje -a n
prkljica -e f
pro- v. pre-
prob -a m
proba -e f
probirati -am impf
probst v. propst
procati -am impf
procent -a m
procenta -e f
proces -a m
procesija -e f

procesirati -am impf
proč adv
prod -a m
prodaj -a m
prodajalec -lca m
pródanje -a n
pródati -am impf
prodáti -am pf
prode -ø pl.f
    Na Prodah
profecajati -am impf
profezar -ja m
profit -a m
profitirati -am pf/impf
proforma adv
progast -a -o
progla -e f
proht indecl f
prolanje -a n
prolati -am impf.refl
prolenk -a m
prondštiftar -ja m
propadati -am impf
propaganda -e f
propelar -ja m
propst -a m
prosen -a -o
prositi -im impf
proso -a n
prostirati v. prestirati
prostor -a m
prostost -i f
proš -a m
prošenje -a n
prošnja -e f
prošt -a m
protest -a m
protestirati -am impf
protfana -e f
proti adv/praep
    proti postaviti -im pf.(refl)
protje -a n
protpajtelj -a m
protror -a m
provec v. prvec
provesnica v. prvesnica
prožati -am impf
prse -ø pl.f
prsi -ø pl.f
prskati -am impf.refl
prsnik -a m
prst -a m
prst -i f
prstan -a m
prsten -a -o
prt -a m
prten -a -o
prtenina -e f
prtič -a m
prtiti -im impf
prugir -a m
pruh -a m
pruka -e f
Prukar -ja m
prulenk v. prolenk
prun -a m
prun -a -o
prustpan -a m
prušteh -a m
prvec -a m
prvenja -e f
prvesnica -e f

prvi -a -o
(ta) prvo adv
prvibart adv
przelja -e f
psaga -e f
psica -e f
V Psici
psiček -čka m
psinski -a -o
Psinski vrh -ega -a m
pšajdesen -sna m
pšc interj
pšenica -e f
pšeničen -čna -o
pšeničje -a n
pšeničnik -a m
pšenišče -a n
pšeno -a n
ptica -e f
ptič -a m
ptičica -e f
ptičjak -a m
ptičji -a -e
ptička -e f
pu hu interj
pua interj
pub v. pob
puc puc puc interj
pucanje -a n
pucar -ja m
pucati -am impf
pucmašin -a m
puč -a m
pudelj -dlja m
puder -dra m
pudlar -ja m
puf interj
pufar -ja m
Pufarjev -a -e
pugrad v. pograd
puh v. plug
puhar -ja m
puhej -a m
puhel -hla -o
puhholtar -ja m
puhholtinga -e f
puhniti -em pf
puhovec -vca m
pukel -kla m
Pri Puklu
puklač -a m
puklast -a -o
V Puklastem travniku
pukspan -a m
Pukš -a m
pukša v. puška
pukšica v. puškica
pukštob -a m
pulber -bra m
pulej -a m
Pulpače -ø pl.f
pulparh -a m
pulpeh -a m
puls -a m
pum -a m
pumnati v. pomnati
pumpa -e f
pumpati -am impf
pumpava -e f
pumrati -am impf
punati v. pomnati
pungrad -a m

V Pungradu
Pungradnik -a m
punkar -ja m
punkelj -na m
punpu v. pol
punš -a m
punt -a m
puntaka -e f
puntelj -na m
punteljc -a m
puntlej -a m
puntljast -a -o
punttram -a m
pupa -e f
pupati -am impf
pupu interj
pura -a m
purbel -bla m
purgamaster -tra m
purgar -ja m
purka -e f
purman -a m
purpela -e f
purpelič -a m
purpeljce -a n
purš -a m
puršt -a m
pusar -ja m
pust -a m
pust -a -o
pustela -e f
pustelnjak -a m
pusten -tna -o
pustin -a m
pustiti -im pf
pustnik -a m
pustnjak -a m
pustota -e f
Na Pustoti
pua pua interj
pustovanje -a n
pustovati -ujem impf
puša -e f
puščati -am impf
puščava -e f
puščavnik -a m
puščica -e f
pušelj -šlja/-na m
pušeljc -a m
puška -e f
puškica -e f
pušlej -a m
Pušnik -a m
pušpan -a m
puštab v. poštab
puta -e f
Putarhof -a m
pute -ø pl.f
puter -tra m
putla -e f
putnjak -a m
putov -a -o
putrih -a m
putrišej -a m
puvati v. povati
púvinje v. povanje
puvnati v. pomnati
puzati -am impf.refl

R

rabarbara -e f
Rabenštajn -a m
rabota -e f
rabotati -am impf
raca -e f
racman -a m
racnija v. arcnija
račati -am impf
račlja -e f
račljanje -a n
račljati -am impf
računanje -a n
rad -a -o/adv
radar -ja m
radarski -a -o
Radecki -ega m
radel -na m
raderca -e f
radio -a m
radirati -am impf
radirgumi -ja m
Radiše -ø pl.f
radlo v. ralo
radltruglica -e f
Radniška planina -e -e f
Rafael -a m
rafal -a m
rafen v. rajfen
raflustig adj.indecl
raglja -e f
rahel -hla -o
raj -a m
rajanje -a n
rajati -am impf
rajbtrigel -gla m
rajcljati -am impf
rajd -a m
rajda -e f
rajdast -a -o
rajdovec -vca m
rajec -jca m
rajevec -vca m
rajfajzenkasa -e f
rajfen -fna m
rajh -a m
rajhati -am impf
rajhskanclija -e f
rajka -e f
rajn adj.indecl
Rajnar -ja m
rajni -a -o
  rajni -ih pl.m
rajniš -a m
rajniš adj.indecl
rajnišar -ja m
rajnklič -a m
rajnling -a m
rajs -a m
rajsa -e f
rajsati -am impf
rajsfaršlus -a m
rajši v. rad
rajta v. rejta
rajtati -am impf.(refl)
rajtelj -na m
rajter v. rejter
rajtferd -a m
Rajthofar -ja m
rajtinga -e f
rajtljati -am impf
rajtovati -am/-jem impf

rajzentar -ja m
rajža -e f
rajžati -am impf
rajželj -žlja m
rajželjc -a m
rajžica v. rejžica
rak -a m
rake -ø pl.f
Rakeb -a m
rakov -a -o
Rakovec -vca m
V Rakovcu
ralnik -a m
ralo -a n
rama -e f
ramati -am impf
ramor -ja m
ramovš -a m
rana -e f
rancala -e f
rancati -am impf
raniti -im pf
rank -a m
ranta -e f
rantica -e f
rap v. rep
rapan -a m
rapincelj -clja m
rapljač -a m
rapljanja -e f
rapljanje -a n
rapljati -am impf
raps -a m
ras -a m
rasa -e f
rasast -a -o
rasevina -e f
Raske v. Raztoke
rasljati -am impf
rast -i f
rasti -tem impf
Rastočnik -a m
raščevec -vca m
raščiti -im impf.refl
Raškob -a m
rat -a m
ratati -am pf/impf
ratna -e f
ratovati -am/-jem impf
ravb -a m
ravbanje -a n
ravbar -ja m
ravbarhavpman -a m
ravbati -am impf
ravbšic -a n
raven v. zraven
raven -vna -o
raven -vni f
Raven -vni f
Na Ravni
Pod Ravnijo
Ravni -i pl.f
ravfenk -a m
ravfenkerar -ja m
ravfnjak -a m
ravhati -am impf
ravna -e f
Ravna -e f
ravnanje -a n
ravnati -am impf.(refl)
Ravne -ven pl.f
Na Ravnah

ravnica -e f
Na Ravnicah
V Ravnicah
Ravnik -a m
ravnina -e f
Ravnina -e f
Ravnjak -a m
ravno -ega n
ravpa -e f
Ravš -a m
ravšelj -šlja m
Ravšev -a -o
ravt -a m
raz praep
razbasati -bašem pf
razbeliti -im pf
razbešati -am impf
razbiti -jem pf
razboj -a m
razbojnik -a m
razboleti -im pf.(refl)
rázbor -ja m
razbora -e f
razbrljati -am pf
razcepiti -im pf
razdejati -dem pf
razdeliti -im pf
razdirač -a m
razdirati -am impf
razdrapati -am pf
razdražiti -im pf
razdrešiti v. zdrešiti
razdreti -drem pf
razganjati -am impf
razgariti -im pf.refl
razglasiti -im pf
razgnati -ženem pf
razgon -a m
razgrniti -em pf
razirati -am impf
razirbosar indecl m
razjesti -jem pf
razjeziti -im pf.(refl)
razkajdati -am pf
razkazati -žem pf
razklad -a m
razklanjati -am impf.refl
razklati -koljem pf
razkleniti -em pf.refl
razkljuvati -am pf
razkoračiti -im pf.refl
razkoraški v. skoraški
razkošmati -am pf
razkrhniti -em pf.refl
razlesti -zem pf.refl
razleteti -im pf.refl
različen -čna -o
razloček -čka m
razločiti -im pf
razmaza -e f
razmazati -žem pf
razmetati -čem pf
raznašati -am impf
raznesovati -ujem impf
raznesti -em pf
razneštljati -am pf
raznetiti -im pf
razobesiti -im pf
razodeti -nem pf
razoglav -a -o
razornica -e f
razpasti -padem pf

razpeti -pnem pf
razpokati -am pf.refl
razpolaga -e f
razporhati -am pf
razpotje -a n
Razpotje -a n
Na Razpotju
razpotnik -a m
razprasniti -em pf
razpresti -predem pf.refl
razprodati -am pf
razprostirati -am impf.refl
razprostreti -em pf
razrezati -žem pf
razsekati -am pf
razsoditi -im pf
razstropilo -a n
razsuti -jem pf
razsvetliti -im pf
razšajdati -am pf.refl
raztalati -am pf
Raztoke -ø pl.f
raztopiti -im pf
raztrgati -am pf
raztrositi -im pf
raztrošati -am impf
razvajati -am impf
razvalina -e f
razvažati -am impf
razvažkovati -ujem impf
razveseliti -im pf.(refl)
razvlačiti -im pf
razžaliti -im pf
rcnija v. arcnija
rdeč -a -e
Pri Rdeči prsti
rebeka -e f
rebeliš adj.indecl
reber -bri f
rebetičje -a n
rebetika -e f
rebičje -a n
rebolbar -ja m
rebra -e/-i f
Rebra -e f
Na Rebri
V Rebri
rebrica -e f
V Rebrici
rebro -a n
recept -a m
recimo part
reč -i f
Rečan -a m
rečevje -a m
reči -em pf.(refl)
rečišče -a n
rečnik -a m
Rečnik -a m
red -a m
red -i/-a f/m
redek -dka -o
redel -na m
rediti -im impf.(refl)
redkva -e f
redlih adj.indecl
rednar -ja m
rednik -a m
redoseja -e f
redovec -vca m
regelmesig adv
regenmontel -tla m

regirati -am impf
regiringa -e f
reglja -e f
regljač -a m
regljanja -e f
regljati -am impf
regulirati -am impf
regulirenga -e f
reh -a m
rehc interj
rehconbolt -a m
rehelj -na m
reheljnov -a -o
rehenheft -a m
rehenpuh -a m
rehlja -e f
Rehperg -a m
rej v. raj
reja -e f
rejda -e f
rejdati -am impf
rejenek -nka m
rejs -a m
rejsati -am impf
rejsovati -ujem impf
rejš v. reš
rejta -e f
rejtati -am impf
rejter -tra m
rejtrati -am impf
rejza -e f
rejžica -e f
reka -e f
Reka -e f
rekati -am impf
rekomandirati -am pf
rekrut -a m
reksglos -a m
religijon -a m
religijona -e f
rema -e f
remen v. jêrmen
remica -e f
Remšenikov -a -o
    Remšenikova voda -e -e f
remštanga -e f
rena -e f
Rena -e f
renovirati -am pf/impf
renta -e f
rep -a m
    V Repu
    V Repah
    Za Repami
repa -e f
repan v. rapan
Repas -a m
    Pri Repasu
repat -a -o
Repe -ø pl.f
Repel -a m
repen -pna -o
repetnica -e f
rephendel -dla m
repica -e f
Repicev -a -o
repič -a m
repičen -čna -o
repičev -a -o
repičevina -e f
repišče -a n
Repljan -a m

repljati v. rapljati
Replje -pelj pl.f
repnica -e f
Reprc -a m
res praed
resa -e f
resast -a -o
resen praed
resen -sna -o
resje v. vresje
resnica -e f
Resničan -a m
reš adj.indecl
rešetar -ja m
rešeto -a n
rešilnica -e f
rešilo -a n
rešitev -tve f
rešiti -im pf.(refl)
reška -e f
rešnji -a -e
rešpekt -a m
rešpetin -a m
rešta -e f
reta -e f
retati v. rejtati
retinga -e f
retnja -e f
retungsavto -a m
retungspatrula -e f
reva -e f
revec -vca m
reven -vna -o
revež -a m
revkati -am impf
revolver -ja m
revsati -am impf
revščina -e f
Reza -e f
rezalen -lna -o
rezalnica -e f
rezanja -e f
rezanje -a n
rezar -ja m
rezáti -am impf.(refl)
rézati -žem impf
Rezej -a m
rezen -zna -o
rezervirati -am pf
rezezob v. krezozob
rezgetati v. rezáti
Rezija -e f
Rezika -e f
rezitva -e f
rezlej -a m
rezljati -am impf
reznica -e f
rezovanje -a n
rezovati -ujem impf
rezovnica -e f
reža -e f
režati -im impf.refl
reževati -ujem impf
režnica -e f
riba -e f
riban -a m
ribanica -e f
ribanje -a n
ribast -a -o
ribati -am impf
ribeželj -na m
ribica -e f

ribič -a m
ribiti -im impf
ribizel -zla m
ribizelen -lna -o
ribji -a -e
ribnik -a m
ričet -a m
rida -e f
  Uscana rida -e -e f
ridast -a -o
ridati -am impf
ridnik -a m
rifelj -na m
rifljati -am impf
rigati -am impf.refl
rigelj -na/-glja m
  V Riglju
Rigeljc -a m
  V Rigeljcu
rihta -e f
rihtar -ja m
rihtati -am impf
rihtik adv
Rikarja vas -e -i f
rikati -am impf
rikberc adv
rikcug -a m
rikelj -na m
rikfol -a m
riklja -e f
riksiht -i f
rilec -lca m
Rim -a m
rimen v. jêrmen
rimski -a -o
rincati -am impf
rincniti -em pf
rinčica -e f
ringati -am impf
ringelšpil -a m
riniti -em impf
rinja -e f
rink -a m
rinka -e f
rinkati -am impf
rinkica -e f
Rinkole -ø pl.f
Rinkoljan -a m
rinkolški -a -o
Ripelj -na m
ripenfelentcindinga -e f
rips -a m
ripselj -na m
ripspirnli -jev pl.m
rirati -am impf.refl
rise -ja m
riselj -na m
rišelj -na m
rit -i f
ritast -a -o
riti rijem impf
ritinja -e f
ritnica -e f
riža -e f
Rižnarjev -a -o
rja -e f
rjav -a -o
  Rjava njiva -e -e f
  Rjava peč -e -i f
  V Rjavem plazu
Rjavca -e f
rjavec -vca m

rjavica -e f
rjavkast -a -o
Rjavško jezero -ega -a n
rjoveti -em impf
rjuha -e f
rjušna -e f
rjušnica -e f
rjuti rjovem impf
rob -a m
Rob -a m
    Na Robu
roba -e f
robanec -nca n
Robež -a m
    Na Robežu
Robice -ø pl.f
    Za Robicami
robida -e f
robidnica -e f
robiti -im impf
Roblekovo -ega n
    Na Roblekovem
Robota -e f
    V Roboti
roc -a m
roč -a m
roča -e f
ročen -čna -o
ročica -e f
ročnik -a m
rod -a m
rod -a -o
rodelj -na m
Rodine -ø pl.f
    Na Rodinah
róditi -im impf
rodíti -im pf.(refl)
rodlati -am impf.refl
rodoseja v. redoseja
rodšina -e f
rofendelj -na m
rog -a m
Rog -a m
rogačica -e f
rogat -a -o
rogej -a m
rogelj -glja/-na m
roglja -e f
rogljač -a m
rogljanje -a n
rogljast -a -o
rogljat -a -o
rogljati -am impf
rogovila -e f
roj -a m
rojen v. roditi
rojiti -im impf
rojsten -tna -o
rojstvo -a n
Rok -a m
roka -e f
    V Roki
rokav -a m
rokavčič -a m
rokavec -vca m
rokavica -e f
rokica -e f
rola -e f
rolati -am impf.(refl)
rolej -a m
rolkati -am impf
rolna -e f

rolovec -vca m
Roman -a m
romanje -a n
romar -ja m
romarski -a -o
romati -am impf
romelj -na m
romlja -e f
rompati -am impf
rompompom -a m
rona -e f
rončelica -e f
ronec -nca m
ronin -a -o
rop -a m
Ropačev -a -o
    Ropačev tumf -ega -a m
    Ropačev vrh -ega -a m
rópáv -a m
ropodra -e f
ropot -a m
ropotanja -e f
ropotanje -a n
ropotati -am impf
ropotec -tca m
    Na Ropotcu
ropotela -e f
ropotija -e f
ropotovje -a n
Roprat -a m
    Roprače -a n
    Na Ropračem
ropunt -a m
ror -a m
Roraher -ja m
rorec -rca m
rorič -a m
rosa -e f
rosen -sna -o
rosina -e f
rosnik -a m
rosodeja v. redoseja
roš -a m
Roščica -e f
roški -a -o
rošljanje -a n
rošmid -a m
rošpelj -na m
roštati -am impf
Rot -a m
rothavz -a m
rotiti -im impf.(refl)
rotkrepfeljč -a m
rotlavf -a m
rov -a m
Rov -a m
Rovnik -a m
rovt -a m
rovtar -ja m
rovte -ø pl.f
roza -e f
Rozalija -e f
Rozarija -e f
rozarski -a -o
Rozarsko -ega n
rozenkravt -a m
rozetelj -na m
rozina -e f
Rož -a m
rožа -e f
Rožan -a m
Rožanka -e f

rožej -a m
Rožek -a m
roženkranc -a m
rožica -e f
rožič -a m
Rožič -a m
    Pri Rožiču
rožljanja -e f
rožljati -am impf
rožmarin -a m
rožni -a -o
Rtač -a m
    Pri Rtaču
Rtačev -a -o
    Pri Rtačevi meji
rtiči -ev pl.m
rtinja v. ritinja
rtovje -a n
rtunja -e f
ruda -e f
Rudej -a m
Rudel -na m
rufati -am impf
ruina -e f
rukati -am impf
rukniti -em pf
ruksok -a m
Rumar -ja m
rumel -mla m
rumen -a -o
rumence -a n
rumenec -nca m
rumenica -e f
rumenjak -a m
rumfast -a -o
rumpelkomar indecl f
rupa -e f
rus -a m
Rus -a m
rusast -a -o
ruse -ø pl.f
Rusija -e f
ruski -a -o
Ruslond -a m
rusulja -e f
ruševje -a n
rušiti -im impf
rušje -a n
rušt -a m
rut -a m
Rut -a m
ruta -e f
Rutar -ja m
Rutarica -e f
Rutarjan -a m
rutarski -a -o
rute -ø pl.f
Rute -ø pl.f
rž -i f
ržen -a -o
ržišče -a n
ržiščnica -e f
Ržov -a m
    Na Ržovu
Ržovnik -a m

S

s praep
    s/z … vred
sa v. sè
sablja -e f

sabljica -e f
sacen adv
sad -a m
sadež -a m
saditi -im impf
sadje -a n
Sadovje -a n
  V Sadovju
sagont -a m
sagonten -tna -o
sahniti -em pf
sahnovati -ujem impf
saj conj
saj v. vsaj
sajast -a -o
sajberl -a m
saje -ø pl.f
sajfentacel -na m
sajhar -ja m
sajtengraben -a m
sak -a m
sakovje v. sekovje
sakramenski -a -o
  sakramenska interj
  sakramensko interj
sakramentirati -am impf
sakramentuc interj
Sala -e f
salabolt interj
salama -e f
salamander -dra m
salamenski -a -o
Sali indecl f
Salomon -a m
salon -a m
salpeter -tra m
saltan -a m
sam -a -o
sam -ega m
samcev -a -o
samec -mca m
Samenica -e f
  V Samenici
samica -e f
samiški -a -o
samo part
samogolten -tna -o
samohvala -e f
samojstra -e f
samorašča -e f
samoroh -a m
samosek v. senosek
samota -e f
samoten -tna -o
samotež adv
samotežen -žna -o
samotežnica -e f
samotežnik -a m
sanenec -nca m
sani -i pl.f
sanj -a m
sanjati -am impf.(refl)
sanje -ø pl.f
santre v. sentre
sapa -e f
sapnik -a m
Sapotnjakov -a -o
saprabolski -a -o
saprabolt interj
sat -a m
satan -a m
satnica -e f

satnik -a m
sato -a n
satovje -a n
Sava -e f
savkati -am impf
savpopel -pla m
savtan v. saltan
scagati -am pf
scanje -a n
scati ščijem/ščim impf
scefrati -am pf
scejati -am impf
scepiti -im pf
scerati -am pf
scesniti -em pf.refl
scimiti -im pf
sčamati -am pf.refl
sčasoma adv
sčeniti -em pf.refl
sčesati -češem pf
sčistiti v. izčistiti
sčmažiti -im pf
sčodrati -am pf
se pron.refl
sè adv
    sèdoli
se se interj
sebati -am impf
sebe v. se
sebej -a m
seča -e f
    V Sečah
seči -em impf
seči -žem pf
sedaj adv
sedanji -a -e
Sedelce -ø pl.f
    Na Sedelcah
sedem num
    Pri Sedmih studencih
sedembarti adv
sedemdvajseti num
sedemnajst num
sedemnajsti -a -o
sedemredi num
sedemsto num
sedemštiredi -a -o
sedemštiredi num
sedemtrideseti num
sedeti -im impf
Sedice -ø pl.f
    Na Sedicah
sedle adv
Sedlica -e f
    Na Sedlici
sedlo -a n
sedmi -a -o
    sedma -e f
sedmica -e f
sedmina -e f
segati -am impf
segori adv
sehetati -am impf
sehovati -ujem impf
sehtanje -a n
sehtati -am impf
sej v. sè, sedaj
sejanje -a n
sejati -em impf
sejem -jma m
sekač -a m
sekalnica -e f

sekalo -a n
sekanje -a n
sekant adj.indecl
sekati -am impf
sekira -e f
sekirati -am impf.(refl)
seklica v. usekljica
sekljati -am impf
sekniti -em pf
sekovje -a n
seksafuhcik num
sekular -ja m
sekunda -e f
Sela -e f
Selan -a m
selbstgeher -ja m
sele adv
Sele -ø pl.f
selha -e f
selhar -ja m
selhati -am impf
selišče -a n
seliti v. ven
seljak -a m
Selka -e f
selmvermer -ja m
selo -a n
Selo -a n
Na Selu
selpštendik adj.indecl
selski -a -o
sem adv
seme -na n
semelj -na m
semenica -e f
semenj -mnja m
semišče -a n
Na Semišču
semlja -e f
sen sna m
senaroža -e f
senaten -tna -o
senca -e f
sence -a/-ø n/pl.f
sencen -cna -o
senčen -čna -o
sendar -ja m
senèn -a -o
sènen -a -o
senf -a m
senica v. sinica
Senišče -a n
Na Sejšah
senjem v. semenj
senkgruben indecl f
seno -a n
senosek -a m
senožet -i f
senter adv
sentre adv
sepliv -a m
Serajnikov -a -o
serbijet -a m
serbijeten -tna m
sercirati -am impf
sere adv
servirati -am impf
ses -a m
sesati -am impf
sesekati v. zasekati
sesesti -dem impf
seslanja -e f

sesljač -a m
sesljati -am impf
sestaviti -im pf
sestavljati -am impf
sesti sedem pf
sestra -e f
sestrica -e f
sestrička -e f
sestrična -e f
sesuti -ujem pf.refl
setev -tve f
se-ti v. šeti
setva -e f
setvina -e f
seveda praed
sèven adv
seven v. silen
sèvenkaj adv
sever -a m
sèvne adv
sevnica -e f
sezuti -jem pf
sezuvati -am impf
sfehtati -am pf.refl
sfilati v. ven
sfolšati -am pf
sfotrati -am pf
sfrčati -im pf
sfretati -am pf
sfrišati -am pf
sfrkati -am pf
sfrkniti -em pf
sfutrati v. sfotrati
shajati -am impf.refl
shajati v. vzhajati
shirati -am pf
shladiti -im pf
shoditi -im pf
shraniti -im pf
shranjevati -ujem impf
shujšati -am pf
si si interj
si v. sè, sedaj
sib -a m
Sibila v. Cimbilija
sic -a m
sicinga -e f
sidlinga -e f
Sidmark -a m
sigar -ja m
sigel -gla m
signal -a m
sihenhavs -a m
sihovati -ujem impf
sihringa -e f
sijati -jem impf
sikati v. savkati
sila -e f
sile adv
silen -lna -o
Silfester -tra m
silfestrovo -ega n
siliti -im impf
silo -a n
silvestre -a n
simar -ja m
sin -a m
Sinča vas -e -i f
sinek -nka m
sinica -e f
siničica -e f
Sinja -e f

sinočešnji -a -e
sinoči adv
sinočnji -a -e
sinsveti -ov/-ø pl.m/pl.f
sinški -a -o
Sinški vrh -ega -a m
sipati -am/-pljem impf
sir -a m
sirek -rka m
siren -rna -o
siriti -im impf
sirk v. sirek
sirkati -am impf
sirkov -a -o
sirkovec -vca m
siromak -a m
siromakinja -e f
sirota -e f
sirotast -a -o
sirotej -a m
siroti -a -o
sirotice -ø pl.f
sirotka -e f
sirov -a -o
sisati v. zisati
sit -a -o
siten -tna -o
sitnež -a m
sitnost -i f
sito -a n
situacion -a m
situna v. setvina
siv -a -o
sivan -a m
sivara -e f
sivec -vca m
sivka -e f
sivkast -a -o
sivomodrijahast -a -o
sjati v. sejati
skajt -i f
skajten -tna -o
skakanje -a n
skakati -čem impf
skala -e f
Skalar -ja m
skalovje -a n
skaniti -em pf
skartati -am pf
skavsati -am pf.refl
skaziti -im pf
skedenj -dnja m
skelet -a m
skidljati -am pf
skipeti v. vzkipeti
skiplja -e f
skipniti -em pf
skisati -am pf.refl
skisniti -em pf
sklad -a m
skladanek -nka m
skladanje -a n
skladati -am impf
sklančati -am pf.refl
sklanfati -am pf
sklati v. razklati
skleda -e f
skledica -e f
V Skledici
sklednjak -a m
skleniti -em pf
sklep -a m

sklepáti -pljem pf
sklépati -am impf.refl
sklepec -pca m
sklepičav -a -o
sklepičen -čna -o
sklepičnjak -a m
sklicati -čem pf
skljubetovati -ujem pf
skljuvati -am pf
skobaliti -im pf
skočiti -im pf
skočnik -a m
skod adv
skoder adv
skoderja adv
skok -a m
    Na Skoku
    Pod Skokom
skokoma adv
skolič v. sokolič
skomine -ø pl.f
skončati -am pf.refl
skopáti -pljem pf
skopneti -im pf
skopnica -e f
skopničkast -a -o
skor v. skoraj
skoračiti v. razkoračiti
skoraj adv
skoraški adv
skorenca -e f
skorja -e f
skorjica -e f
skoro adv
skosilčati -am pf
skošiti -im pf
skošmati -am pf
skotati -am pf.refl
skovati -kujem pf
skozi adv/praep
    skozi gnati ženem impf
skranja -e f
skrb -i f
skrbeti -im impf
skrčiti -im pf.refl
skregati -am pf.refl
skrel v. skril
skrempati -am pf
skresati -am/-krešem pf
skril -i f
skrinja -e f
skrinjica -e f
skriti -jem pf
skrivati -am impf
skriven -vna -o
skriviti -im pf
skrivnost -i f
skrivšen -šna -o
skrižema adv
skrmina v. skrnina
skrminast v. skrninast
skrničen -čna -o
skrnina -e f
skrninast -a -o
skrnjačen -čna -o
skručiti -im pf.refl
skrun -a m
skrunast -a -o
skuberlj -na m
skuhati -am pf
skujan -a -o
skup adv

skurbati -am pf.refl
skuren -rna -o
skusiti -im pf
skušati -am impf.(refl)
skuševati -ujem impf
skušnjava -e f
skušva -e f
skuta -e f
slab -a -o
slabihav -a -o
slabost -i f
slačiti -im impf.refl
sladek -dka -o
sladkost -i f
slak -a m
slakoper -ja m
slama -e f
slamati -am impf
slamka -e f
slamnast -a -o
slamnat -a -o
slamnaten -tna -o
slamnica -e f
slamnik -a m
slamnjak -a m
slan -a m
slan -a -o
slana -e f
slanica -e f
slanik -a m
slanjati -am impf.refl
slap -a m
slapeti -im impf
slapkar -ja m
sleči slečem pf
sled -i f
sleden -dna -o
slediti -im impf
slednji -a -e
slednjibart adv
slej v. šlej
Slemanje -ø pl.f
sleme -a n
slep -a -o
slepec -pca m
slepir -ja m
slepota -e f
slezeno -a n
slina -e f
slinast -a -o
sliniti -im impf
slinovec -vca m
slinovrat -a m
slišati -im impf
slišati -im pf/impf.(refl)
sliva -e f
slivica -e f
slivovec -vca m
slok -a -o
sloniti -im impf
Slovenec -nca m
slovenji -a -e
Slovenka -e f
slovenski -a -o
slovenščina -e f
sloveti -im impf
slovo -esa n
služaben -bna -o
služabnik -a m
služba -e f
služiti -im impf
smeh -a m

smejati -im impf.refl
smešen -šna -o
smešnarji -ev pl.m
smet -i f
smetana -e f
smetanopolok -a m
smeti smem impf
smetje -a n
smetnica -e f
smiklavž v. šmiklavž
smiliti -im impf.refl
smode -ta m
smoditi -im impf.(refl)
smodovje -a n
smoja -e f
smokvica -e f
smola -e f
smoljak -a m
smolje -a n
Smolnica -e f
Na Smolnici
Smolnik -a m
smolov -a -o
smolovec -vca m
smolovje -a n
smrad -a m
smrajda -e f
smrčati -im impf
smrdeti -im impf
smrdljavec -vca m
smrduh -a m
smrečinka -e f
smrečje -a n
smreka -e f
smrekov -a -o
Smrekovec -vca m
smrkav -a -o
smrkavec -vca m
smrkelj -klja m
smrklja -e f
smrlinje -a n
smrt -i f
smrtanja -e f
smrten -tna -o
Smrtnik -a m
Pri Smrtniku
smrtnjak -a m
smuk interj
smukati -am impf
smukljica -e f
smukniti -em pf
snaga -e f
snažiti -im impf
sneden -a -o
snedenec -nca m
sneg -a m
snemati -am impf
snesti snem pf.(refl)
sneti snamem pf
snežen -žna -o
snoči v. sinoči
snop -a m
snopej -a m
snopič -a m
snopje -a n
snovalnica -e f
so interj
sobota -e f
sobote adj.indecl
sobotji -a -e
socej -a m
socialdemokrat -a m

socialist -a m
sod -a m
sod adv
soda -e f
sodba -e f
sodič -a m
soditi I -im impf
soditi II -im impf
sodje -a n
sodnik -a m
sodnji -a -e
sofort adv
soha -e f
sojenica -e f
sok -a m
sokat -a -o
sokel -kla m
soken -kna m
sokol -a m
sokolič -a m
sokovje -a n
sokrovica -e f
sôl -a m
sol -i f
solata -e f
solatica -e f
solcfasel -na m
solcpurgarica -e f
solcstangel indecl m
soldaški -a -o
soldat -a m
solinjak -a m
soliti -im impf
solni -a -o
solo interj
solza -e f
solzen -a -o
solzica -e f
somarfriš -a m
somarfrišlar -ja m
someja -e f
somenj -mnja m
somlati -am impf
somotežnica v. samotežnica
somrakinja -e f
sonce -a n
sončece -a n
sončen -čna -o
sončnica -e f
soparen -rna -o
Sopotnica -e f
sopran -a m
sopsti -pem impf
soreda adv
sorej -a m
sorta -e f
sos -a m
sosed -a m
soseden -dna -o
sosedinja -e f
sosedov -a -o
sosedski -a -o
soser -ja m
soserjev -a -o
soseščina -e f
sotel -tla m
sotlar -ja m
sova -e f
soven v. sèven
sovjak -a m
sovne v. sèvne
sovnkaj v. sèvenkaj

sovraštvo -a n
sovražiti -im impf
sovražnik -a m
Sovrško polje -ega -a n
spaček -čka m
spačiti -im pf.refl
spadati -am impf
spahniti v. izpahniti
spakovati -am impf.refl
spančkati v. pančkati
spanec -nca m
spanje -a n
sparen -rna -o
sparnati -am pf
spati spim impf
spečati -am pf.refl
speči specem pf.(refl)
spekati -am pf
speljati -em pf
spenjati -am impf.refl
speobrniti -em pf
spereti -im pf
spervenja adv
spet adv
speti spnem pf
spev -a m
spevljati -am impf
spezdeti -im pf.refl
spitati -am pf
spiti v. izpiti
splačati v. izplačati
splakévati v. izplakévati
splakniti v. izplakniti
splašiti -im pf.(refl)
splaziti -im pf.refl
spledran -a -o
splesniti -im pf
splesnovati -ujem impf
splesti spledem/spletem pf
splet -a m
spletati -am impf
splevšati -am pf
sploh part
splunkati -am pf
spočeti -nem pf
spočitati -am pf
spočiti -jem pf.refl
spod adv/praep
spodaj adv
spodíti -im pf
spóditi -im pf
spodja adv
spodnjak -a m
spodnji -a -e
  Na ta Spodnjem Junčevcu
  Spodnja Belcarica -e -e f
  Spodnja reber -e -bre f
  Spodnja Sončna -e -e f
  Spodnje Krčanje -ih -ø pl.f
  Spodnje Rute -ih -ø pl.f
  Spodnje Vinare -ih -ø pl.f
  Spodnji breg -ega -a m
  Spodnji travnik -ega -a m
  V Spodnjem logu
spodnjica -e f
spodrasati -am pf
spôkati -am pf
spokljica -e f
spokojen -jna -o
spokoriti -im pf.refl
spolniti v. izpolniti
spolu adv

spolzek -zka -o
spomin -a m
spominjati -am impf.(refl)
spomniti -im pf.(refl)
sporen -rna -o
sporhati -am pf
sposoditi v. izposoditi
spošten -a -o
spoštljiv -a -o
spoštovati -ujem impf
spotakniti -em pf.(refl)
spóti adv
spotoma adv
spov v. spolu
spovati -am pf
spoved -i f
spovedati -edam impf.(refl)
spovedati spovem pf.(refl)
spovedni -a -o
spovednica -e f
spovednik -a m
spovedovati -ujem impf.(refl)
spoviti -jem pf
spovniti v. spomniti
Spovovnice -ø pl.f
V Spovovnicah
spoznati -am pf.(refl)
sprašiti -im pf
sprati v. izprati
spraviti -im pf.(refl)
spravljati -am impf
sprazniti v. izprazniti
spreči v. izpreči
spred adv
spredaj adv
spredenec -nca m
sprehajati -am impf.refl
sprejemati -am impf
sprejeti sprejmem pf
sprekarjanje -a n
sprekarjati -am impf.refl
sprekarjavec -vca m
spreljub -a -o
spremeniti -im pf.(refl)
spreobleči -em pf.(refl)
spreobrniti -em pf.(refl)
sprereči -em pf.refl
spresti spredem pf
sprešati -am pf
spreti sprem pf
spričevati -ujem impf
spriditi -im pf
sprijeti sprimem pf.refl
sprodati v. razprodati
sprostirati v. razprostrirati
sprostiti -im pf
sprostreti v. razprostreti
sproti adv
sprovnina -e f
sprožati -am impf
sprožiti -im pf
sprva adv
spucati -am pf
spufati -am pf.refl
spulhati -am pf
spuntati -am pf.(refl)
spustiti -im pf.(refl)
spuščanje -a n
spuščati -am impf
spuv v. spolu
spuvati v. spovati
sraga -e f

sragišče v. srajšče
srajca -e f
srajšče -a n
sraka I -e f
sraka II -e f
srakolič -a m
sram -a m
sramežljiv -a -o
sramota -e f
sramovati -ujem impf.refl
sranje -a n
srati serjem impf
Srb -a m
srbeti -im impf
srbotje -a n
srce -a/-ta n
srčen -čna -o
srčnik -a m
srebrn -a -o
srebrnik -a m
Srebrnik -a m
Pri Srebrniku
srebrnina -e f
srebro -a n
sreča -e f
srečati -am pf.(refl)
srečen -čna -o
srečevati -ujem impf
sreda -e f
srede adj.indecl
sredi praep
sredica -e f
sredina -e f
Srednja vas -e -i f
srednjak -a m
srednji -a -e
Na Srednji rebri
Na Srednjem stanu
Srejan -a m
Srejane -ø pl.f
Srejanec -nca m
sremsa -e f
Sremsičnik -a m
sren -a m
srena -e f
srenja -e f
sresti sredem pf.(refl)
srež -a m
srežnast -a -o
srnica -e f
srobot -i f
srobrot v. srobot
srodica v. sredica
srodka v. sirotka
srota v. sirota
srp -a m
srpan -a m
srpje -a n
sršen -a m
srteč -a -e
sšerfati -am pf
stadlati -am pf.refl
stadovati -ujem impf.refl
stakljač -a m
stakljanja -e f
stakniti v. iztakniti
stalati -am pf
stalen -lna -o
stalo -a n
stan I -a m
Na Stanu
stan II -a m

stanovanje -a n
stanovati -ujem impf
star -a -o
staro -ega n
Stara gora -e -e f
starati -am impf.refl
starčevje -a n
starec -rca m
starejši -ev pl.m
starešina -e f
starica -e f
V Staricah
starina -e f
V Starinah
starka -e f
starost -i f
starši -ev pl.m
stati stojim impf
stava -e f
staviti -im pf/impf.(refl)
stavnice -ø pl.f
stavšati -am pf
steber -bra m
steblo -a n
stečen -a -o
steči -em pf
stedel v. stodel
stegne -gen pl.f
stegniti -em pf.(refl)
stegno -a n
stekel -kla -o
steklač v. stakljač
stelen -lna -o
stelja -e f
steljeraja -e f
steljni -a -o
stemniti -im pf.refl
stena -e f
Stenadke -ø pl.f
steneti -im pf
stenica -e f
Stenič -a m
Pri Steniču
stepsti -em pf.(refl)
stereo adj.indecl
sterman -a m
stermati -am impf
steti stim impf.refl
steven v. stelen
steza -e f
stezda -e f
stezdica -e f
stikati -am impf
stikovanje -a n
stikovati -ujem impf
stiskati -am impf
stiskniti -em pf
stiskovati -ujem impf
stisniti -em pf
stlačiti -im pf
stleči -em pf
stleti -im pf
sto num
stobarti adv
stočiti v. iztočiti
stodel -dla m
stog -a m
stogelj -glja/-na m
stogla -e f
stoglej v. stogljaj
stogljaj -a m
stoindvajseti num

stoinosemredi num
stojalo -a n
stoklasa -e f
stol -a m
stolčej -a m
stolči -em pf
stolej -a m
stolič -a m
stop -a m
stopa -e f
stopalo -a n
stopinja -e f
stopinjica -e f
stopiti -im pf
  stope! interj
stopnja -e f
stoprocenten -tna -o
storiti -im pf
storž -a m
storžej -a m
stožiti -im pf.refl
stožnik -a m
stradati -am impf
strah -a m
strahoma adv
strahota -e f
Straje -ø pl.f
stran -i f
stranica -e f
stranka -e f
stranski -a -o
strašen -šna -o
strašilo -a n
strašiti -im impf
strav -a -o
stravilo -a n
stravje -a n
strd -i f
strden -a -o
strdeno -a n
streči -žem impf
streha -e f
strehica -e f
strel -i f
strela -e f
strelíti -im pf
streljati -am impf
strepati -am pf.refl
stresti -sem pf
strešanje -a n
strešen -šna -o
strešnica -e f
streti strem pf
strezniti -im pf.refl
strgale -ø pl.f
strgati v. raztrgati
strgulja -e f
stric -a m
stricar -ja m
stricarjev -a -o
stricej -a m
striči strižem impf
strina -e f
strm -a -o
  Strma njiva -e -e f
  Strmi breg -ega -a m
  V Strmih robeh
Strmec -a m
strmen -a -o
Strmica -e f
  Na Strmici
strmina -e f

Strmina -e f
Strmnik -a m
strnad -a m
strnišče -a n
    Na Strnišču
strniščen -čna -o
strnje -a n
stročje -a n
strohneti -im pf
Strojna -e f
strok -a m
strokej -a m
strop -a m
strositi -im pf
strošek -ška m
strožnica v. ostrožnica
strpeti -im pf
Strpna vas -e -i f
struga -e f
Struga -e f
Strugar -ja m
Strugarica -e f
Strugarjev -a -o
Strugarji -ev pl.m
Strujčič -a m
struna -e f
strup -a m
strupen -a -o
strupiti -im pf
strž v. storž
stržen -a m
Studene -ø pl.f
studenec -nca m
    Pri Studencu
stuhtati -am pf
stunf v. štumf
stvar -i f
su su interj
suh -a -o
    Suhi vrh -ega -a m
    suho -ega n
    (ta) suha -e f
Suha -e f
suhlja -e f
suhljica -e f
suk suk interj
sukati sučem impf.(refl)
suknen -a -o
suknja -e f
sukno -a n
sulc -a m
sulca -e f
sulica -e f
suma -e f
suniti -em pf
supennudel -na m
sura -e f
surov -a -o
suša -e f
sušadovina -e f
sušen -šna -o
sušica -e f
sušilnik -a m
sušiti -im impf
Sušje -a n
    V Sušju
sušlja -e f
suti sujem impf
Suzana -e f
suženj -žnja m
sužnost -i f
sužva v. služba

svat -a m
svatba -e f
svatič -a m
svatinja -e f
svatovski -a -o
svatovščina -e f
sveča -e f
svečan -a m
Svečan -a m
Svečanka -e f
svečava -e f
Sveče -ø pl.f
svečernica -e f
Svečine -ø pl.f
svečnica -e f
svečnik -a m
sveder -dra m
sveški -a -o
svet -a m
svet -a -o
    Sveta peč -e -i f
    Sveti križ -ega -a m
    Sveti Pastor -ega -ja m
Svete -ø pl.f
svetel -tla -o
Svetice -ø pl.f
Svetiče -ø pl.f
Svetinčič -a m
svetiti -im impf.(refl)
svetloba -e f
Svetna vas -e -i f
svetníca -e f
svetník -a m
svetnjak -a m
svetovanje -a n
svetovati -ujem impf
svež -a m
sveža -e f
svinčen -a -o
svinec -nca m
svinja -e f
svinjak -a m
svinjarica -e f
svinjarija -e f
svinjina -e f
svinjkica -e f
svinjski -a -o
svinjški -a -o
svinsveti -ih pl.m
svinsvetnica -e f
svinsvetnik -a m
svisli -i pl.f
svit -a m
svitanje -a n
svitati -am impf.(refl)
svitek -tka m
svitna -e f
svitnica -e f
svoj -a -e
    svoji -ih pl.m
svrž -a m

Š

šac -a m
šacati -am impf
šacenga -e f
šacevati -ujem/-am impf
šacman -a m
šafati -am impf
šafnar -ja m
šaft v. šeft, šoft

šah -a m
šajba -e f
šajbati -am impf
Šajda -e f
Na Šajdi
šajdarski -a -o
šajdati -am pf.refl
šajdinga -e f
Šajdnik -a m
šajka -e f
šajn -a m
šajnhajlik adj.indecl
šajnverfar -ja m
šajsar -ja m
šajt -a m
šajtelj -na m
šajtrga -e f
šajtrije v. šajtrga
šalica -e f
Šamec -mca m
Pri Šamcu
šamlej -a m
šanca -e f
šandar -ja m
šandarm -a m
šandarmerija -e f
šantati -am impf
šantav -a -o
šap šap interj
šapanje -a n
šapati -am impf
šapljica -e f
šapovec -vca m
šara -e f
šarbati -am impf
šarlah -a m
šarš -a m
šartelj -na m
šartljinje -a n
šartne -ten pl.f
šatulna -e f
šavfla -e f
šavflati -am impf
šavflica -e f
šavkla -e f
Šavnik -a m
šavšpilar -ja m
šbicati v. švicati
ščasoma v. sčasoma
ščavje -a n
Na Ščavju
ščekáti -am impf
ščemelj -a m
ščemeti -im impf
ščera v. hčera
ščet -i f
ščetina -e f
ščetka -e f
ščidljati v. skidljati
ščintelj -na m
ščipati -am/-ljem impf
ščipniti -em pf
ščira v. sekira
ščmrkolin -a m
ščrepati v. izčrepati
ščuk -a m
ščuka -e f
ščumiti -im impf
ščuti ščujem impf
še part
šeft -i/-a f/m
šega -e f

šegav -a -o
šek -a m
šeka -e f
šekast -a -o
šekej -a m
šeklja -e f
šelati -am impf
šele part
šelica -e f
šelkonc -a m
šelm -a m
šema -e f
šembiljine bukve -ih -ev pl.f
šemelj -a m
šemon -a m
Šempav -a m
Šempeter -tra m
šempetrje -a n
šen -a m
šena -e f
Šencena -e f
šendar v. šandar
šenferjanje -a n
Šenfid -a m
šenica v. pšenica
šenk -a m
šenkanje -a n
šenkati -am impf
šenkinga -e f
šenkrof -a m
Šenpeter -tra m
šent adj.indecl
Šentajel -a m
šentan -a -o
šentana -e f
šentandno -ega m
šentanin -a -o
šentanino -ega n
šentavfarče -ø pl.f
šentcenovo -ega n
šentej interj
Šentferjan -a n
šentfestre -a n
šentflorjanje -a n
Šentilj -a m
šentiljevo -ega n
Šent Jakob -ø -a m
šentjakobski -a -o
šentjakopelica -e f
šentjakopovo -ega n
Šentjanž -a m
šentjanški -a -o
šentjanžev -a -o
šentjanževo -ega n
Šentjernej -a m
šentjernejevo -ega m
Šentjožef -a m
šentjožefovo -ega n
Šentjur -ja m
šentjurjevo -ega n
Šentkrištof -a n
Šentlipš -a m
šentlipšev -a -o
šentlipševo -ega n
šentran -a -o
šentrej interj
šentrokovo -ega n
šentrožnica -e f
Šentruprat -a m
šentštefanje -a n
šenttomaževo -ega n
Šenturh -a m

šenturhovo -ega n
šenturšeljno -ega n
Šentvoranc -a m
šentvorancevo -ega n
šepetati -am impf
šeplar -ja m
šeptal -a m
šepun -a m
šerarije -ø pl.f
šerati -am impf.refl
šercelj -na m
šerfati -am impf
Šerjan -a m
šest num
šesti -a -o
šestindevetred num
šestindvajseti -a -o
šestindvajseti num
šestinpetred num
šestinštiredi num
šestintrideseti -a -o
šestintrideseti num
šestjak -a m
šestnajst num
šestred num
šetati -am impf
šeti -a -o
šetiti -im impf
šev -a m
ševski -a -o
šiba -e f
šibati -am impf
šibica -e f
šibje -a n
šibra -e f
šidlce v. šilce
šidlo v. šilo
šif -a m
šifer -fra m
šifpam -a m
šift -a m
šiftar -ja m
šiftarjev -a -o
šiftati -am impf
šiht -a m
Šija v. velik
šikan -a -o
šikana -e f
šikati -am impf.refl
šikrof -a m
šiksol -a m
šilce -a n
šild -a m
šilhati -am impf
šilift -a m
šiling -a m
šilo -a n
šilovje -a n
šiltkrot indecl f
Šima -na m
Šiman -a m
Šimanov -a -o
    Šimanova frata -e -e f
šimelj -na m
šimeljica -e f
šimerlj -na m
šimfati -am impf
šimla -e f
šimlast -a -o
Šimon -a m
šina -e f
šiniti -im pf

šinken -kna m
šintar -ja m
šintarica -e f
šintati -am impf
šintelj -na m
šinteljnast -a -o
šintovec -vca m
šipa -e f
Šipec -pca m
V Šipcu
šir v. kšir
širf -a m
širfati -am impf
širhakelj -na m
širiti -im impf.refl
širjava -e f
širm -a m
širok -a -o
Široki graben -ega -bna m
šitati v. hitati
šisa -e f
šisštont -a m
šiša v. hiša
šiška -e f
šiti šivam impf
šiv -a m
šivanica -e f
šivanka -e f
šivati -am impf
šivilja -e f
šivilja prerokilja -e -e f
škadla -e f
škaf -a m
škafar -ja m
škafčič -a m
škafec -fca m
škafej -a m
škafek -fka m
škafič -a m
škajdrovec -vca m
škarba -e f
škarje -rij pl.f
škarnicelj -na m
Škarpjanov -a -o
Škarpjanova jama -e -e f
škatla v. škadla
škatlica -e f
škeltovec -vca m
šklaf -a m
šklaftati -am impf
šklander -dra m
šklandranja -e f
šklebati -am impf
šklefucev -a -o
šklefucijanar -ja m
šklendra -e f
šklendranja -e f
šklendranje -a n
šklendrati -am impf
šklenfa -e f
šklenfati -am impf
šklenfniti -em pf
šklenfrnica -e f
šklepetanja -e f
šklepetanje -a n
šklepetati -am impf
Škocjan -a m
škoda -e f
škoditi -im impf
škodljiv -a -o
škodovati -ujem impf
škof -a m

Škofiče -ø pl.f
Škofja Loka -e -e f
škop -a m
škopa -e f
škopec -pca m
škopnica -e f
škopnik -a m
škopnjak -a m
škorec -rca m
škorja -e f
škornjica -e f
    V Škornjici
škort -a m
škortati -am pf
škortovec -vca m
škrat -a m
škratelj -na m
škrb -a -o
škrba -e f
škric -a m
škricar -ja m
škricman -a m
škripanje -a n
škripati -am impf
škripav -a -o
škripec v. škrpec
škripniti -em pf
škrjanček -čka m
Škrjanček -čka m
Škrjančka -e f
škrjanec -nca m
Škrjanec -nca m
Škrlinovec -vca m
    V Škrlinovcu
škrocovt -a m
škrotovec -vca m
škrpec -pca m
škrutlej -a m
škuberlj -na m
škurij -a m
šlabanka -e f
šlahthof -a m
šlajar -ja m
šlajfa -e f
šlajfati -am impf
šlajfholc -a m
šlajhati -am impf
šlajhhondel -dla m
šlajsek adj.indecl
šlamparija -e f
šlapfen -fna m
šlatanje -a n
šlatati -am impf
šlatej -a m
šlatljati -am impf
šlavh -a m
šlebrkniti -em pf
šlegelj -glja m
šlej adv
šlek šlek interj
šlekanja -e f
šlekanje -a n
šlekapacelj -na m
šlekati -am impf
šlekljač -a m
šlekljati -am impf
šlenji -a -e
šlenjibart adv
šlesa -e f
šlesati -am pf
šlevast -a -o
šlic -a m

šlina -e f
šlinga -e f
šlingati -am impf
šlinji v. šlenji
šlite -ø pl.f
šlivica -e f
šljutast -a -o
šlofcimer -mra m
šlofrok -a m
šlog -a m
šlogati -am pf
šlompa -e f
šlomparija -e f
šlonk adj.indecl
šlos -a m
šlosar -ja m
šluk -a m
šlus -a m
šlutast -a -o
šmajdek adj.indecl
šmajdla -e f
šmajdovec -vca m
šmajhlar -ja m
šmajhlati -am impf
šmarčica -e f
šmaren -rna -o
Šmarječan -a m
Šmarječica -e f
šmarješki -a -o
Šmarjeta -e f
Šmarkež -a m
šmarkševo -a n
šmarnica -e f
šmarski -a -o
　　Šmarski rob -ega -a m
šmarščica -e f
Šmartin -a m
šmartinov -a -o
šmartinovo -ega n
šmavs -a m
Šmelec -lca m
　　V Šmelcu
šmelcati -am impf
šmelcofen -fna m
šmelj v. ščmelj, šemelj
šmencan -a -o
šment -a m
šmentan -a -o
šmentej -a m
šmera -e f
šmerast -a -o
šmerovec -vca m
šmerpavh -a m
šmerucelj -na m
šmešnarji -ev pl.m
šmeterlink -a m
Šmihel -a m
šmihelica -e f
šmihelski -a -o
šmikati -am impf
šmiklavž -a m
Šmiklavž -a m
šmiklavževo -ega n
šminka -e f
šminkati -am impf
šmira -e f
šmirati -am impf
šmirgel -gla m
šmirrink -a m
šmis -a m
šmoren -rna m
šmuc -a m

šmucarija -e f
šmucijanar -ja m
šmucik adj.indecl
šmucpajtelj -na m
šmuglati -am impf
šmuk -a m
šnajcla -e f
šnajd -a m
šnajdaka -e f
šnajdek adj.indecl
šnajden -dna -o
šnajkla -e f
šnapel -pla m
šnavce -ø pl.f
šnelcug -a m
šnelsidar -ja m
šnepf -a m
šnešu -ja m
šnic -a m
šnicelj -na m
šnicljar -ja m
šnicljati -am impf
šniflati -am impf
šnit -a m
šnita -e f
šnitlah -a m
šnobelj -na m
šnobevselj -na m
šnola -e f
šnopati -am impf
šnopniti -em pf
šnopovec -vca m
šnops -a m
šnufati -am impf
šobati -am pf
Šober -bra m
Pri Šobru
Šobrov -a -o
šoc -a m
šocej -a m
šocelj -na m
šoder -dra m
šoft -a m
šoga -e f
šoht -a m
šoja -e f
šok -a m
šokej -a m
šokolada -e f
šola -e f
Za Šolo
šolar -ja m
šolarica -e f
šolenk -a m
šolski -a -o
šoltar -ja m
šonanje -a n
šonati -am impf
šonk -a m
Šop -a m
V Šopu
šopej -a m
šorf adj.indecl
šostar -ja m
Šošeljcev -a -o
šoštar -ja m
šoštarski -a -o
šovder v. šoder
špabot v. špagot
špacirati v. špancirati
špacirgong -a m
špaga -e f

špaget -i f
špagot -a m
špajat v. špaget
špajhenring -a m
špajhna -e f
špajk -a m
špajskarta -e f
špajskastel -tla/na m
špajz -a m
špajza -e f
špampet -a m
špan -a m
špana -e f
špancir -ja m
špánciranje -a n
špancirati -am impf
špandelc -a m
Špangaro -a m
špánič -a m
Španija -e f
španinja -e f
španodelj -na m
španodeljc -a m
španodljica -e f
španovija -e f
španski -a -o
šparanje -a n
šparati -am impf
špargelj -na m
šparkasa -e f
šparljiv -a -o
šparovec -vca m
špas -a m
špasati -am impf
špasen -sna -o
Špavel v. Šempav

špegel -gla m
špeglara -e f
špeglati -am impf.refl
špegle -gel pl.f
špeh -a m
špehast -a -o
špehej -a m
špeht -a m
Špek -a m
špektakel -kla m
špela -e f
Špela -e f
špenga -e f
špenglar -ja m
špenzar -ja m
špera -e f
šperbar -ja m
šperovec -vca m
šperštunt -i f
špetir -ja m
špic -a m
špica -e f
špicanje -a n
špicar -ja m
špicast -a -o
špicáti -am impf
špicelj -na m
špicmavs -i f
špicmiš -i f
špicmoh -a m
špicnomen -mna m
špicpartelj -na m
špicpob -a m
špictruna -e f
špičast -a -o
Špičasti ker -ega -a m

špičiti -im impf
špičnjak -a m
špijon -a m
špijonirati -am impf
špil -a m
špila -e f
špilati -am impf
špilavec -vca m
špilce -ø pl.f
špilhon -a m
špinat -a m
špindelj -na m
špinga -e f
špingelj -na m
špint -a m
špintast -a -o
špiritus -a m
špital -a m
špitala -e f
špiža -e f
špižati -am pf
špiževanje -a n
špiževati -am/-jem impf
špoc -a m
špocen -cna m
špompet v. špampet
šponati -am impf
šponga -e f
špongna -e f
šporhert -a m
šporhertplotna -e f
šporhet -a m
šporkasa -e f
šporkasen -sna -o
šporn -a m
špot -a m
špotati -am impf.(refl)
špotljati -am impf
špotljiv -a -o
špraha -e f
šprajca -e f
šprajcati -am impf.refl
špranca -e f
šprancirati -am impf
špranga -e f
špranja -e f
špranjica -e f
šprehovec -vca m
šprekla -e f
špreklast -a -o
špres -a m
šprica -e f
špricanje -a n
špricati -am impf
špricel -cle/-i f
špricenhavs -a m
špricinga -e f
šprickangla -e f
šprihvort -a m
špriklja -e f
šprinca -e f
špritla v. špriklja
špritljica -e f
šprižе -ø pl.f
šprudla -e f
šprudlati -am impf
šprung -a m
špula -e f
špulati -am impf
špulica -e f
špunt -a m
špuv -a m

šraja -e f
šrajati -am impf
šrajbar -ja m
šrajbmašina -e f
šrajbtiš -a m
šrange -ø pl.f
Šrangice -ø pl.f
Pri Šrangicah
šrangovec -vca m
šranke -ø pl.f
šravb -a m
šravbati -am impf
šravbencigar -ja m
šravbštok -a m
šravf -a m
šravfencegar -ja m
šrefelj -na m
šregati -am impf
šreklarica -e f
šret -a m
šretelj -na m
šribanje -a n
šribar -ja m
šribati -am impf
šribovati -am/-jem impf
šrift -i f
šriftfirar -ja m
šriftlih adj.indecl
šrit v. šret
šrot -a m
šrotanje -a n
šrotati -am impf
štab -a m
štabla -e f
štacijon -a m
štajer -ja m
Štajerec -rca m
štajerski -a -o
Štajersko -ega n
štajf adj.indecl
štajginga -e f
štajnplotna -e f
štajnpok -a m
štajnpruh -a m
štajpila -e f
štajriš -a m
štak -a -o
štala -e f
Pri Štalah
Štalena gora -e -e f
štalski -a -o
štalt -i f
štam adv
štamec -mca m
štampej -a m
štampoden -dna m
štampok -a m
štampruh -a m
štanga -e f
štangica -e f
štanja -e f
štankosten -tna m
štant -a m
štantije -ø pl.f
štantik adv
štantman -a m
štapa -e f
štapnja -e f
štarec v. žitarec
štarelj -rlja m
štatiti -im impf.refl
štatlih adj.indecl

Šteben -bna m
štebenski -a -o
štebih -a m
šteca -e f
štecelj -na m
štedoli adv
štedor v. študor
štefan -a m
Štefan -a m
    Pri Štefanu
Štefanica -e f
    Pri Štefanici
Štefanov -a -o
    Štefanov travnik -ega -a m
Štefej -a m
štega -e f
štehar -ja m
štehati -am impf
štehovati -am/-ujem impf
štehovski -a -o
štehvanje -a n
štejk v. štolik
štekar -ja m
Štekar -ja m
štekej adv
štekelj -na m
štekljati -am impf
šteknjač -a m
šteknjanja -e f
šteknjati -am impf
šteknodel -dle f
štelati -am impf
štelaž -a m
štelaža -e f
štelfartretar -ja m
štelinga -e f
štemajzen -zna m
štemati -am impf
štempelj -plja/-na m
štempfar -ja m
štempih -a m
štemplati -am pf
štenge -ø pl.f
štengel -gla m
štengice -ø pl.f
štenkati -am impf
štepati -am impf
štepdeken -kne f
štepih -a m
štera -e f
šterati -am pf/impf
šterc -a m
šterci -ev pl.m
šterclar -ja m
šterhakel -na m
šterka -e f
šterkalica -e f
šterkati -am impf
šterkla -e f
šterlinkati -am impf
šterlinkavec -vca m
štermati -am impf
štern -a m
šterna -e f
šterovec -vca m
štesel -na m
šteti -a -o
šteti štejem impf.(refl)
štetik adj.indecl
števenje -a n
šti interj
štibeljc -a m

štiberc -a m
štiblej -a m
štibra -e f
šticen -cna m
štifckirhna -e f
štifel -na m
štifletni -ov pl.m
štifson -a m
štiftohtar indecl f
štigne -gen pl.f
štih -a m
štihati -am impf
štihljati -am impf
štihoma adv
štikanje -a n
štikarica -e f
štikarija -e f
štikati -am impf
štikeljc -a m
štikljati -am impf
štil -a m
štima -e f
štimati -am impf.(refl)
štimcetel -na m
štiminga -e f
štinge v. štenge
štingeljc -a m
štirclar -ja m
štiredi -a -o
štiredi num
štiri num
štiribarti num
štirideset num
štiriindvajseti num
štiriinpetred num
štiriinštiredi -a -o
štiriinštiredi num
štiriintridesti -a -o
štirinajst num
štirinajsti -a -o
štiristo num
štirmpont -a m
štocelj -clja m
štode adv
štof -a m
štok -a m
Štok -a m
V Štoku
štokalka -e f
štokati -am impf
štokej -a m
štokerl -a m
štokglos -a m
štoklja -e f
štokljati -am impf
štokniti -em pf
Štokov -a -o
štokovje -a n
štola -e f
štolc -a m
štolc adj.indecl
Štolcar -ja m
štolcevati -ujem impf
štolhelm -a m
štolik -a -o
štolinek -nka m
štom -a m
štomaški -a -o
štomati -am impf
Štomaže -ø pl.f
štomf v. štumf
štomglos -a m

štomgost -a m
štompfar -ja m
štompoden -dna m
štopati -am impf
štopelcegar -ja m
štopelj -plja/-na m
štopfati -am impf
štopnja -e f
štor -a m
štorati -am impf
štorh -a m
štorkati -am impf
štorklja -e f
štorkljati -am impf
štorovje -a n
štorž v. storž
štos -a m
štot -a m
štota adv
štrabanciranje -a n
štrabancirati -am impf
štrafa -e f
štrafati -am pf
štrafen v. štrajfen
štrafinga -e f
štrah -a m
štrajfa -e f
štrajfalica -e f
štrajfanje -a n
štrajfast -a -o
štrajfati -am impf
štrajfen -fna m
štrajhar -ja m
štrajhati -am impf
štrajk -a m
štrajkati -am impf
Štralsund -a m
štramelj -na m
štranga -e f
štrankelj -na m
štrcljanje -a n
štrcniti -em pf
štrefling -a m
štreken indecl m/f
štrekna -e f
štremfelj -na m
štrempelj -na m
štrena -e f
štreng adj.indecl
štričej -a m
štrigelj -na m
štrigljanje -a n
štrigljati -am impf
štrih -a m
štriha -e f
štrihati -am impf
štrik -a m
štrikanje -a n
štrikarica -e f
štrikarija -e f
štrikati -am impf
štriknodel indecl f
štrit -a m
štritati -am impf.(refl)
štrkati -am impf
štrkniti -em pf
štrleti -im impf
štrlinkati -am impf
štrlinkavec -vca m
štrofa -e f
štrojselj -na m
štrom -a m

štrozok -a m
Štrožekov -a -o
štrti v. četrti
štruc -a m
štruca -e f
štrucej -a m
štručanje -a n
štrudelj -na m
Štrugelj -glja m
Pri Štruglju
štrukelj -klja/-na m
štu adv
štubna -e f
štuc -a m
štucast -a -o
štucati -am pf
štucen -cna m
štuclja -e f
študelj -na m
študent -a m
študirati -am impf
študor -ja m
štuk -a m
štukelj -na m
štulverk -a m
štumf -a m
štumpf -a m
štumpfen -fna m
štupa -e f
štupokramo adv
štuporamo adv
šturmati -am impf
šturmlampa -e f
štutati -am impf.refl
šub -a m
šubar -ja m
šubla -e f
šublod indecl f
šublodkosten -tna m
Šuchavz -a m
Pri Šuchavzu
šuft -a m
šuh -a m
šukniti -em pf
šulfarajn -a m
šulgelt -a m
šulhavz -a m
šulink v. šolenk
šulmaster -tra m
šulmašter -tra m
šulpôk -a m
šultošna -e f
šultšajn -a m
šum -a m
Šum -a m
šuma -e f
Šuma -e f
Šumec -mca m
V Šumcu
šumelišče -a n
V Šumelišču
Šumeliščev -a -o
šumen -mna -o
šumeti -im impf
šumoster v. šulmaster
šumošter v. šulmašter
šunk -a m
šunken -kna m
šuntati -am impf
šupa -e f
šupantelj -na m
šupna -e f

šus -a m
šušiti v. sušiti
Šušnik -a m
šuštar v. šoštar
šuta -e f
švahost -i f
švartling -a m
švasar -ja m
švasati -am impf
švatljati v. šlatljati
švecati -am impf
švelar -ja m
šverc -a m
šverca -e f
švercar -ja m
švercati -am impf
švester -tre f
švic -a m
švicati -am impf
švigarfoter -tra m
švigarhčera -e f
švigarmutar indecl f
švigarson -a m
švigartohtar indecl f
švila v. šivilja
švindelj -na m
švindlar -ja m
švindlati -am impf
švirig adj.indecl
švoger -gra m
švogrinja -e f
švoh adj.indecl
švorc -a m
Švorc -a m
švorca -e f
švrkati -am impf
švrklja -e f
švrkniti -em pf
švung -a m

T

ta v. tè
ta ta to
    tale tole
    taleta -to
    taletale toletale
tabak v. tobak
taberna -e f
tabernakelj -na m
tabernati -am impf
tabla -e f
tablet -a m
tablica -e f
Tabor -a m
taca -e f
tacajt adv
tacelj -na m
tacna -e f
tačice -ø pl.f
tadel -dla m
tadlati -am impf
tadle v. tè
tadrevi adv
tafel -fla m
tagati -am impf.refl
tahant -a m
tahore v. tegori
taj -a m
taj v. antikaj
taj v. tedaj
tajati -am impf.(refl)

tajčati -am impf
tajfel -na m
tajfelnov -a -o
tajh -a m
tajht -a m
tajiti -im impf
tajkes interj
tajkselj -na m
tak -a -o
takle takale takole
taklele takalele takolele
takniti -em pf
tako interj
tako praed
takole adv
takolene adv
takšen -šna -o
tal -a m
talati -am impf
tale v. tè
taleb -a m
talebec -bca m
talekati v. telekati
talene v. tè
talent -a m
talentiran -a -o
tali v. tè
talinga -e f
talir -ja m
tam adv
tamle
tamar -ja m
tamej adv
tamejle
tami adv
tamile
tamkaj adv
tamkajlene adv
tamo adv
tancati -am impf
tančina -e f
tanek -nka -o
tanjáti -am impf
tankštela -e f
tante v. tente
tanter v. tenter
tantre v. tentre
taranja -e f
tarča -e f
tarekanje -a n
tarekati -am impf
tarekovec -vca m
tarkač -a m
tarkanja -e f
tarkáti -am impf
tarkljati -am impf
tarokati -am impf
tarolkati -am impf
taška -e f
tata tata toto/tote
tatrman -a m
tavbej -a m
taverh -a m
taverhar -ja m
taverharica -e f
taverna v. taberna
tavfšajn -a m
tavgati -am impf
tavgenihc -a m
tavglih adj.indecl
tavmar -ja m
tavrati -am impf

tavš -a m
tavšati -am impf
Tavšic -a m
tavuzati -am impf
tavuzelj -na m
tavuzlja -e f
tavžent -a m
tavžent num
tavžentar -ja m
tavžentbarti num
tavžentfeslar -ja m
tavžentroža -e f
te -ja m
tè adv
  tèle
  tèdol
  tèdoli
  tèdoline
  tègori
  tègorile
  tèven
  tèvne
  tèvnej
  tèvenkaj
  totèdoli
teater -tra m
tebešen -šna -o
tebih -bha m
tebrh -a m
teči -em impf
tedaj adv/part
  tedajle adv
tedanji -a -e
teden -dna m
tedle v. tè
tegel -gla m
tegoraj v. tè
tegota -e f
tegoten -tna -o
tegre v. tè
tehant -a m
tehantinja -e f
tehar -ja m
tejko v. tolik
tek -a m
teka -e f
tekaj adv
  tekaj tori(le)
  tekajle
  tekajtu
tekati -am impf
telački -a -o
telakinati -am impf
telazast -a -o
tele -ta n
teleban -a m
telebniti -em pf
telečji -a -e
telečnik -a m
telefon -a m
telefonirati -am pf/impf
telegrafirati -am pf/impf
telegram -a m
telej -a m
telekati -am impf.(refl)
telene v. tè
teli v. tè
telica -e f
telir v. talir
telko v. tolik
telo -esa n
teloh -a m

telojka -e f
tem adv
    temle
tema -e f
teme -na n
temen -mna -o
temfnica -e f
temi adv
    temile adv
temnica -e f
temnota -e f
temnozelen -a -o
tempelj -na/-plja m
temračen -čna -o
temveč conj
tenak v. tanek
tenčina v. tančina
teneto -a n
tenor -ja m
tente adv
tenter adv
tentre adv
    tentrele
tenušter -tra m
teolog -a m
teologija -e f
tepec -pca m
tepih -a m
tepka -e f
tepsti tepem impf.(refl)
tepšen v. tebešen
ter -a m
teračnjak -a m
terati -am impf
terba -e f
terban -a m
terbast -a -o
tere v. tè
terec -rca m
Tergelj -na m
terica -e f
teričen -čna -o
terilen -lna -o
terina -e f
teritev -tve f
teritva -e f
terjati -am impf
terpentin -a m
terštelati -am impf
tesač -a m
tesanja -e f
tesati -am/tešem impf
tesen -sna -o
Tesen -sna m
tesla -e f
tesnanje -a n
tesnoča -e f
testament -a m
testo -a n
tešč -a -e
teta -e f
te te interj
teti -a -o
tetika -e f
tetin -a -o
tetlanje -a n
tetori adv
    tetorile
tetovne adv
Tevelj -vlja m
Teveljnov -vlja -o
tevha -e f

tevhati -am impf
tevšati -am impf
tevševec -vca m
Tevž -a m
Tevžan -a m
Tevžej -a m
teža -e f
težak -a m
težava -e f
težaven -vna -o
težek -žka -o
težiti -im impf
težkati -am impf
thori v. tè
ti tebe pers.pron
ti ti ti interj
tibit -a m
tibitast -a -o
tibo interj
tica v. ptica
tič v. ptič
Tiča -a m
Tičan -a m
tičati tičim impf
tičica v. ptičica
tičjak v. ptičjak
tidlidli interj
tifa -e f
tifus -a m
tiger -gra m
tigrast -a -o
tih -a -o
tihtig adj.indecl
tika -e f
tikati -am impf.(refl)
tilčanje -a n
tilister -tra m
Timenica -e f
timez -a m
Tina -e f
Tinet -a m
Tinjak -a m
Tinje -ø pl.f
tinstati -am impf
tinta -e f
tintenfasel -na m
tintenglažej -a m
tintenplajštift -a m
tirorct -a m
tirštok -a m
tisje -a n
tisti -a -o
tistile tistale tistole
tisto -ega n
tiščati -im impf
tiškurirati -am impf
tiškurs -a m
tišlar -ja m
tišlarija -e f
tišlarski -a -o
tištuh -a m
titelj -na m
tja v. tè
tjibot interj
tkaj v. antikaj
tkalcev -a -o
tkalcevski -a -o
tkalčev -a -o
tkalčevski -a -o
tkalec -lca m
tkalski -a -o
tkalški -a -o

tkati tkem impf
tla tal pl.n
tlačan -a m
tlačej -a m
tlačiti -im impf
tle adv
  tlele
  tlelele
tleči -em impf
tlenje -a n
tleti tlim impf
tlo -a n
tluca -e f
tlucej -a m
tnalo -a n
tò tò interj
tobak -a m
toča -e f
Točaj -a m
  Pri Točaju
točenje -a n
točiti -im impf
tod adv
tod in sod adv
tof -a m
tofelj -na m
tog -a -o
togota -e f
tohnjač -a m
tohnjanja -e f
tohnjati -am impf
tohnjoča -e f
toht -a m
tojda adv
tojdara -e f
tojdle v. tedaj
toka -e f
tokar -ja m
tokej -a m
tokica -e f
tolar -ja m
tolarbekslar -ja m
tolbut -a m
tolči -em impf
tolčkati -am impf
tolekati -am impf
tolik -a -o
  tolikole
tolikanj adv
tolka -e f
tolkale -ø pl.f
tolkej -a m
Tolminec -nca m
tolst -a -o
  Tolsta Košuta -e -e f
  Tolsti vrh -ega -a m
tolvut indecl f
tom -a m
Toma -a m
Toman -a m
Tomanovi -ih pl.m
Tomaž -a m
Tomažev -a -o
Tomec -mca m
Tomej -a m
tomf v. tumf
Tominec v. Tolminec
tompljači -ev pl.m
tompljati -am impf
ton -a m
Tona -e f
tona v. tè

toncpoden -dna m
Tončan -a m
Tončkinja -e f
Tonej -a m
tonf v. tumf
Tononov -a -o
top -a -o
topel -pla -o
toplo -ega n
topelt adj.indecl
topelten -tna -o
topfar adj.indecl
topir -ja m
topiti -im impf.(refl)
Toplice -ø pl.f
Pri Toplicah
toplota -e f
topola -e f
topor -ja m
toporilo v. potorilo
torara -e f
torba -e f
torbica -e f
tore adj.indecl
tore v. tè
torek -rka m
torf -a m
tori v. tè
torica -e f
torile v. tè
torka -e f
torklja -e f
torkljati -am impf
torta -e f
tos v. tosa
tosa adv
tosaj
tosajle
tosale
tošentuh -a m
tošnja -e f
tošta -e f
tota adv
tota -e f
totaj adv
totajle adv
totej adv
totengrebar -ja m
totenkamer -mre f
toter -tra m
toti -a -o
totka -e f
tovariš -a m
tovati -am impf
toven v. tè
tovh v. teloh
tovne v. tè
tovor -a m
tovoriti -im impf
tožba -e f
tožen -žna -o
tožiti -im impf.(refl)
tožlej -a m
tožlja -e f
tožljiv -a -o
tožnik -a m
tožva v. tožba
trabant -a m
Traberk -a m
trac -a m
tracati -am impf
trafonija -e f

tragati -am impf
trage -ø pl.f
tragljiv -a -o
trahina trahana interj
trahinati -am impf
trahtar -ja m
trahtati -am impf
trajbar -ja m
Trajnikova -e f
trakelj -na m
trakeljč -a m
traktor -ja m
tram -a m
trambaj v. tramvaj
trampam -a m
trampelj -na m
trampljati -am impf
tramvaj -a m
tranor v. trenor
transformator -ja m
transport -a m
tranta -e f
trantara -e f
trap- v. trep-
traptin v. terpentin
trata -e f
    Za Trato
Trate -ø pl.f
    V Tratah
Tratice -ø pl.f
tratnica -e f
Tratnik -a m
trava -e f
Travar -ja m
Travarjev -a -o
travarmarš -a m
travenček -čka m
    Na Travenčku
travenski -a -o
travica -e f
travnčič -a m
travničen -čna -o
travničina -e f
travnik -a m
Travnik -a m
    V Travniku
    Za Travnikom
Travnikov -a -o
travšajn -a m
Trbiž -a m
trbos -a m
trbosniti -em pf
trc v. trac
trčljanje -a n
trčniti -em pf
trd -a -o
trdejst v. trideset
trden -dna -o
trdina -e f
trditi -im impf
trdoba -e f
treba praed
trebar -ja m
trebati -am impf
trebek -bka m
treben -bna -o
Trebež -a m
    Na Trebežu
trebiti -im impf
trebuh -a m
trebušen -šna -o
trebušnica -e f

tref -a m
trefar -ja m
tregar -ja m
tregelj -na m
trelen v. terilen
trenati -am pf
treniti -em pf
trenor -ja m
trentara -e f
trep -a m
trepa -e f
treparija -e f
trepast -a -o
trepati -am impf
trepej -a m
trepetati -am impf
Trepetikonov -a -o
 Pri Trepetikonovi bajti
trepetlika -e f
trepinje -a n
treplja -e f
trepljati -am impf
trepovje -a n
treptin v. terpentin
trepulja -e f
tres -a m
tresilnik -a m
tresk -a m
treska -e f
treskati -am impf
tresniti -em pf
tresti tresem impf.(refl)
treščiti -im pf
treti terem impf
tretjec -a m
tretji -a -e
tretjič adv
tretki v. tretji
treven v. terilen
trezek -zka -o
trezen -zna -o
trg -a m
trgati -am impf
tri num
trib -a m
tribarti adv
tribej -a m
trideset num
trideseti num
trideseti -a -o
Triest -a m
trihina -e f
triinštiredi -a -o
trije v. tri
trinajst num
trinajsti -a -o
tringlažej -a m
trinkgelt -a m
tripa -e f
tristna -e f
tristo num
trkati -am impf
trkelj -na/-klja m
Trkelj -klja m
trklej -na/-klja m
trkljati -am impf
trklovje -a n
trkniti -em pf
trlica -e f
trljat -a m
trmast -a -o
trmati -am impf

trn -a m
trnegelj -na m
Trnice -ø pl.f
Pod Trnicami
Trnjan -a m
trnjast -a -o
trnje -a n
Trnje -a n
V Trnju
trnjulja -e f
trnjuljica -e f
trnljuljčevje -a n
trnola v. trnjulja
trobaliti -im impf
trobe v. otrobi
trobenta -e f
trobentati -am impf
trobiti -im impf
troc v. trac
trocdem conj
trod -a m
trodoviten -tna -o
trofiti -im pf
trogpora -e f
trogrond -a m
troha adv
troht indecl m/f
trohtentihelj -hlja m
trojda -e f
trojdara -e f
troje num
trojen -jna -o
trojica -e f
trola -e f
tromf v. trumf
trompelj -na m
trompeta -e f
tromplja -e f
tron -a m
trop -a m
tropa -e f
tropaniče -ø pl.f
tropfen -ø pl.m
trositi -im impf
trošenje -a n
trošt -a m
troštar -ja m
troštati -am impf.(refl)
trot -a m
trotamora -e f
trotati -am impf
trotelj -tlja/-na m
trotiti -im impf.refl
trotlivka -e f
trotov -a -o
trpeti -im impf
Trplak -a m
trpljenje -a n
Trst -a m
trš -a m
trševje -a n
tršiti -im impf
trta -e f
trucati -am impf
truden -dna -o
truga -e f
trugla -e f
truglica -e f
truma -e f
trumf -a m
trup -a m
trupanje -a n

trupiti -im impf
trupljenje -a n
truplo -a n
trušč -a m
trutamora v. trotamora
Tržič -a m
Tržičan -a m
Tržičanka -e f
tu adv
tucat -a m
tudi part
tudlsok -a m
tuht -a m
tuhtati -am impf
tuj -a -e
    tuje -ga n
tuj v. tudi
tuje v. za
tujec -jca m
tuk -a m
tuka -e f
tukaj adv
    tukajle
tukast -a -o
tukati -am impf.refl
tulava -e f
tulčkati v. tolčkati
tulej -a m
tulene adv
tuliti I -im impf
tuliti II -im impf
tuljava v. tulava
tuljenje -a n
tumast -a -o
tumf -a m
tumfič -a m
tumpast -a -o
tumpelj -na m
tumpež -a m
tumpf -a m
tumšt- v. tunšt-
tunel -a m
tunf v. tumf
tunšt -a m
tunšten -tna -o
tupež -a m
tur v. tvor
turbina -e f
turcljanje -a n
turčanje -a n
turčati -am impf
Turčija -e f
Ture -ø pl.f
Turek -rka m
turen -rna m
    Na Turnu
turica v. torica
turist -a m
turka -e f
turm v. turen
Turne -ren pl.f
turnovati -am impf
turščica -e f
turški -a -o
Turško -ega n
tuš -a m
tušeljce -ø pl.f
tuta -e f
tutej -a m
tutelj -na m
tužele -žlja m
tveči tvežem impf

tvoj -a -e
tvor -a m

U

ubasati -bašem pf
ubežati -im pf
ubijati -am impf
ubirati -am impf
ubiti -jem pf
ubog -a -o
ubogajme v. vbogajme
ubogati -am impf
ubožen -žna -o
ubraniti -im pf.(refl)
ubrejiti -im pf
ubrisati -brišem pf
ucagan v. obcagati
učavljati v. očavljati
učenik -a m
učenje -a n
učitelj -a m
učiti -m impf.(refl)
ud -a m
udajati v. vdajati
udariti -im pf.(refl)
udarjati -am impf
udati v. vdati
udelovati -ujem impf
udirati -am impf.refl
udni adv
udreti -em pf
udušiti -im pf
ufrničiti v. ofrničiti
uganiti I -em pf
uganiti II -em pf.(refl)
uganjati -am impf
ugasiti -im pf
ugasniti -em pf
ugatiti -im pf
ugeniti v. ogeniti
uginjevati -am impf
ugledati -am pf
Ugnar -ja m
ugnati -ženem pf.(refl)
ugor v. ogor
ugreti -jem pf.refl
ugrizniti -em pf
ugrizovati -am/-jem impf
ugrljati -am pf
uh interj
uhelj -hlja m
uherati -am pf
uhico -a n
uhiniti v. uiniti
uhitati -am pf
uhniti -em pf
uho ušeta n
uhreniti v. ogreniti
uhu -ja m
uiniti -im pf
uiti -idem pf
ujcev -a -o
ujčati -am impf
ujčej -a m
ujčelica -e f
ujčkati -am impf
ujec -jca m
ujemati -am impf.(refl)
ujesti -em pf.(refl)
ujeti ujamem pf.(refl)
ujetnik -a m

ujeziti -im pf.(refl)
uk -a m
ukaditi -im pf
ukáštelanje -a n
ukáštelati -am pf
ukaz -a m
ukazati -žem pf
ukidati -am pf
uklekniti -em pf
uklekovati -ujem/-am impf
ukleniti -em pf
Ukljan -a m
Ukljanka -e f
ukrasti -dem pf
ukrenčati v. okrenčati
ukriviti -im pf
uleči -žem pf.refl
uleteti -im pf
uležati -žim pf.refl
úliti v. vuliti
uliti -jem pf
um -a m
umakniti -em pf.(refl)
umaliti -im pf
umazanovje -a n
umazati -žem pf.(refl)
umesiti -im pf
umeten -tna -o
umirati -am impf
úmiti -im impf
umiti -jem pf.(refl)
umivale -ø pl.f
umivalka -e f
umivanje -a n
umivati -am impf.(refl)
umoriti -im pf
umreti -em pf
umšlog -a m
umšturc -a m
unajti -dem pf
unca -e f
unfol -a m
unfrajntlih adj.indecl
uniforma -e f
unifurm indecl f
unkšikt adj.indecl
unordentlih adj.indecl
unordninga -e f
unpedinkt adv
unpeholfen adj.indecl
unšedlih adj.indecl
unta v. venta
untarbeš -a m
untardén adv
untarholtati -am impf.refl
untarholtinga -e f
untariht -a m
untarihtati -am pf
untarlog indecl f
untarnemati -am pf
untarnonder adv
untarrok -a m
untarsuhati -am impf
untarsuhinga -e f
untaršajdati -am pf/impf
untaršid -a m
untaršlehtik adj.indecl
untaršrift -i f
untaršticati -am impf
untaršticinga -e f
unteroficir -ja m
upadati -am impf

upanje -a n
upanje v. bel, črn
upati -am impf.(refl)
upehati -am pf.refl
uplatati -am pf
upoginovati -ujem impf
upogniti -em pf
upraviti -im pf
upravljati -am impf
upričan -a -o
uprižati -am pf
ura -e f
urajmati -am pf.refl
Urank -a m
uratati -am pf
Urban -a m
Urbanček -čka m
urcajgar -ja m
ureči -em pf
urediti -im pf
uredovati -ujem impf
urezati -žem pf
Urh -a m
urica -e f
urje -a n
urlavb -a m
urmohar -ja m
uročiti -im pf
urok -a m
Urša -e f
Uršula -e f
urtajl -a m
uržah -a m
usahniti -em pf
uscati uščijem/uščim pf.refl
use v. vose
usekati -am pf
usekljica -e f
usekniti -em pf.refl
usesti -dem pf.refl
usiriti -im pf
uslepiti -im pf
uslišati -im pf
usmešiti -im pf
usmiliti -im pf.refl
usmiljen -a -o
usmiljenje -a n
usmoditi -im pf
usmrtiti -im pf
usnovati v. osnovati
usoditi -im pf
usrati -serjem pf.refl
usta -ø pl.f
ustaviti -im pf.(refl)
ustavljati -am impf.(refl)
ustrašiti -im pf.refl
ustreliti -im pf
ustriči v. ostriči
ustvariti -im pf
usušiti v. osušiti
uš -i f
uščeniti -em pf
uščipniti -em pf
ušet -a m
ušetnjak -a m
ušeto -a n
ušibniti -em pf.(refl)
ušibovati -am impf
ušisati -am pf.refl
ušitati v. uhitati
ušiv -a -o
ušivec -vca m

uškanec v. loškanec
uštelati -am pf
uštetati -am/-im pf.refl
uštimati -am pf.(refl)
Uštinčinja -e f
Uštineč -nča m
uštrajfati v. oštrajfati
uštrekel v. oštrekel
uta -e f
uteči -tečem pf
utegniti -em pf
utica -e f
utihniti -em pf
utlačiti -im pf
utopiti -im pf.refl
utotati -am pf
utožljiv -a -o
utragati -am impf
utragljiv -a -o
utreti -em pf
utrgati -am pf.(refl)
utrobi v. otrobi
utrotati -am pf
utvesti v. otvesti
uvideti -im pf
uvoziti -im pf
uzda -e f
uzgati -am impf
uženek -nka m
uževčen v. vželčen
užgati -em pf.(refl)
užiti -jem pf
užlah -a m
užlof v. užlah
Užnikov -a -o
užugati -am pf

V

v praep
vabilo -a n
vabiti -im impf
vabljenje -a n
vača v. leča
vadati v. ladati
vadina v. ledina
váditi -im impf
vadíti v. vodíti
vaga -e f
vagano adv
vagant adv
vagati -am impf
vagovati -am impf.(refl)
vagutast -a -o
vagutati -am impf.(refl)
vaha v. vlaga
vahniti v. uhniti
vaht v. laket
vahta -e f
vahtar -ja m
vahtati -am impf
vahti -i pl.f
vahtnica -e f
vahtnik -a m
vajet -i f
vajin -a -o
vajskanje -a n
vajskati -am impf
vajšnica -e f
Valentin v. Folentin
valiti -im impf.(refl)
valja interj
valjanje -a n
valjar -ja m

valjati -am impf.(refl)
valjuh -a m
valov -a m
Valpotič -a m
Valpotičev -a -o
vamp -a m
vampast -a -o
vampelj -na m
vamplovje -a n
vampovje -a n
vana -e f
vančati -am impf
vandra v. bandra
vanek adv
vangél v. evangel
vanica -e f
vanilicuker -kra m
vankedra v. bankedra
vapuča -e f
varen -rna -o
varh v. varuh
Varh -a m
  Na Varšem
Varhov -a -o
variti -im impf
varovati -ujem impf.refl
varučka -e f
varuh -a m
vas -i f
vasen -sna -o
vaslej -a m
vasnija -e f
vasnik -a m
vasovalec -lca m
vasovati -ujem impf
vaš -a -e
vaški -a -o
  Vaška planina -e -e f
vatlica v. latvica
Vatlica -e f
vavtara -e f
Važekar -ja m
Važekarica -e f
Važekarjev -a -o
Važekarjevi -ih pl.m
vbogajme adv
vcepiti -im pf
včasi adv
včasih adv
včeraj adv
vdahniti -em pf
vdaja -e f
vdajati -am impf.refl
vdati vdam pf.refl
vdelati -am pf
vdeniti -em pf
vdeti vdenem pf
vdevati -am impf
vdletiti -im pf
vdova -e f
vdovec -vca m
vdreti vdrem pf.(refl)
ve interj
več praed
več v. veliko
veča -e f
večbarti adv
večen -čna -o
večer -a m
večer adv
večeren -rna -o
večerja -e f

večerjati -am impf
večernica -e f
večernjak -a m
veči v. vesti
večina -e f
večinoma adv
Večna vas -e -i f
večnost -i f
veda part
Vedant v. Odant
vedel -dla -o
veder -dra -o
vedeti vem impf
vedniti -em pf
vedrica -e f
vedriti -im impf
vedro -a n
vegent -a m
veglja -e f
vegljast -a -o
vegljati -am impf
veha -e f
veha interj
vej interj
veja -e f
vejat -a -o
vejati -am impf
vejica -e f
vejnik -a m
vejža v. veža
vek -a m
vekati -am impf.refl
veklej -a m
veklja -e f
vekljivec -vca m
velb -a m
velbati -am impf
velbič -a m
velečastiti -a -o
velik -a -o
  Na Velikem Počivalu
  Na Veliki njivi
  Na Veliki ravni
  Na Veliki Šiji
  Na Velikih njivah
  Veliki čer -ega -a m
  Veliki rob -ega -a m
  Veliki Storžič -ega -a m
  Veliki travnik -ega -a m
  Veliki Vršič -ega -a m
  Za Velikim orehom
velikobarti adv
velikonočen -čna -o
velikost -i f
Velikovec -vca m
veljati -am impf
veljava -e f
veljaven -vna -o
velnica -e f
velpam -a m
ven adv/praed
  ven dati dam pf
  ven dobiti -im pf
  ven gledati -am impf
  ven gnati ženem impf
  ven iti grem pf
  ven izonegati -am pf
  ven izračunati -am pf
  ven izreči -rečem pf
  ven izštrajfati -am pf
  ven jemati jemljem impf
  ven klicati -čem impf

ven narediti -im pf
ven pokniti -em pf
ven pomagati -am pf/impf
ven povedati povem pf
ven priti pridem pf
ven seliti -im impf
ven sfilati -am pf
ven smejati -jem impf.refl
ven spoznati -am impf.refl
ven stuhtati -am pf
ven zmarnovati -am pf.refl
ven žgati žgem impf
Ven -a m
venahti -i pl.f
venahtnik -a m
venar -ja m
vendar conj
vene adv
venej adv
veni v. venej
veniti v. vedniti
venkaj adv
venkaj dati dam pf
venkaj ḳópati -am impf
venkaj kopáti kopljem impf
vense adv
venta adv
ventaj
ventajle
ventati -am impf
ventovati -ujem impf
vera -e f
verca v. veverica
vereja -e f
veren -rna -o
verička -e f
verjeti verjamem impf
veroh v. vireh
verovanje -a n
verovati verujem impf
ves v. vas
ves vsa -e
vesčas adv
vesel -a -o
veselica -e f
veseliti -im impf.refl
veselje -a n
veslati -am impf
veslo -a n
vest -i f
vesta -e f
Vester -tra m
vesti vežem impf
vešča v. veha
vešda part
veški -a -o
Veška planina -e -e f
veta -e f
veter -tra m
veti vejem impf
vetje -a n
vetni -a -o
vetnica -e f
vetnik -a m
vetnjak -a m
vetrn -a -o
Vetrnik -a m
Na Vetrniku
vetrnjak -a m
veverica -e f
vez -i f
vezanje -a n

vezati -žem impf
vezej -a m
vezivo -a n
veža -e f
veževen -vna -o
vgatiti -im pf
vgrizniti v. ugrizniti
vgrizovati v. ugrizovati
vi ve ve pers.pron
vibiti -jem pf
vibivanje -a n
vice -ø pl.f
V Vicah
Vicovnik -a m
vičesanje -a n
vičesati -češem pf.refl
vičitati -am pf
vid -a m
Vid -a m
videlanje -a n
videlati -am pf
Videm -dma m
V Vidmu
videnje -a n
videti -im impf.refl
vidirati -am impf
vidle v. vile
Vidnik -a m
Pri Vidniku
Vidnikov -a -o
Vidnikov graben -ega -bna m
vidra -e f
vidreti -em pf
vidrganje -a n
vidrgati -am pf
vidva vidve vidve pers.pron
viganjanje -a n
viganjati -am impf
vigladiti -im pf
vignati viženem pf
vigoreti -im pf
vigosti -godem pf
vigovoriti -im pf
vigrebsti -grebem pf
vigred -i f
vigreden -dna -o
vigredi adv
vigredič adv
vigrednji -a -e
vigredski -a -o
viha -e f
vihar -ja m
vihra -e f
vihrca v. veverica
vihtik adj.indecl
vijati -am impf
vijesti -jem pf
vijolica -e f
vijužinati -am pf
vik -a m
vikati -am impf
vikihati -am pf.refl
vila -e f
vilaž -i f
vile -ø pl.f
vileči -ležem pf
vilesti -zem pf
viletati -am impf
vileteti -im pf
vilice -ø pl.f
vilke -ø pl.f
viluščenje -a n

viluščiti -im pf
vim -a m
vimček -čka m
vimčič -a m
vime -na n
vimec -mca m
vimiti -jem pf
vimivanje -a n
vimivati -am impf
vimočiti -im pf
vimreti -em pf
Vincenc -a m
vindiš adj.indecl
vinek -nka m
vinjica -e f
vino -a n
vinograd -a m
vinski -a -o
vinta -e f
vintati -am impf
vipikati -am pf
vipikniti -em pf
vipipati -am pf
viplakniti -em pf
vipleti -plejem pf
Vir -ja m
    Za Virjem
viranta -e f
virasti -em pf
virc -a m
virchavz -a m
vircnagelj -na m
vireh -rha m
virejen -a -o
virezanje -a n
virezati -žem pf
virt I -a m
virt II -a m
viruh v. vireh
viscati -ščim pf.refl
visekati -am pf
viseti -im impf
visipati -am impf
visisati -am pf
visočina -e f
visok -a -o
    Visoka Ostrvica -e -e f
    Visoki most -ega -a m
visokast -a -o
visokovreden -dna -o
Visprija -e f
Visprijan -a m
visrkanje -a n
visrkati -am pf
visrkniti -em pf
vistreliti -im pf
vistreljanje -a n
visuti -jem pf
viš -a m
Višarje -rij pl.f
višati -am impf
višava -e f
viščekati -am pf
višivati -am pf
višnjava -e f
vitakniti -em pf
viteči -čem pf
vitegniti -em pf
viti -jem impf
vitlačiti -im pf
vitra -e f
vitreti -em pf

vitrgati -am pf
vitriol v. fitriol
viučiti -im pf.refl
vivohati -am pf
vivrtanje -a n
vivrtati -am pf
viža -e f
vižati -am impf
vižemati -am impf
vižeti -im pf
viževati -am/-jem impf
viževnik -a m
viževnjak -a m
vižla v. gajžla
vižoboriti -im pf
vkirfanje -a n
vkirfati -am impf
vkle v. okoli
vkleniti -em pf
vkovati -kujem pf
vkreber adv
vkup adv
vkupej adv
vlačenje -a n
vlačiti -im impf.(refl)
vlaga -e f
vlak -a m
vlaka -e f
vlakno -a n
vlažen -žna -o
vleči -čem impf
vlentati -am pf
vlijati -am impf
vliti v. uliti
vmes adv
vmesoma adv
vmogoč -a -e
vnajti v. unajti
vnesti -em pf
vneti vnamem pf.(refl)
vnuček -čka m
vnučkati -am impf
vnuka -e f
vo interj
voda -e f
voden -a -o
vodenec -nca m
vodenica -e f
vodica -e f
vodir -ja m
vodíti -im impf
vodíti -ím impf
vodni -a -o
vodovod -a m
vofant v. ofent
vogel -gla m
voglej -a m
Voglje -gelj pl.f
Vogrče -ø pl.f
Vogrška gora -e -e f
voh -a m
voh interj
voha interj
vohanje -a n
vohati -am impf
vohej -a m
vohenj v. ogenj
voher -hra m
vohrast -a -o
vohrati -am impf
vohrca v. veverica
vohrn -a -o

vohrna -e f
vohrnica -e f
vohrnija -e f
vohrnik -a m
vohrnjak -a m
vojnica v. ojnica
vojska -e f
vojskovati -ujem impf.refl
Vojščica -e f
vojvodstvo -a n
Vokovnik -a m
vol -a m
vola -e f
volar -ja m
volčič -a m
volčičev -a -o
volčjak -a m
volčji -a -e
volej -a m
volfi -ja m
volič -a m
voliti -im pf/impf
volitve -tev pl.f
volja -e f
voljen -jna -o
volk -a m
volkovec -vca m
volna -e f
volnast -a -o
Volnjak -a m
volovjak -a m
volovji -a -e
V Volovjem vrhu
vomačen v. omlačen
vomarje v. omarje
vopa v. lopa
Vopt v. Labot
Vora -na m
Voranc -a m
vorbeh v. lorbeh
Voretov -a -o
vorih v. orengi
vorsogar -ja m
vorsogarica -e f
vose -ø pl.f
vosek -ska m
vosenica v. gosenica
voščevina -e f
voščilo -a n
voščiti -im pf/impf
vošpeken -kna m
voštaka -e f
votava v. otava
votel -tla -o
votlina -e f
Vovbre -ber pl.f
vovji v. volovji
Vovrej -a m
voz -a m
vozej -a m
vozel -zla m
voziti -im impf.(refl)
voznina -e f
Vožbut v. Ožbolt
vožič -a m
vožina v. južina
vožnja -e f
vpeljati -em pf
vpeljevanje -a n
vpiti -jem impf
vpitje -a n
vpokel v. opokel

vpreči vprežem pf
vpred adv
vpregati -am impf
vrabec -bca m
vračati -am impf.refl
vračevati -ujem impf
vrag -a m
Vragovec -vca m
    V Vragovcu
vrajtati -am pf
vrana -e f
vranek -nka m
vranica -e f
Vranjica -e f
vranov -a -o
Vranšnjak -a m
Vranšnjakov -a -o
vrat -a m
vrata -ø pl.n
Vrata -ø pl.n
    Na Vratah
vrate -ø pl.f
vratece -ø pl.f
vratiž -a m
vrba -e f
Vrbice -ø pl.f
vrbje -a n
vrč -a m
vreč -a -e
vreči vržem pf
vrečina -e f
vred -a m
vred v. s
vreden -dna -o
vrelec -lca m
vrelen -lna -o
vreme -na n
vres -a m
vresje -a n
vresnica -e f
vreščati -im impf
vreteno -a n
vreti vrejem impf
vrezati -žem pf
vrh -a m
Vrh -a m
    Na Vrheh
    Na Vrhu
    Pri Vrhu
    V Vrhu
vrhnina -e f
vrhnji -a -e
    Na Vrhnji rebri
vrhovati -ujem impf
vriskati -am impf
vrklanje -a n
vrklati -am impf
vrkovati -am impf
vrniti -em pf.(refl)
Vrnuha -e f
    V Vrnuhah
vroč -a -e
vročina -e f
vrsta -e f
vrstica -e f
vrša -e f
Vršan -a m
vršič -a m
Vršič -a m
    Na Vršiču
    V Vršiču
Vršje -a n

Vršnik -a m
Vršnjak -a m
vrt -a m
Vrtača -e f
vrtalasija -e f
Vrtalšje -a n
vrtati -am impf
vrtec -tca m
vrtej -a m
vrteti -im impf
vrtič -a m
vrtinec -nca m
vrtlej -a m
vrv -i f
vrzelja -e f
vsaditi -im pf
vsaj part
vsajati -am impf.(refl)
vsak -a -o
    vsak -ega m
vsakdanji -a -e
vsakibart adv
vsakobart adv
vsakršen -šna -o
vsaksebi adv
vse v. ves
vsednji -a -e
vseeno praed/adv
vseglih praed/adv
vsejati -em pf
vsekati -am pf
vsela adv
vselej adv
vsemogoč -a -e
vsemogočen -čna -o
vsesti vsedem pf.refl
vsi -e -a
vsipati -am impf
vsjati v. vsejati
vsol v. vselej
vstajati -am impf
vstajenje -a n
vstati -nem pf
vstopiti -im pf
vstran adv
vsuti -jem pf.(refl)
všeč praed
všenica v. pšenica
všibniti v. ušibniti
všivati -am pf
vštric adv/praep
vštrikati -am pf
vštrit adv/praep
vtakniti -em pf
vtika -e f
vu v. ol
vuliti -im impf
vunšati -am pf/impf
vuržah v. uržah
vuv v. ol
vzdigniti -em pf.(refl)
vzdigovanje -a n
vzdigovati -ujem impf.(refl)
vzdih -a m
vzdihniti -em pf
vzdihovanje -a n
vzdihovati -ujem impf
vzemati -am impf
vzeti vzamem pf
vzetljiv -a -o
vzglavje -a n
vzhajati -am impf

vzigovati v. vzdigovati
vzkipeti -im pf
vznak adv
vznoter adv
vznožje v. znožje
vzrojiti -im pf
vželčen -čna -o
vžgati vžgem pf
vživeti -im pf.refl
vžrten v. ožrten

Z

z praep
z v. iz
za praep
    za tuje
    za – delj
zabasati -bašem pf
zabél -a m
zâbel -bla m
zabeliti -im pf
zabijanje -a n
zabiksati -am pf
zabit -a -o
zábiti -im pf
zabíti -jem pf
Zablate -ø pl.f
zabloditi -im pf
zabokati -am pf
zaboleti -im pf
zabosti -dem pf
zabranica -e f
zabrekniti -em pf
zabrenčiti -im pf
zabrisati -brišem pf
zabrusiti -im pf
zabuhel -hla -o
zaceliti -im pf
zacingljati -am pf
zacitrati -am pf
zacoprati -am pf
zacukniti -em pf.refl
zacurljati -am pf
zacviliti -im pf
začenjati -am impf.(refl)
začetek -tka m
začeti -nem pf.(refl)
začetka adv
začinkati v. zakinkati
začrepenjati -am pf
začrmkniti -em pf
začrniti -im pf
začuditi -im pf.refl
začutiti -im pf
zad adv
    zadtè
zadaj adv
zadaviti -im pf
zadekati -am pf
zadelati -am pf
zadelj praep
zadenjski adv
zadeti -denem pf
zadiranje -a n
zadirati -am impf.refl
Zadjak -a m
Zadjakov -a -o
zadletiti -im pf
zadnji -a -e
    (ta) zadnja -e f
    V Zadnjem travniku

Zadnja raven -e -vni f
zadnjica -e f
zadobiti -im pf
zadolžiti -im pf.(refl)
zadosti adv
zadovina -e f
zadovoljen -jna -o
zadovoljnost -i f
zadrega -e f
zadremati -am pf
zadreti -derem pf.refl
zadrkati -am pf
zadrzniti -em pf.refl
zadržati -im pf.refl
zadrževati -ujem impf.refl
zadušiti -im pf.(refl)
zaenbart adv
zafardresati -am pf.refl
zafelakati -am pf
zafikniti -em pf
zaflikati -am pf
zafran v. žafran
zafrimati -am pf
zafrkniti -em pf
zafrleti -im pf
zagajžlati -am pf
zagaliti -im pf.refl
zagaman -a -o
zagatiti -im pf
zagiftati -am pf
zaglavec -vca m
zagledati -am pf
Zaglova peč -e -i f
zagnati -ženem pf.(refl)
zagoda adv
zagolidrati -am pf
zagolzniti -em pf
zagoreti -im pf
Zagoričan -a m
Zagoriče -ø pl.f
Zagorjan -a m
Zagorje -rij pl.f
zagorski -a -o
zagosti -dem pf
zagotovo praed
zagovarjati -am impf
zagovejen -a -o
zagovor -a m
Zagozda -e f
zagrabiti -im pf
zagraditi -im pf
zagrčen -a -o
zagrčiti -im pf
zagrebsti -em pf
zagreti -jem pf
zagristi -zem pf
zagrmeti -im pf
zagrniti -em pf
zagroziti -im pf
zahaftljati -am pf
zahajati -am impf
zahakljati -am pf
zahantovati -am pf
zahavkati -am pf
zahavževati -ujem/-am pf
zahletiti v. zadletiti
Zahomčan -a m
Zahomec -mca m
zahvaliti -im pf.(refl)
zahvaljevati -ujem imp.refl
zaiti -dem pf
zaj v. zdaj

zajajskati -am pf
zajbrat -a m
zajbrle -a m
zajcej -a m
zajclja -e f
zajček -čka
zajčinja -e f
zajčjak -a m
zajčji -a -e
zajec -jca m
zajedati -am impf
zajemati -am impf
zajesti -jem pf.refl
zajeti -jamem pf
zajezditi -im pf
zajeziti -im pf
zajfljati -am pf
zajiževati v. zaviževati
zajla -e f
zajtel -na m
zajtre adv
zajuckati -am pf
zajungati -am pf
zakaditi -im pf.refl
zakaj adv
zakaj conj
zakaniti -im pf
zakelati -am pf
zakinkati -am pf
zakladati -am impf
zaklančati -am pf.refl
zaklanfati -am pf
zaklati -koljem pf
zakleniti -em pf
zaklepati -am impf
zakleti -kolnem pf
zaklicati -čem pf
zaknofljati -am pf
zakomandirati -am pf
zakon -a m
zakonec -nca m
zakonski -a -o
zakrament -a m
zakriti -jem pf
zakriviti -im pf
zakrkniti -em pf
zakuhati -am pf
zakumrati -am pf
zakupiti -im pf.(refl)
zakupljati -am pf
zal -a -o
Zala -e f
zalajati -am pf
zalama -e f
zalaman -a -o
zalečevati -ujem impf.refl
zaleči -žem pf.(refl)
zaledeneti -im pf
zalesti -zem pf
zalešiti -im pf
zaletati -am pf
zaletavati -am impf.refl
zaletel -a m
zaleteti -im pf.refl
zaležati -im pf
zaliti -jem pf
zaločiti -im pf
zaloga -e f
zalopniti -em pf
založiti -im pf
zalumpati -am pf.refl
zamahniti -em pf

zamaknjen -a -o
zamalo praed/part
zamašiti -im pf
zamazati -mažem pf
zamehati -am pf
zamera -e f
zameriti -im pf
zamerkati -am pf
zamesiti -im pf
zamesti -metem pf
zamesto praep
zamešati -am pf
zamevkati -am pf
zamežati -im pf
zamisliti -im pf.refl
zamleti -meljem pf
zamlod -a m
zamoči -morem pf
zamokel v. zamolkel
zamolkel -kla -o
zamorec -rca m
zamreti -em pf
zamrzniti -em pf
zamuda -e f
zamuditi -im pf
zamujati -am impf
zamulen -a -o
zamut v. zamlod
zanaprej adv
zanemariti -im pf
zanesljiv -a -o
zanesti -sem pf.(refl)
zanetiti -im pf
zanič adj.indecl/praed
zaničevati -ujem impf
zanikrnost -i f
zanohtati -am pf.refl
zanohtnica -e f
zanosek -a m
zanosnica -e f
zanucati -am pf
zaobljuba -e f
zaobljubiti -im pf.refl
zaobljubljanje -a n
zapanati -am pf
zapasti -padem pf
zapašen -a -o
zapeči -em pf
zapeketati -am pf
zapeljati -em pf
zapeljiv -a -o
zapenjač -a m
zapenjanje -a n
zapenjati -am impf
zapenjavec -vca m
zapenjevati -ujem impf
zapernica -e f
zapet -a -o
zapeti -pojem pf
zapikniti -em pf
zapirati -am impf
zapiskati -am pf
zapiti -jem pf
zaplankati -am pf
zaplenek -nka m
zaplentati -am pf
zaplesti -tem/-dem pf.(refl)
zapljuvati -jem pf
zapoditi -im pf
zapohtati -am pf
zapokati -am pf
zapomniti -im pf.refl

zapomnjenje -a n
zapopasti -popadem pf
zapor -a m
zapored adv
zaporedoma adv
zapotenje -a n
zapoved -i f
zapovedati -povem pf
zapovedovati -ujem impf
zapoveti v. zapovedati
zaprati -perem pf
zapraviti -im pf
zaprenati -am pf
zapresti -dem pf
zapreti -prem pf
zapridušiti -im pf.refl
zapriseči -prisežem pf
zaprisega -e f
zaprisegati -am impf
zaprnica -e f
zaprositi -im pf
zaprtek -tka m
zapustiti -im pf
zapuščati -am impf
Zapuže -ø pl.f
zara -e f
Zara -e f
zaradi praep
zarajsati -am pf
zarajtati -am pf.refl
zarasti -sem/-stem pf
zarban -a -o
zarcnovati v. izarcnovati
zareči -em pf.refl
zarediti -im pf.(refl)
zaredoma adv
zarejsati -am pf
zarekovati -ujem impf
zarevkati -am pf
zarezati -žem pf
zareze -ø pl.f
zariban -a -o
zaribati -am pf
zaridati -am pf
zarja -e f
zarobljen -a -o
zaročiti -im pf.refl
zaropotati -am pf
zarotiti -im pf.(refl)
zarukan -a -o
zasaditi -im pf
zasajati -am impf.(refl)
zasejati -em pf
zaseka -e f
zasekati -am pf
zasem v. zasun
zasesti -dem pf
zasesti v. sesesti
zaslediti -im pf
zaslišati -im pf
zaslužek -žka m
zaslužiti -im pf.(refl)
zasmehovati -ujem impf
zasmiliti -im pf.refl
zasmoditi -im pf
zasmojati -am impf
zasovražiti -im pf
zaspan -a -o
zaspati -im pf
zasporejži adv
zasramovati -ujem impf
zasrati v. izsrati

zastajati -am impf
zastan -a -o
zastaviti v. sestaviti
zastonj adv/praed
zastopati -am impf
zastopiti -im pf.(refl)
zastopnica -e f
zastrupiti -im pf.(refl)
zasukati -čem pf
zasun -a m
zasuti -ujem pf.(refl)
zašahrati -am pf
zašancati -am pf.refl
zašekati -am pf.refl
zašepetati -am pf
zašivati -am pf
zašlajfati -am pf
zašonati -am pf
zašpilati -am pf
zašpotati -am pf
zašravbati -am pf
zašravfati -am pf
zašribati -am pf.(refl)
zašteti -jem pf
zaštoreti -em pf
zašumeti -im pf
zatajiti -im pf
zatakniti -em pf.(refl)
zatarkati -am pf.(refl)
zatavšati -am pf
zateči -čem pf.refl
zategadelj adv
zategniti -em pf.(refl)
zategovati -ujem impf.(refl)
zatelebati -am pf.refl
zatelekati -am pf.(refl)
zatepsti -pem pf
zatihtati -am pf
zatilovec -vca m
zatisniti -em pf
zato adv/conj
zatolči -em pf
zatolkati -am pf
zatopiti -im pf.refl
zatorej adv
zatovc v. zatilovec
zatožiti -im pf
zatrapati -am pf.refl
zatratiti -im pf
zatraveti -im pf
zatrepetati -am pf
zatrjevati -ujem impf
zatrobaliti -im pf
zavajskati -am pf
zavaliti -im pf.(refl)
zavaljen -a -o
zavarovati -ujem pf
zavbrn -a -o
zavekati -am pf
zaverati -am impf
zavernica -e f
zavest -i f
zavet -a m
zavezati -žem pf.(refl)
zavezniti -em pf
zavezovati -ujem impf
zavirati v. zaverati
zavitar -ja m
zaviti -jem pf
zaviževati -am/-jem pf
zavlačiti -im impf
zavleči -em pf.(refl)

zavočiti v. zaločiti
zavohati -am pf
zavoljo praep
zavoljo – delj
zavora -e f
zavornica -e f
zavoziti -im pf
zavozljati -am pf
zavpiti -jem pf
zavreči -vržem pf
zavredimanje -a n
zavrediti -im pf.refl
zavrejen -a -o
zavreti -jem/-em pf
Zavrh -a m
zavrisniti -em pf
zavržanik -a m
zavunšati -am pf
zavzeti -vzamem pf.(refl)
zazebsti -zebem pf
zazibati -am pf
zazirati -am pf.refl
zazoriti -im pf
zažagati -am pf
zaženiti -im pf
zažgati -em pf
zažigati -am impf
zažihrati -am pf.(refl)
zažinjati -am pf.refl
zažlajfati -am pf
zažrebljati -am pf
zažvekati -am pf
zažvižgati -am pf
zbadati -am impf
zbandrati -am pf
zbarati -am pf
zbarkevati -am impf
zbarkljévati -am impf
zbasati -bašem pf
zbasovanje -a n
zbati -bojim pf.refl
zbekslati -am pf
zber v. zver
zbersati -am pf.refl
zberužiti -im pf.(refl)
zbezati -am pf
zbežati -im pf
Zbira -e f
zbirališče -a n
zbirati -am impf.(refl)
zbiti -jem pf
zboleti -im pf
zbor -a m
zbrati zberem pf.(refl)
zbrihtati -am pf.(refl)
zbrisati -brišem pf
zbroditi -im pf
zbrusiti -im pf
zbučati -im pf
zbuditi -im pf.(refl)
zbujen -a -o
zbukati -am pf
zdahniti v. izdahniti
zdaj adv
zdajati -am impf
zdajle adv
zdaleč adv
zdehati -am impf
zdelan -a -o
zdelati -am pf
zdeti zdim impf.refl
zdih v. vzdih

zdirjati -am pf
zdletiti -im pf
zdolec -lca m
zdopasti -padem pf.refl
zdramiti -im pf
zdrav -a -o
zdravilen -lna -o
zdravilo -a n
zdraviti -im impf.refl
zdravje -a n
zdravnik -a m
zdrčati -im pf
zdrel v. zrel
zdrešiti -im pf
zdreti zderem pf.refl
zdrjev v. zrel
zdrkniti -em pf
zdrobiti -im pf
zdrt -a -o
Zdrti dol -ega -a m
zdrzniti -em pf.refl
zdržati -im pf
zduhtati -am pf
zebrat -a m
zebsti -em impf
zec v. zajec
Zefa -e f
Zefej -a m
zeh -a m
zehati -am impf
zehcentel -na m
zeka -e f
zekel -na m
zeksej -a m
zel -i f
zelar -ja m
zelen -a -o
(ta) zeleni -ega m
zeleneti -im impf
Zelenica -e f
V Zelenici
zelenje -a n
zelenkast -a -o
zelhati v. selhati
zelišče -a n
zelja -e f
zelje -a n
zeljni -a -e
zelnaten -tna -o
zelnik -a m
Pod Zelnikom
Za Zelnikom
zelo adv
zemlja -e f
zezati -am impf
zgajžlati -am pf
zganiti v. izganiti
zganjati -am impf
zgarban v. zarban
zgaričen -čna -o
zginec -nca m
zginiti v. izginiti
zglavje -a n
zglavžje -a n
zgled -a m
zgledati v. izgledati
zgletiti v. izdletiti
zglihati -am pf.(refl)
zgniti -jem pf
zgodaj adv
zgoditi -im pf.(refl)
zgoljen -a -o

zgon v. zvon
zgonec v. zvonec
Zgonec -nca m
zgoniti -im pf
zgonjen -a -o
zgor adv
zgoraj adv
zgoreti -im pf
zgornji -a -e
    V Zgornjem logu
    Zgornja Sončna -e -e f
    Zgornje selo -ega -a n
Zgornje Krčanje -ega -a n
Zgornje Obirsko -ega -ega n
zgovoren -rna -o
zgovoriti -im pf.refl
zgrabiti -im pf
zgrda adv
zgrešiti -im pf
zgristi -zem pf
zgrivati -am pf
zgruditi -im pf.refl
zgruntati -am pf
zguba -e f
zgubec -bca m
zgubiti -im pf
zgun v. zun
zguna v. zunaj
zgurglati v. izgurglati
zgurgljati -am pf
zguzati -am pf
zhantlovati -am pf
zhavževati -am pf.refl
zhejtrati -am pf.refl
zhletiti v. zdletiti
zibati -am/-ljem impf.(refl)
zibel -i/-e f
zibelica -e f
zibelka -e f
zibi -ov pl.m
zibica -e f
zibika -e f
zibniti -em pf
zic -a m
zid -a m
zidar -ja m
zidati -am impf
zidlarica -e f
zijala -e f
zijalo -a n
zijati -am impf
Zilja -e f
Ziljan -a m
Ziljanka -e f
zima -e f
zimski -a -o
ziniti -em pf
ziran -a -o
zirati -am impf.refl
zisati -am impf
zitra v. zjutraj
zjasniti -im pf.refl
zjed -a m
zjesti -jem pf
zjeziti -im pf
zjutra adv
zjutraj adv
zjutrajšnji -a -e
zjutranji -a -e
zjutrnji -a -e
zlagati -žem pf.refl
zlajnati -am pf

zlasti part
zlat -a -o
(ta) zlati -ega m
zlat -a m
zlaten -tna -o
zlatnik -a m
zlatnina -e f
zlato -a n
zlátovati -ujem pf
zlecniti -em pf.refl
zleči -ležem pf.refl
zleg -a m
zlehnati -am pf
zlepa adv
zlepedrati -am pf
zlesti -lezem pf
zleten -tna -o
zleteti -im pf
zlicitirati -am pf
zliti -jem pf
zlo -a n
zlobazen -zna m
zlobek -bka m
zlobiti -im impf
zlodej -a m
zlodejast -a -o
zlodejev -a -o
Zlodejev most -ega -a m
zlom -a m
zlomek -mka m
zlomiti -im pf.(refl)
zlomkov -a -o
zložiti -im pf
zlučati -am pf
zluftati -am pf
zlufti adv
zluftoma adv
zluštljav -a -o
zmahom adv
zmakniti v. izmakniti
zmanjkati -am pf
zmanjkovati -ujem impf
zmarnovati -ujem pf.refl
zmašinati -am pf
zmatrati -am pf.(refl)
zmazati -žem pf
zmeče v. zmedke
zmečkati -am pf
zmed v. izmed
zmedki v. zmetki
zmedleti -im pf
zmehčati -am pf
zmendrati -am pf
zmeniti -im pf.refl
zmeraj adv
zmerjati -am impf
zmerom adv
zmes adv
zmesti -dem/-tem pf
zmešati -am pf.(refl)
zmet -a m
zmetati -čem pf
zmetke -ø pl.f
zmetki -ov pl.m
zmetkov -a -o
zmetljati -am pf
zmezivo v. zmlezivo
zmigati -am pf
zmikati -am pf
zmlatiti -im pf
zmleti -meljem pf
zmlezivo -a n

zmlezov -a -o
zmoči -morem pf
zmočiti -im pf
zmontirati -am pf
zmotati -am pf
zmotiti -im pf.(refl)
zmračiti -im pf.refl
zmraziti -im pf
zmraznica -e f
zmrdan -a -o
zmrdati -am pf.refl
zmrletiti -im pf
zmrzel -zla -o
Zmrzlakov -a -o
Zmrzlakova planina -e -e f
zmrzniti -em pf
zmrzovati -ujem impf
zmučkati -am pf
zmuliti -im pf
zmuškati -am pf
zmuzniti v. izmuzniti
znajden -a -o
znajti -dem pf
znak adv
znamenje -a n
znan -a -o
znančev -a -o
znanec -nca m
znanje -a n
znanstvo -a n
znašati -am impf
znati -am impf
znebiti -im pf.refl
znesti -sem pf
znetiti -im pf
znositi -im pf
znoter -tra m
znotraj adv
znotranji -a -e
znova adv
znožje -a n
znucati -am pf
zob -a m
zobati -bljem impf
zobec -bca m
zobej -a m
zobovje -a n
zoc -a m
Zofa -e f
zoft -a m
zoften -tna -o
zoftik adj.indecl
zola -e f
zonegati -am pf
zoper praep
zoprn -a -o
zorati -orjem pf
zoreti -im impf
zorica -e f
zotel -na m
zotlar -ja m
zracnovati v. izarcnovati
zrajsati -am pf
zrajtati v. izrajtati
zrajtljati -am pf
zrak -a m
zramati -am pf
zrasti -em pf
zraven adv/praep
zravnati -am pf
zrebelj v. žrebelj
zrediti -im pf

zrefati -am pf
zrekati v. izrekati
zrel -a -o
zreti zrem impf
zrezati -žem pf
zrezljati -am pf
zribati -am pf
zrnje -a n
zrno -a n
zročiti v. izročiti
zrojiti -im pf
zrok -a m
zrolati -am pf
zrotati v. izrotati
zrožljati -am pf
zučiti v. izučiti
zuftati v. zluftati
zuma praed
zun adv
zunaj adv
zunanji -a -e
zuštljav v. zluštljav
zvabiti -im pf
zvagati -am pf
zvaliti -im pf.(refl)
zvampati -am pf.refl
zvariti -im pf
zvečer adv
zvečeraj adv
zvečeren -rna -o
zvečeršnji -a -e
zveda part
zvedeti zvem pf
zvedniti -em pf
zvedriti -im pf.refl
zvegljan -a -o
zvekati -am pf.refl
zveličanje -a n
zveličar -ja m
zver -i f
zvera -e f
zverati -am impf.refl
zverina -e f
zvest -a -o
zveti -vejem pf
zvetrneti v. izvetrneti
zveza -e f
zvezati -žem pf
zvezda -e f
zvezdica -e f
zvijača -e f
zvijati -am impf.refl
zvinec v. zginec
zvit -a -o
zvitek -tka m
zviti -jem pf
zvižati -am pf
zvlačiti -im pf
zvleči -em pf
zvohati v. izvohati
zvoliti v. izvoliti
zvon -a m
zvončat -a -o
(ta) zvončata -e f
zvončej -a m
zvonček -čka m
zvonec -nca m
zvonin -a -o
zvoniti -im impf
zvonjenje -a n
zvoziti -im pf
zvračati -am impf

zvreči zvržem pf
zvrh adv
zvrha adv
zvrhaj adv
zvrhnji -a -e
  Na Zvrhnjih njivah
  Zvrhnja Belcarica -e -e f
  Zvrhnja Bistrica -e -e f
  Zvrhnja njiva -e -f f
  Zvrhnja reber -e -bre f
zvrniti -em pf.(refl)
zvrtati -am pf

Ž

ž v. z
žaba -e f
žabica -e f
žabji -a -e
Žabnice -ø pl.f
Žabničan -a m
žafran -a m
žaga -e f
žagar -ja m
žagarski -a -o
žagati -am impf
žagovina -e f
žagovnik -a m
žagrad -a m
žakelj -klja/-na m
žakeljc -a m
žal praed
žal žena -ø -e f
žalba -e f
žalbej -a m
žalik žena -ø -e f
žalitev -tve f
žaliti -im impf
žalost -i f
žalosten -tna -o
žalovati -ujem impf
žaltav -a -o
Žamanje -ø pl.f
žamar -ja m
žamati -am impf
žamet -i/-a f/m
žameten -tna -o
žamovanje -a n
žamper -pra m
žandar v. šandar
žanjica -e f
žarča -e f
žarek -rka -o
žareti -im impf
žarjak -a m
žark žena v. žalik žena
Žarkov -a -o
žatlaka -e f
žavba v. žalba
žavbr adj.indecl
žavbrn -a -o
žavka -e f
žavžej -a m
ždeti ždim impf
ždoli v. štedoli
Ždovljan -a m
Ždovlje -velj pl.f
že part
žeba v. želo
žebelj v. žrebelj
žebica -e f
žebičar -ja m

žebniti -em pf
žebranje -a n
žebrati -am/žeberjem impf
žebriti -im impf
žedvo v. želo
žefa -e f
žeganje -a n
žegen -gna m
žegnanje -a n
žegnar -ja m
žegnati -am pf
žegnovanje -a n
žegnovati -ujem impf
žehta -e f
žehtar -ja m
žehtati -am impf
žehtnica -e f
žehtnjak -a m
žeja -e f
žejen -jna -o
žejfa -e f
žejfanje -a n
želar -ja m
želce -a n
želeti -im impf
železen -zna -o
železje -a n
Železna Kapla -e -e f
železnina -e f
železnjak -a m
železo -a n
želja -e f
željen -a -o
želm v. ženin
želna v. žolna
želo -a n
želod -a m
želodec -dca m
žemlja -e f
žemljica -e f
žena -e f
ženč v. zanič
Ženek -a m
ženeški -a -o
ženica -e f
ženikelj -na m
ženin -a m
ženinov -a -o
ženitev -tve f
ženitelj v. ženikelj
ženiti -im impf.(refl)
ženjica v. žanjica
ženka -e f
ženkica -e f
ženska -e f
ženski -a -o
ženstvo -a n
žep -a m
Žerjava -e f
žerjavica -e f
žesel -sla m
žetev -tve f
žeti žanjem impf
žetva -e f
Žganjarnica -e f
Pri Žganjarnici
žganci -ev pl.m
žganek -nka m
žganjar -ja m
žganje -a n
žganki -ov pl.m
žgati -em impf

žgeč -a -e
žgrebelj v. žrebelj
žida -e f
židan -a -o
Židovlje v. Ždovlje
Žigman -a m
Žigmont -a m
žiher part
Žihpoljan -a m
Žihpoljčan -a m
Žihpolje -polj pl.f
žihpoljski -a -o
žik interj
žila -e f
žilast -a -o
žima -e f
Žingarica -e f
žingrada -e f
žingrej -a m
žinj -a m
žinjati -am impf
žirje -a n
Žitara vas -e -i f
žitarec -rca m
žiten -tna -o
žito -a n
živ -a -o
(ta) živi -ega m
živad -i f
žival -i f
živčen -čna -o
živeti -im impf
živež -a m
živina -e f
živinski -a -o
življenje -a n
život -a m
životen -tna -o
žječ v. žgeč
žlacik adj.indecl
žlaga -e f
žlaht adj.indecl
vse žlaht
žlaht v. žleht
žlahta -e f
žlahten -tna -o
žlahtnica -e f
žlahtnik -a m
žlajdermašin -a m
žlajdrati -am impf
žlajf -a m
žlajfa -e f
žlajfar -ja m
žlajfarija -e f
žlajfati -am impf
žlajfprigel -na m
žlajsanje -a n
žlajsati -am impf
žlajsik adj.indecl
žlajsovati -ujem impf
žlak -a m
žlampa -e f
žlampati -am impf
žleb -a m
Žlebec -bca m
V Žlebcu
žleblar v. žrebljar
žledra -e f
žledranja -e f
žledrati -am impf
žlefati -am impf
žlefe -ø pl.f

žleht adj.indecl
žlehtija -e f
žlehtnovje -a n
žlehtoba -e f
žlejfati -am impf
žlejfe -ø pl.f
žlejfica -e f
žlejfnica -e f
žlemati -am impf
žlempati -am impf
žlempra -e f
žlemprka -e f
žlepalo -a n
žlepati žlepljem impf
žlepej -a m
žlepniti -em pf
žleprka -e f
žleprnica -e f
žlica -e f
žličica -e f
žličji -a -e
žličnjak -a m
žliganje -a n
žligati -am impf
žligniti -em pf
žlih -a m
žlihta -e f
žlihtati -am impf
žlindra -e f
žlobudrati -am impf
žlosar -ja m
žmah -a m
žmahati -am impf
žmalc -a m
žmekniti -em pf
žmovc v. žmalc
žnabelj -blja/-na m
žnabice -ø pl.f
žnabljice -ø pl.f
žnek -a m
žnergač -a m
žnerganje -a n
žnergati -am impf
žnidar -ja m
žnidaršič -a m
žnidaršičev -a -o
žnidlah -a m
žnobelj -na m
žnude -ø pl.f
žnura -e f
žnurica -e f
žobej v. žalbej
žoboriti -im impf
žofran v. žafran
žoga -e f
žok -a m
žokati -am impf
žokej -a m
žokniti -em pf
žolc -a m
žolč -a m
žold -a m
žolden -dna -o
žolna -e f
žolnir -ja m
žolnirski -a -o
žolnirščina -e f
žolt v. žold
žonta -e f
Žoprače -ø pl.f
žorf -a m
žrčati -im impf

žrd -i f
žrebe -ta/-a n
žrebec -bca m
žrebečji -a -e
žrebej -a m
žrebelj -blja m
žrebetnica -e f
žrebiče -a n
žrebiti -im pf/impf
žrebljar -ja m
žrebljati -am impf
žrelo -a n
žreti -em impf
žretje -a n
žrjak v. žarjak
žrlin -a m
žrv -i f
žuften -tna -o
žugati -am impf
žuliti -im impf
žuljek -ljka m
žuljenk -a m
župa -e f
Županc -a m
župica -e f
Žvabek -a m
žvabeški -a -o
žvajder -dra m
žvak v. žlak
žvarcelj -na m
žvekanje -a n
žvekati -am/žvečem impf
žvekla -e f
žvekniti -em pf
žvenkljanje -a n
žvepel -pla m
žveplenka -e f
žveplo -a n
žveralnica -e f
žverca -e f
žvic -a m
žvižga -e f
žvižganje -a n
žvižgati -am impf
žvižgej -a m
žvižglja -e f

DOSEDANJI ZVEZKI V ZBIRKI BIBLIOTEKA

1. Primož Ramovš. *Biblioteka in publikacije Slovenske akademije znanosti in umetnosti v letih 1938–1951.* 1952

2. Janez Logar, Štefka Bulovec in Ančka Posavec. *Slovenska bibliografija. Članki in leposlovje v časopisju in zbornikih 1945–1950.* 1963

3. Rudolf Kodela, Jože Munda in Niko Rupel. *Bibliografsko kazalo Ljubljanskega zvona 1881–1941.* 1962

4. Marija Klemenčič. *Biblioteka in publikacije Slovenske akademije znanosti in umetnosti v letih 1952–1971.* 1973

5. Jože Munda (ur.) et al. *Biografije in bibliografije znanstvenih in strokovnih sodelavcev Slovenske akademije znanosti in umetnosti.* 1976

6. Ivan Škafar. *Bibliografija prekmurskih tiskov od 1715 do 1919.* 1978

7. Marija Fabjančič. *Bibliografija publikacij Slovenske akademije znanosti in umetnosti v letih 1972–1980.* 1982

8. Marija Fabjančič (ur.). *Bibliografije članov Slovenske akademije znanosti in umetnosti. IV. razred: naravoslovne vede.* 1988

9. Vida Urek (ur.). *Bibliografije članov Slovenske akademije znanosti in umetnosti. VI. razred: medicinske vede.* 1988

10. Vida Urek (ur.). *Biografije in bibliografije raziskovalcev Znanstvenoraziskovalnega centra SAZU. Druga knjiga: 1976–1985.* 1988

11. Marija Fabjančič (ur.). *Bibliografije članov Slovenske akademije znanosti in umetnosti. III. razred: matematične, fizikalne in tehniške vede: I. del.* 1995

12. Majda Capuder. *Bibliografija publikacij Slovenske akademije znanosti in umetnosti in Znanstvenoraziskovalnega centra SAZU v letih 1981–1990.* 1998

13. Marija Fabjančič (ur.) et al. *Sedemdeset let Biblioteke Slovenske akademije znanosti in umetnosti.* 2008

14. Dušan Koman (ur.). *Čaropis na pisanicah: zbirka pirhov in risb ornamentov s pirhov iz zapuščine Ivana Jagra na SAZU.* 2011

15. Luka Vidmar. *Ljubljana kot novi Rim.* 2013

16. Mateja Švajncer et al. *Bibliografija publikacij Slovenske akademije znanosti in umetnosti v letih 1991–2015.* 2018

17. Nataša Golob. *Srednjeveški rokopisi in rokopisni fragmenti: Arhiv Republike Slovenije.* (Manuscripta et fragmenta; 1). 2018

Biblioteka – Bibliotheca
18

SPREJETO NA SEJI IO PREDSEDSTVA
SLOVENSKE AKADEMIJE ZNANOSTI IN UMETNOSTI
DNE 17. 9. 2018

ALFABETARIJ K TEZAVRU
SLOVENSKEGA LJUDSKEGA JEZIKA NA KOROŠKEM
Ludvik Karničar, Andrejka Žejn

Recenzenta
Jožica Škofic
Heinrich Pfandl

Oblikovanje in prelom
Studio Jančič

Izdala in založila
Slovenska akademija znanosti in umetnosti
Ljubljana 2018

Tisk
Dravski tisk, d.o.o., Maribor

Naklada
400 izvodov

ISBN 978-961-268-060-2

CIP - Kataložni zapis o publikaciji
Narodna in univerzitetna knjižnica, Ljubljana

811.163.6'28

KARNIČAR, Ludvik
Alfabetarij k Tezavru slovenskega ljudskega jezika na Koroškem / Ludvik Karničar, Andrejka Žejn. - Ljubljana : Slovenska akademija znanosti in umetnosti, 2018. - (Biblioteka / Slovenska akademija znanosti in umetnosti = Bibliotheca / Academia scientiarum et artium Slovenica, ISSN 1408-6344 ; 18)

ISBN 978-961-268-060-2
1. Žejn, Andrejka, 1977-
298389248